DEEP SIMPLICITY

CHAOS, COMPLEXITY AND THE EMERGENCE OF LIFE

深奥的简洁

[英] 约翰·格里宾（John Gribbin）◎著

马自恒◎译

江苏凤凰文艺出版社
JIANGSU PHOENIX LITERATURE AND ART PUBLISHING, LTD

图书在版编目（CIP）数据

深奥的简洁 / (英) 约翰·格里宾 (John Gribbin)
著；马自恒译. -- 南京:江苏凤凰文艺出版社,
2020.2（2022.4重印）
书名原文: Deep Simplicity
ISBN 978-7-5594-4225-3

Ⅰ. ①深… Ⅱ. ①约… ②马… Ⅲ. ①科学知识－普
及读物 Ⅳ. ①Z228

中国版本图书馆CIP数据核字（2019）第263193号

深奥的简洁

[英] 约翰·格里宾 著 马自恒 译

责任编辑 唐 婧
装帧设计 水玉银文化
出版发行 江苏凤凰文艺出版社
南京市中央路 165 号，邮编：210009
网 址 http://www.jswenyi.com
印 刷 唐山富达印务有限公司
开 本 690 毫米 ×980 毫米 1/16
印 张 15
字 数 146 千字
版 次 2020 年 2 月第 1 版
印 次 2022 年 4 月第 8 次印刷
书 号 ISBN 978-7-5594-4225-3
定 价 52.00 元

目 录

前　言

蕴含于复杂中的简洁

我们居住的世界似乎是个复杂的地方，即使存在一些似乎永恒的真理（苹果总是掉到地下而不是天上，太阳总是由东边升起而不是西边）。尽管有现代科技的帮助，我们的生活仍必须提防突如其来的意外事件：气象预测既是科学也是艺术；地震与火山爆发随机发生，难以预料；股市震荡也没有固定的模式。自从伽利略开始（约从 17 世纪起），突飞猛进的科学发展便忽略这些复杂的问题，而专注于简单的部分，试图解释为什么苹果往下掉与太阳为什么从东方升起。

科学进步得如此迅速，到了 20 世纪中叶，所有简单的问题都有了答案。广义相对论与量子力学解释了宇宙在大尺度与小尺度中的运作机制，而人类对于 DNA 的结构以及它们在遗传复制机制中的了解，使得生命与演化得以在分子层次上被简单地解释。但生命是如何从无生命体中产生的？这个最有趣的问题，依然无解。宇宙中最难以用传统科学探索的、最复杂的生物，就是人类。因为在原子这些较小的尺度中，个体以相当简单的方式彼此互动，只有当许多原子以复杂又有趣的方式连接，才会产生像人类这样复杂又有趣的生物。但这个过程不能无限地持续，因为如果越来越多的原子结合在一起，它们整体的质量将使得重力压垮一切。一个原子或是水分子的结构比人类简单，因为其中只有少许的内在结构；一个星球或星球内部也比人类简单，因为重力把所有的结构都压垮了。这就是为什么科学能告诉我们很多原子行为与星体内部的运作方式，却难以描述人类的行为。

当简单的问题被解答了，很自然地，科学家会试图挑战复杂系统中更困难的问题。虽然先前曾有零零星星的针对这些难题所做的勇敢尝试，但直到强大、快速（以当时的标准来说）的电子计算机在20世纪60年代出现后，我们才得以真正了解复杂世界的运作。这些新发展在20世纪80年代中期之后渐渐引起人们更多的注意，特别是在伊利亚·普里戈金（Ilya Prigogine）的《从混沌到有序》（*Order out of Chaos*）与詹姆斯·格雷克（James Gleick）的《混沌》（*Chaos*）出版之后。当时我忙着写有关旧科学的丰功伟业方面的内容，虽然也想要了解关于混沌与复杂的概念，但那实在令人头疼，因此我多半抱着观望的态度旁观。

过了10年，混沌理论没有消失，但并没有人以让人容易理解的方式将之诉诸文字，因此我决定自己动手来做，这意味着我必须阅读所有相关书籍，并自行吸收理解。在这个过程中，我发觉它其实一点儿也不难。相对论与量子力学刚被建立时，大家都以为只有专家才能懂，但其实两者都建立于简单的概念之上，即使是门外汉，只要不深究那些数学运算，也都能理解。而混沌与复杂具有同样的特性，这点也没什么好惊讶的。但当我终于知道混沌是怎么一回事时，我还是大吃一惊。我的理解是：重点只在于某些系统（“系统”包含的范围可以很广，比如摆荡的钟摆、太阳系或水龙头的滴水规律）对于初始条件非常敏感，因此初始“那一刹那”的少许差异，会造成截然不同的结果。此外，还有“反馈”（feedback），反馈使得系统会影响自身的行为。这一切看起来太完美了，简单得令人难以置信！因此当我请教朋友吉米·拉夫洛克（Jim Lovelock）

时，我问道："是否混沌和复杂所探讨的一切，只是建立于两个简单的概念之上——系统对初始状态的敏感以及回馈？"他回答："一点儿也没错，全都包在里面。"

这有点像是说，狭义相对论"全都包在"光速对所有观测者来说皆一致这样的概念里。这的确是实情，也很简单易懂。然而，建立在简单事实上的复杂结构相当惊人，需要有一定的数学背景才能完全体会。以我过去给不具备科学背景的人士解释相对论本质的经验，以及明白了在混沌与复杂架构下也是类似的简单真理，我有信心能以浅显的方式介绍这个领域。而这个成果正捧在你的手中，《深奥的简洁》是一本针对一般大众、以由浅入深的简单方式尝试解释混沌与复杂的著作。本书的重点在于，混沌和复杂遵循简单法则，基本上就和牛顿300年前发现的简单法则一样。某些论调会让你以为四个世纪以来的科学努力被颠覆了，然而，这些新发展却大大不同，它们显示了简单法则长久累积出的科学认知，如何能成功地解释（虽然无法预测）看似无法解释的天气系统、股票市场、地震，甚至人类。我也将试图说服你，混沌与从简单系统中孕育出的复杂，就快要解开生命起源之谜了。美国物理学家默里·盖尔曼（Murray Gell-Mann）的一句话也呼应了物理学家理查德·费曼（Richard Feynman）的猜想：我们在周遭世界所见的复杂行为——甚至在生命世界中——只是"从深奥的简洁中浮现出的复杂表象"。[①] 而支撑着复杂的"深奥的简洁"，正是这本书的主题。

约翰·格里宾

2003年1月

---

① 引自罗杰·勒温（Roger Lewin）的《复杂》（*Complexity*）。

第一章

混沌中的秩序

想象有一个智慧体，它在任何时间都知道所有控制大自然的力量，同时也知道每一项事物的运动状态。假设这智慧体可以将所有数据加以分析，能把宇宙中大大小小物体运动的状态用一个公式描述。对它而言，没有不确定的东西；它可以清楚地看到未来与过去。

——拉普拉斯，《概率论的哲学理论》，1814 年在17世纪科学革命之前，世界似乎被“混沌”（chaos）所主宰。混沌这个名词和现代科学家使用的意义不同，但大多数人仍然用它。没有迹象显示这个令人困惑的世界是由有秩序的简单法则所支撑的。人们对于风与天气的变化、饥荒的发生或是行星运行的轨道所能给出的最好的解释是，它们都是上帝或众神的即兴之作。宇宙中的秩序被视为物体必须遵循的和谐回应；只要可能，秩序就会呈现。例如行星运行与太阳绕着地球（地球被视为宇宙中心）运行的轨道被认为是圆形的，因为圆形是完美的。东西会向下落是因为地球的中心就是一切的中心；它是宇宙对称的中心，所以是最合适的落点。公元前3世纪的天文学家、数学家阿里斯塔克斯（Aristarchus），宣称地球绕太阳运行，不过他想象中的轨道仍是圆形的。

这些例子突显出古代科学和后伽利略科学之间一个关键的不同点。古希腊人是杰出的数学家，特别是杰出的几何学家，他们非常了解静止事物之间的关系。当然，这样的几何学起源于更早的文化。也不难想象，最早的科学是如何因史前发展中农业社会生活的实际需要而引发的。但古希腊人完全不懂物体如何运动或运动定律，只要看看他们面对古希腊哲学家芝诺（Zeno）著名的悖论时的困惑就明白了。这个悖论好比说如果一个士兵在箭射到他之前就已经从原本的位置跑开，那么他就永远不会被箭命中：在箭又多走这一段距离的同时，他也又向前移动一些，如此等等。

即使哥白尼发表了以太阳为中心的宇宙模型（但依然建立在圆形的轨道上），仍有像阿里斯塔克斯这样的人认为，以地球为中心的宇宙依然是公认的映象［image，当今的科学家称之为“模型”（model）］。哥白尼在 1543 年出版的《天体运行论》（*De Revolutionibus Orbium Coelestium*），实际上在 1530 年就完成了，而且大部分内容在出版前就被广泛讨论，引来了马丁·路德 1539 年的评论：“这傻瓜竟想扭转整个天文学！但神圣的经文告诉我们，约书亚命令太阳不许动，而非地球。”面对类似的批判，伽利略后来反击道：“《圣经》告诉我们通往天堂的途径，而非天体如何运行。”丹麦天文学家第谷·布拉赫（Tycho Brahe, 1546—1601）凭借自己的双眼，不但发现了火星是围绕太阳运行的，更发现了它走的是椭圆形轨道。与伽利略同时代的开普勒，利用第谷·布拉赫经年累月的观察所汇集的资料，最终打垮了古希腊人所钟爱的那种以完美圆形规范星空的概念。

亲自做实验的伽利略

即便那些对科学或科学史了解不多的人，也知道伽利略（1564—1642）利用刚问世的望远镜，发现了支持哥白尼日心说的证据，这使得他和天主教廷起了冲突，天主教廷禁止他的书籍在天主教国家出版。这（当然）使他的书在其他国家变得更为畅销。但他的成就不仅于此；对于建立一套探索以实验或观察结果来比较两种以上理论（或模型）的科学方法，伽利略的贡献最多，他也是第一个以科学方式解释运动概念的人。

1583 年，当伽利略还是意大利比萨（Pisa）的一名医学生时，他的一项发现便成为日后运动研究的关键。在一场无聊的教堂布道中，他看到头顶上的大吊灯来回摆动，便用自己的脉搏来计时。结果发现，无论吊灯摆动的幅度有多大，摆动一次所花的时间都一样。后续在钟摆上的实验证实，摆动一次所需的时间取决于钟摆的长度，而不是摆动的幅度，这就是钟摆原理。虽然伽利略没有亲自制作出一座钟（他设计了一座，后来由他儿子制作完成），但他因此有了一种准确计时的工具，用于他接下来计算球从斜坡滚下时所用的时间。这些实验让我们对伽利略的思考与科学方法有了进一步的认识。他想研究自由落体，以探索重力对运动的影响。但自由落下的球速难以测量，因此他让球从倾斜的坡道滚下，这将会产生一个新版本的重力自由落体实验。通过这些实验，伽利略提出了加速度的概念。物体的速率（或速度）代表它在一段特定时间（比如说一秒钟）里移动了多少距离；9.8m/s 的速率表示，移动中的物体每秒会走 9.8 米的距离。但伽利略发现，下落的物体（或由斜坡滚下的球）越跑越快，且每秒的速度都在增加。最关键的是，他的实验显示每秒增加的速度都一样——加速相等。$9.8m/s^2$ 的相等加速表示，从静止状态起算，物体在第一秒时速度是 9.8m/s，第二秒时是 19.6m/s，第三秒时是 29.4m/s，以此类推。我特别选这个例子，是因为 $9.8m/s^2$ 恰好是地球表面的重力对自由落体所引发的加速度。因为时间在这个计算中被乘了两次，所以被称为二次项。由重力引发的加速度，完美地解释了为什么钟摆会有那样的特性。

伽利略还提出了其他证明，而它们也是本书的核心。他发现，当球从斜坡滚下时，它会产生摩擦力从而使速度减慢。事实上，他所测得的并非完美的加速度。但他做出的戏剧性的重大突破，比如用这些实际观察得到的数据推论，试着算出如果摩擦力不存在，这些球会在光滑的完美斜坡上如何运动，这在当时是非常令人吃惊的。这种推断方式，成为之后 400 年科学探索的核心。当科学家，尤其是物理学家，试图以数学定理描述这个世界时，例如描述碰撞时毫不变形、滚下斜坡时不产生摩擦力的完美硬球这样的神秘物体时，他们是在将这些定理当作公式来用的。和古希腊哲学家不同，这些科学家知道完美的想象并不代表真实世界。把这些公式当武器的同时，他们可以再加入一些条件与修正系数，把真实世界的不完美纳入计算，例如自由落体的空气阻力。空气阻力解释了一把铁锤和一片羽毛在地球上落下的速度为什么会不同，而在没有空气的月球上它们却以相同速度下坠，就像“阿波罗”号航天员曾经示范过的那样。

这一切，使得伽利略将另一项前人构想出的真实世界中的完美几何性质，逐出了科学领域。在伽利略之前，人们以为当大炮以仰角发射时，炮弹离开炮口时先以直线运行，再以圆弧路径行进一段距离，然后垂直落到地面。只有想象中的完美直线和圆弧与运动有关。伽利略利用他所发现的“重力会持续对炮弹产生向下的加速度，加上炮弹离开炮口的速度”，证明炮弹到达目标前的行进路线是一条平滑的抛物线。相同的计算也证明，炮弹以仰角 45 度发射时，其飞行距离最远（假设炮弹重量及填装火药都相同）。这些都是伽利略所处的动荡时代中，极为重要的实际应用。这些军事方面的成果，使他很早就建立了声誉。不管哲学家或神学家对完美有什么意见，战场上的军队没有时间争论哪一种弧线运动比较称心合意，他们只想知道，往哪个角度瞄准，才可以达到最佳攻击效果。而伽利略告诉了他们答案。

结合了开普勒所发现的椭圆轨道和伽利略对物体加速与科学方法的洞见，17 世纪（或有史以来）最伟大的科学发现——牛顿的万有引力定律诞生了。牛顿生于 1643 年，死于 1727 年。他从 1684 年开始创作伟大的作品《自然哲学的数学原理》（*Philosophiae Natrualis Principia Mathematica*），或直接称为《原理》（*Principia*），并于 1687 年完成、出版。书中的概念，是他在 20 年前就开始构思的。当时他才获得剑桥大学的学士学位，并将成为三一学院（Trinity College）的教员。因为大瘟疫的流行，学校关闭，牛顿因而被迫回到位于林肯郡的母亲家中，一待就是好几个月。和伽利略一样，牛顿着重于将理论和模型与真实世界中的实验和观察作比较，他会亲自做实验，以验证自己的想法。做实验早已根深蒂固地成为当代科学方法的一部分，所以对今天的科学家，甚至非科学家来说，这是理所当然的事。我们很难想象，即使进入 17 世纪，许多哲学家依旧以抽象的方式猜测物理世界的本质，而不愿意动手去做实验。举一个典型的争论案例：两个不同重量的物体，在同一高度和同一时间落下，是否会同时着地？即使一位佛兰德斯的工程师西蒙·斯蒂文（Simon Stevin）真的从大约十米的高度进行了这项实验，并在 1586 年发表了研究结果，之后数十年中，哲学家们仍为这个题目争论不休。[①]

牛顿与莱布尼兹的争执

牛顿在描述真实世界的特定性质时，也继承了伽利略广博精深的观念，就是刻意简化模型（如伽利略的绝对光滑的平面）。例如，牛顿对于重力与运行轨道研究的关键点在于，不论是火星、月球或一颗苹果，在计算万有引力时，他一概把物体质量视为集中在质心上；只要研究者在被研究物体之外，它的万有引力可根据研究者与物体质心（当物体是球形时，也被称为几何中心）之间的距离算出。牛顿在《原理》中证明，对于球状物体，上述说法依然成立。他知道地球不是正球体（他甚至可以算出地球在赤道附近因自转膨胀的程度），但他觉得把地球（以及

① 顺便一提，没有证据可以证实伽利略曾亲自在比萨斜塔上做过这个实验。这个传说似乎始于温琴佐·维维亚尼（Vincenzo Viviani）所写的一本充满传奇色彩的伽利略传记。伽利略晚年眼睛看不见了，于是雇请对他有着英雄式崇拜的只有 17 岁的维维亚尼为抄写助手。

太阳、火星等）视为正球体，是初步估算它运行轨道的合理假设。后来的计算印证了，即使是非常不规则的物体，如果你与它的距离够远，在重力表现上它的质量就好像集中于一点。但这无损于在适当时机利用理想的模型描述真实状况的重要性。

除了这个特别的故事，还有更令人目不暇接的情节。牛顿在《原理》中证明了，研究万有引力时，将一个球形物体所有质量视为集中于一点的观点是正确的。他在证明中所使用的几何技巧，古希腊人都了解，而他同时期的科学家一定也都熟知。以此来完成这项证明很困难，但如今我们知道，早在写《原理》之前，牛顿就发展（或发明）了现在所谓的微积分的技巧，用微积分的技巧完成这项证明就非常简单。很多学者怀疑，牛顿事实上先用微积分解开了这个问题，然后才大费周章地用传统术语把这些步骤解释一遍，以便让其他科学家了解。如果真是这样，从某种角度来看，他是自食恶果。因为牛顿没有宣布他所发明的新的数学技巧，因而在他与德国数学家威廉·莱布尼兹（Wilhelm Leibniz，1646—1716）之间引发了一场激烈的争执；莱布尼兹也独立发明了微积分（今天所用的名称就是由他定的）。莱布尼兹发明微积分概念的时间晚于牛顿，但他很明智地立即将其发表了。这也是当时发明顺序何以引发激烈争论的部分原因（其他原因是因为两位主角都不愿让步，牛顿是个不好相处的人，他自视过高，并且会仇视他眼中的敌手）。然而谁先谁后的争论，在此无关紧要，重点是微积分能将问题分割成数学上好处理的小区块，而把计算得到的结果相加，就成了原来问题的答案。在球状物体重力作用的例子中，可以把球体切割（微分）成无数个无限小的物体，然后依据它们在球体中的位置，分别写下对应的重力作用方程式，而它们整体的作用就可以由这些方程式加总（积分）得出。[①]

同样的处理技巧也适用于时间。比如说，一支箭的飞行轨迹可以被微分成在它飞行路径中无数的点的集合；想躲开这支箭的人，也可做同样的分析。这两个微分后的方程式合起来被积分，便可得知箭射中人的确定时间。微积分被广泛了解后，牛顿和莱布尼兹似乎驯服了时间，使得我们可以准确地描述运动物体的行为，如同古希腊人描述静止物体一般。至少在原则上，对于一个行星环绕一个恒星或是一个人试图躲开一支箭的问题来说，使用微积分则很简单。如同其他事物一样，当我们面对更复杂的系统时，基本原则仍旧适用，但处理起来也会更加复杂。通常我们可以很快地写出一组微分方程式来描述一个复杂系统，而麻烦往往是出现在对方程式求解（积分）的过程中。

不论 1684 年牛顿在私底下用的是什么数学方法，他在《原理》中利用科学家熟悉的技巧证明了，为了使行星以椭圆轨道环绕太阳运行（以使观测结果和理论一致），重力必须遵循反平方定律。说得具体一点，就是在一定距离下，两个物体产生的引力，会和物体质量的乘积除以距离的平方成正比（因此称为反平方定律）。公式中的比例常数就是重力常数，这个以 G 表示的数值告诉我们重力强度有多大，以简单的公式表示为 $F=\frac{GMm}{r^2}$。

放之四海而皆准的定律

牛顿的发现对其他科学家来说并不完全是个意外。包括物理学

① 阿基米德有一卷丢失了几个世纪的手稿，在20世纪后期才被发现，其中显示这个伟大的古希腊数学家，在 2000 年前就已发明了积分的原理。牛顿和莱布尼兹当然不知道这段故事，但它提供了看待他们谁先谁后争论不休的另一种角度。

家罗伯特·胡克（Robert Hooke, 1635—1703）、天文学家埃德蒙·哈雷（Edmond Halley, 1656—1742）以及著名建筑师克里斯托弗·雷恩（Christopher Wren, 1632—1723）在内，所有英国皇家学会会员都知道，反平方定律会造就椭圆轨道。而牛顿的成就在于他证明了只有反平方定律才能造就椭圆轨道，所以重力必须符合反平方定律。不只如此，他的研究还代表了一个放之四海而皆准的定律，这个定律不仅适用于从树上掉下的苹果，或者环绕地球的月球，或是环绕太阳的行星，也适用于任何时间，不管是夏天或特定月份——它适用于宇宙中任何物体在任何地方相互间产生的引力。牛顿使宇宙看起来像是个有秩序的地方，让不可捉摸的神没有立足之地。① 他还提出了三条运动定律来描述运动物体的行为，无论是在实验室里、地球上，或在太阳系及更远的地方。依照推论，这三条运动定律被视为和万有引力定律一样，适用于任何时空。

现在来谈谈牛顿的三个运动定律。三条定律支撑了科学 300 多年，但却可以被很简单地叙述，这也突显了透过科学眼光看世界的发展过程。牛顿的第一运动定律说，任何物体都会保持静止或是匀速直线运动状态，直到外力迫使它改变运动状态为止。“静止”状态和我们的常识相符（根据在地球上的日常经验）；物体不会动，除非有东西迫使它们动。但以直线匀速运动就和常识不符了；当我们在地球上让某个东西运动时，如果放任不管，它终将静止于地面。牛顿发现物体只有受到外力（重力）时才会落到地面，只有受到其他的力（摩擦力）才会停止。牛顿能够想象出没有摩擦力和其他外力的世界，虽然他不曾看过今天在几乎无重力、无摩擦力的宇宙飞船里，物体遵循牛顿定律的景象。

第二运动定律告诉我们物体运动受到外力影响的程度：当一股力量

① 值得一提的是，1609年，开普勒认为一定是有某种东西使得行星维持在它们环绕太阳的轨道上，他称之为“圣灵力量”，当时没人嘲笑他。

作用于某个物体时，加速度的公式可以用$F = ma$或$a = \frac{F}{m}$表示。这个定律，加上万有引力定律，具体解释了行星环绕太阳的轨道的形状。结合第二运动定律和万有引力定律，牛顿也成功地解释了伽利略观测与描述的自由落体现象。如果地球的质量是 M，那么在地球表面的任何物体所受到的重力和它自身的质量 m 成正比（因为$F = \frac{GMm}{r^2}$）。但由重力造成的加速度取决于F除以m，所以质量m互相抵消，因此任何在地球表面的物体因重力所产生的加速度都一样，而它们在月球表面则会有另一个加速度。

第三运动定律说，相互作用的两个物体之间的作用力与反作用力总是大小相等，方向相反，作用在同一条直线上。或用牛顿的说法，任何作用都有相对的反作用。一个简单的例子是，当来复枪产生一股力量将子弹射出时，同时也会产生一股让射击者感受到枪托撞击肩膀的反作用力。如果你用拳头用力捶桌子，你会明显地感受到反作用力。当然也有不太明显的例子。太阳以重力将行星拉住，行星也以同样的反作用力拉住太阳，就好像两者被一条拉长的弹簧连接着。

这些定律同样适用于穿梭在太空中的行星和卫星，以及地球上（加上适当的摩擦力）的物体，例如台球。不过现在我们只把注意力放在行星的行为上，因为牛顿提出的理论在这里产生了一些问题。几个世纪以来，这些问题大多被忽视。然而，今天我们所知道的“轨道动力学”（orbital mechanics），是第一个促使现代科学正视混沌现象的领域。

上帝一定是个差劲的钟表匠

虽然牛顿定律（包括重力定理）可以完美地算出两个物体互相环绕的轨道（月球环绕地球或地球环绕太阳等），但它们不能给出三个以上互相由重力吸引的物体运动的精确计算（例如地球、月球和太阳共同在太空中的运行）。这就是所谓的“三体问题”（three-body problem），它也存在于任何多于两个的“体”之间。更广泛一点，物理学家有时称之为“N体问题”，N可以是任何大于二的数。描述这类系统的方程式可以被写出来，但无法解——它们无法被积分，没有“解析解”（analytical solution）。具有解析解的方程式一般被称为“决定式的”（deterministic）；描述单一行星环绕太阳的轨道的方程式是可决定的，解析解得出的答案是椭圆形。值得注意的是，三体运动无解并非因为人类的数学不够好，而是数学系统本身的问题。

这些问题往往可利用“近似解”（approximation）避开。拿三个互相环绕的物体来说，我们可以用重复的步骤来计算。首先将其中一个物体视为静止，再计算另两个物体在它们轨道中的运动，然后由这个新的初始位置，让另一个物体静止，计算其他两个物体的位置，如此反复。这样计算出的结果不可能完美，因为三个物体事实上同时运动。但如果每一个重复计算步骤（这种反复的数学运算步骤有时被称为“迭代法”）的间隔时间足够短，大多数时候你所算出的轨道会和实际情况非常接近。在太阳系中，太阳的质量远大于任何行星（甚至大于它们的质量总和），所以在太阳重力主宰一切的情况下，第一步的近似计算可忽略其他行星。比方说计算火星轨道时，可以先假设其他行星都不存在，而得出一个完美椭圆。火星的真实轨道和分析计算出的结果有些微差别，但这些差异可以从其他行星的干扰效应中得出，尤其是来自于巨大的木星和土星的干扰。同样，要得到月球环绕地球的轨道，也可以先忽略遥远的太阳影响而做出初步计算，之后再纳入这个因素来修正计算结果。如果你愿意花费很大力气对所有行星间的相互影响做一连串的修正（用今天的高速计算机并不难做到），你可以非常精确地预测出你所感兴趣的行星的轨道；但你永远无法精确地计算预测出很久很久以后这个行星或月球的轨道，因为总会存在某种程度的误差。如果三个物体的质量相当，彼此间距离又差不多，则三体问题完全无解。缺乏解析解表示，大自然本身也“不知道”这些轨道会如何随着时间的变化而变化。即使是太阳系中的行星轨道，也未必会一直保持和现在一样。

牛顿察觉到了这一点，但身为一名虔诚的教徒（虽然他的宗教信仰与当时天主教廷的主张不完全一致），他自行提出一个答案，认为如果行星偏离了现在的轨道（或许一路向太阳回旋，或者往外层空间跑），上帝总会插手把它们放回正当路径。这个论点引来莱布尼兹的激烈反击，他用时钟和牛顿的机械宇宙做模拟，嘲讽牛顿的上帝一定是个差劲的钟表匠，因为他竟然做不出一个不需要修理就能正确运行的时钟！

这个谜团持续到18世纪末，直到法国数学家皮埃尔·拉普拉斯（Pierre Laplace, 1749—1827）提出他的见解，似乎才使太阳系重新恢复秩序。拉普拉斯首先专注于计算木星和土星的轨道（利用前面提到的费力的一步步重复运算）；它们是太阳系中最大的两个行星，并且对彼此以及其他每个行星产生仅次于太阳的重力影响。拉普拉斯发现，目前木星的轨道正轻微扩张，而土星轨道在收缩；这正是牛顿担心的情形。但拉普拉斯发现，这些变化与两个行星间节奏性的重力变化息息相关。节奏运作的原理来自土星每绕太阳两圈，木星大约绕五圈这一现象，而这两个行星每隔59年彼此会最接近。利用牛顿定律以及一步步的迭代，拉普拉斯算出了两个行星间的轨道变化规则，那就是每隔929年将会出现逆转的综合效应。经过929年，木星轨道会扩张，土星轨道会收缩；而接下来的929年，木星轨道将会收缩，而土星轨道将会扩张，以此类推。

拉普拉斯认为他恢复了太阳系的秩序，并对拿破仑说出他“不需要”上帝这个“假设”。他还说：

> 先前对于这两个行星无法说明的不规律性，现在反而成为证明万有引力最具说服力的一项证据。

我们接下来会看到，拉普拉斯并非是完全对的。但他证明了其他行星间也存在类似的稳定性，并由此推论整个太阳系也是稳定的。因而从19世纪初开始，牛顿定律似乎显示，整个太阳系与宇宙就像完美的时钟一样精准可靠地运行，不需要外力介入就可精确计时。牛顿定律的成功使得科学家能够解决许多问题，牛顿定律成为整个现代科学的基石。19世纪和20世纪的科学家知道，在很多情况下，特定的方程式没有解析解，他们致力于在可决定的部分求出解，然后利用近似的方法处理其他部分。至于更难的谜题，通常就置之不理了。毕竟在为难题伤脑筋之前，先解决所有简单的部分是人之常情。但少数几个人却仍担心牛顿定律无法涵盖的问题（至少指出了这些问题存在），而且一种另类的三体问题突显了牛顿定律的有限性。

自由意志是否存在

想象一下台球桌上三颗球相碰撞的情形。如果一颗运动中的球撞击另一颗静止的球（或两者都在运动中），假设我们知道球的质量、运动速度，以及（或者忽略）摩擦力，根据牛顿定律，则可精确算出两颗球碰撞后的运动方式。但如果两颗静止的球彼此接触，而运动中的球从旁同时撞击到它们，则牛顿定律无法告诉你这些球在撞击后将如何运动。[①]假设两颗静止的球其中之一先被撞到，哪怕只是0.01秒的差别，牛顿定律都可以告诉你它们将如何运动。但对于真正完全同时的撞击，牛顿定律就无能为力了。你可以试着摆脱这种困境，宣称现实生活中几乎不可能发生这种同时的碰撞。然而，小到钟摆的摆动，大至登月宇宙飞船的飞行运动，我们都能利用定理成功地解释，在这么简单的情况下，竟然无法预测碰撞后的结果，这实在让人很苦恼。

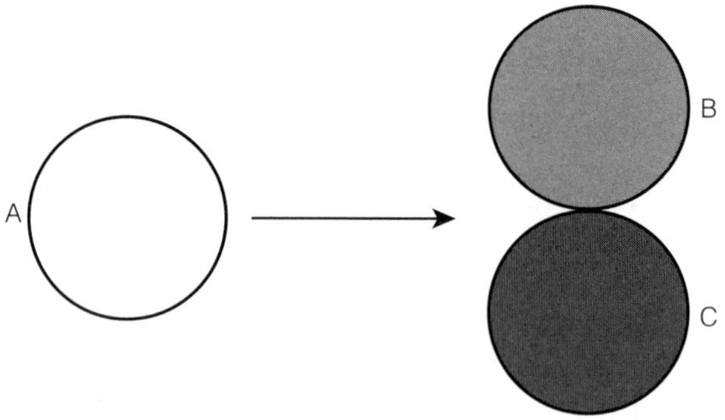

图1.1　根据牛顿定律，如果一颗具有完美弹性的球（A），同时撞击两颗相接触的具有完美弹性的球（B、C），我们是无法预测这三颗球在撞击后的运动方向的。

19世纪时，没有人真正担心这件事，大家都忙着利用牛顿定律以及伽利略与牛顿所发展出的科学方法，来描绘一个有秩序的、机械式的宇宙。拉普拉斯在1814年所写的《概率论的哲学理论》（*Essai philosophique sur les probabilitiés*）中的一段话，说出了当时的普遍看法：

> 想象有一个智慧体，它在任何时间都知道所有控制大自然的力量，同时也知道每一项事物的运动状态。假设这智慧体可以将所有

① 同样的情形也发生在当三颗运动中的球同时撞在一块。不过那更不容易发生。

数据加以分析，能把宇宙中大大小小物体运动的状态用一个公式描述。对它而言，没有不确定的东西；它可以清楚地看到未来与过去。

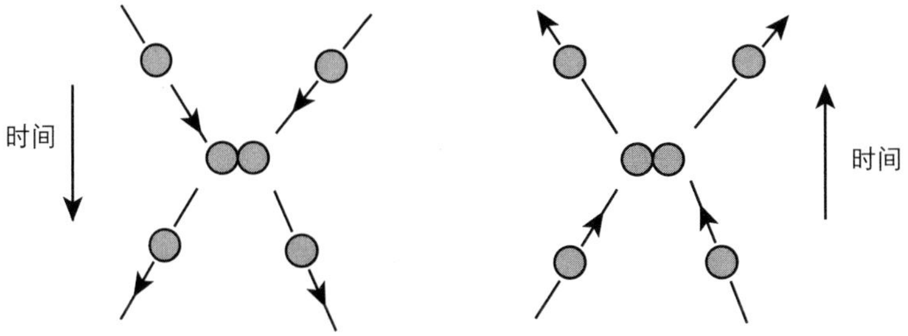

图 1.2　根据牛顿定律，一对物体的碰撞是完全可逆的。无论“时间箭头”的方向为何，这个图看起来同样合理。

在现在，那样的智慧体会是一台知道宇宙中每个粒子的位置与速度的超级计算机，它可以运用牛顿定律描述自然界中的其他作用力（例如重力与电磁力），它不但可以预测每个粒子未来的运动方向，还可以推算出它们过去的历程——因为牛顿定律不涉及时间进行的方向，如果时间逆行，这些定律依然适用，就好像你可以想见两颗台球相碰撞之前，或是太阳系中每个行星在轨道上反向的运行情形。牛顿定律中没有时间箭头，而对拉普拉斯及其他人而言，它们似乎描述了一个对过去和未来都有严格规定的完全机械式的世界，在这个世界里，没有自由意志存在的空间。但这些人都忽略了一点：如果宇宙中的某时某处恰巧有三个粒子同时碰撞，这种论证的基础将不复存在。至于在这种情况下自由意志是否存在的问题，我想留给哲学家去讨论。

这个有关于时间的谜题，又出现在 19 世纪最伟大的物理成就——关于光以及其他形式的电磁辐射的研究中。这些研究被苏格兰学者詹姆斯·克拉克·麦克斯韦（James Clerk Maxwell, 1831—1879）带到顶峰，他对电磁辐射的描述源自于迈克尔·法拉第（Michael Faraday, 1791—1867）。法拉第发现了环绕于磁铁或带电物质之外的电磁场，而我们在普通的实验课中就可以目击这个“场”：将铁屑撒在平置于磁铁上方的一张纸上，轻轻敲一敲纸面，铁屑便会排出连接两个磁极的线，显示出对应于磁场的所谓的“磁力线”（lines of force）。法拉第首先提出，光线可由场力线和磁铁及带电物质所引发的某种振荡而产生，就像拨弄拉紧的小提琴的弦一样。然而，法拉第缺乏足够的数学才能，无法将他的想法发展成完整的模型。直到1861年，麦克斯韦才完成这个任务。当时他证明了包括光在内所有已知的电磁现象，都可被一组只包含四个等式的方程式所描述，即今日我们所谓的“麦克斯韦方程组”（Maxwell's equations）。这些方程式规范电磁场与辐射的方式，正如同牛顿定律规范实在物体一样。原则上，它们描述了所有情况，使得我们能算出任何电磁效应的结果，虽然在比较复杂的情况下得多点耐心。麦克斯韦方程组描述了发电机与马达的运作方式，解释了为什么罗盘的针指向北方，以及两个带电物体在某个距离下的作用力（之前人们已知，电力、磁力和重力一样，都遵循反平方定律），还有其他更多现象。19世纪中期，所有物理科学所知的现象，都可用牛顿与麦克斯韦两人所发展出的数学工具来处理。麦克斯韦方程组最奇妙的一点是，它们能自动地产生出一个对光的描述。这些方程式原本是针对电磁现象设计的，但它们隐含了电磁波在空间行进的速度。这速度正好是测得的光速（这个数值在19世纪60年代已被测出，不久后测量的精确度便提高了），这使得人们确信光的传播也是以电磁波的形态进行的。

但麦克斯韦方程组中有两个令人好奇的特点，其中一个不久后带给物理界巨大的震撼，另一个直到最近都只被看成是一个特例。方程组中第一个奇怪的地方在于，它们给出的光速是常数，光速与光源和测量光速的人（或机器）之间的相对速度无关。根据方程式，如果你用手电筒照我，我们共同测量这道光的速度就是常数 c。如果我们都站着不动，就没有问题。但如果你我以高速移动擦身而过，我们所测得的手电筒射出的光的速度，依旧是这个常数 c。当我接近你（依据常识，你会认为我测得的速度应该是 c 加上你我之间的相对速度），或是当我远离你（依据常识，我测得的速度应该是 c 减去你我之间的相对速度），其结果都一样。就是因为麦克斯韦方程组推导出光以定速行进，不因观测者的运动而有所不同，从而引导爱因斯坦在 1905 年发表了狭义相对论，并于 10 年后扩展为广义相对论。本书不探讨相对论，仅指出它的存在及它所提供的比牛顿理论对运动物体及重力更完整的描述。相对论并未推翻或排挤牛顿物理学，只是将牛顿的观念纳入其中，并将物理世界的描述延伸至牛顿理论不足的地方，特别是以极高速运动的物体，或在强大重力场影响下的物体。但对于像地球绕太阳的运动，牛顿物理学的精准度已经极高，对于人类周围事件的描述就更加准确了。

时间的方向

麦克斯韦方程组也有它们的局限，尤其对于极小尺度下的事件，例如对原子及其组成粒子的行为描述。在这个尺度下，古典的（麦克斯韦）对电磁作用的描述与古典的（牛顿）对粒子的描述，都必须由量子力学来修正。接下来，我们将讨论至少一种量子作用，虽然它们不是关键。但这里所有讨论的内容都可用牛顿力学的观点描述（并理解），即便是麦克斯韦方程组，也只是因为它们奇特的性质才被提到。

麦克斯韦方程组另一个奇特之处在于，它们与牛顿定律一样，没有时间方向性。如果单单考虑像是带电物质在磁场中的运动，只要想象我们可以倒转时间方向就成了，所有事物仍将遵循麦克斯韦方程组及牛顿定律。然而，根据方程组，从台灯射出的光线与其逆时的对应（即光线会跑回台灯里面）没有区别。对我们而言，这就像是看到球桌上散落的台球重新排成开球前的三角形，并利用它们由摩擦力吸收的能量，把母球弹回并撞击发球者的杆子一样奇怪。如果只考虑牛顿定律与麦克斯韦方程式，则这两件事都会发生。显然我们对于时间方向的概念有些不准确。

我们为什么长久以来对时间存有特定的方向感这件事，可以从19世纪的另一个物理突破得到解释——对热与运动之间关系的描述（热力学）。当工业世界开始用蒸汽机作为动力来源时，热力学在应用上发挥了基础性的作用。从我们的角度来说，热力学在科学上的重要性是让科学家得以描述大量物体的集体行为，特别是气体分子。这种工作涉及计算平均与统计概率，主要概念建立在将气体当成无数个四处弹跳的小粒子（原子和分子），它们依照牛顿定律彼此碰撞并冲撞它们的容器壁。气体动力理论特别可以说明，物理通则是如何从混沌中建立秩序的。“gas”（气体）这个词最早由佛兰德斯物理学家海尔蒙特（Helmont，1580—1644）提出，希腊文的意思就是“混沌”，首见于他的著作《医学起源》（*Ortus Medicinae*）一书。把气体看成混沌的这种观念，在此后的300多年中仍相当合理，直到英国的麦克斯韦和奥地利的路德维希·玻尔兹曼（Ludwig Boltzmann，1844—1906）以牛顿定律为本，为动力理论（之前还只是揣测性的想法）建立了稳固的科学基础。例如气体对容器壁产生的压力，可以利用气体粒子碰撞容器壁再弹回所产生的作用力与反作用力（牛顿第三定律）来解释。这个过程产生出看似稳定的压力，是因为有太多粒子参与作用，每秒都有数不清的碰撞发生。粗略计算，一个火柴盒大小的空间里，差不多有 10^{22} 个分子，这个数字大到可以使我们不必太介意一个十倍大或十分之一小的盒子中分子数量的差异。一个普通的空气分子在接近海平面的0℃大气中，每秒大约发生400万次碰撞。

这使我们产生错觉，认为空气是具有连续性的媒介。这也表示，不管拉普拉斯怎么认为，任何试图以牛顿定律计算出每一个气体分子轨迹，从而描述气体性质的努力，都将徒劳无功。因为这是个 N 体问题，而 N 等于 10^{22}。现在该是统计学上场的时刻了。

“功”与“能”的转换

将力学应用在统计方式，以描述气体（或其他系统）中无数原子与分子行为的方法，被称为“统计力学”。开展统计力学研究的原动力，来自 19 世纪寻求以科学描述热力的渴望。这些热力现象不只来自实验室，还充斥于日常生活中。比方说，在没有外界的干扰下，热永远会由较热的物体流向较冷的物体；用日常用语来说，热的东西会冷下来。在真实世界，如果将冰块放在热的东西上面，冰块温度升高时它就会溶解。我们从不曾看过液态水自发地结冰并放出热量，然而，就跟台球自行排成三角形的例子一样，如果只考虑某个原子或分子，根据牛顿定律，这似乎也没什么不可以。日常生活中的时间有方向性，而它似乎与热力和统计力学有着密不可分的关系。

这些定律来自于真实世界中对物体的观察。就像观察到苹果永远从树上往下掉，而不是往上落，我们称之为自然律，然后进一步测量它们落下的速度、它们如何加速，再扩展到对其他物体的观测（如月球和火星），最后找出描述这种行为的数学方程式。在这个例子中，牛顿发现了重力定律。热力学的起点是从热在固体中流动的研究开始，由约瑟夫·傅立叶（Joseph Fourier，1768—1830）在法国展开，到了 1811 年，他因为这方面的研究而获得法国科学院的表彰。傅立叶找到一个简单的数学定律来描述热传递——热的传递效应与温差成正比——热（显而易见地）由较热的一端流向较冷的一端。这个简单的定律在热力学的地位和重要性，正如同伽利略发现自由落体加速度定律对重力学发展的重要性一样。和重力定律一样，傅立叶的定律也是普遍适用的；它不但适用于固体，也适用于液体和气体。然而（不同于重力引发的加速度），比例常数却随物质不同而有变化。很多人曾从痛苦的经验中学到这一点，热在金属物质中传递得比在其他物质中（例如木头）快。

除了在热力学中明显的直接重要性之外，傅立叶发现的这个简单的定理，也让人们对物理世界的本质有了深刻了解。在原子分子的尺度，要预测人们生活周围接触的事物（所谓巨观物体）的性质是一件不可能完成的任务。所有粒子间的交互作用复杂到无法分析，并表现出（如海尔蒙特指出的）混乱的情形。但当不计其数的分子互相作用后，这些混乱消失了，或者说它们被均摊了，所以简单法则带来的秩序就出现（或又出现）了。没有人知道这是怎么发生的。人们知道几个遵循牛顿定律的粒子可以用简单的方式描述（即便真正要解出方程式需要近似计算的烦琐技巧），也知道共同运作的大量粒子可以被简单地描述，但却不知道如何从一个层次跳到另一层次。但这些并不重要。在蒸汽机时代，热力学只要能够独立成为实用性的科学就够了。

这样的情况持续了数十年，直到19世纪才结束，但也因此产生了不少对宏观事物的描述，诸如温度、压力、密度，甚至与这些相关的化学特性，以及这些性质对外界施加于系统的变化会产生何种反应，例如增加压力或降低温度。热力学并不试图预测个别分子或原子发生的变化，虽然在解释发生的现象时，人们承认这些粒子存在，并以统计的方式利用了它们的平均属性。

1790年，巴伐利亚伯爵拉姆福德（Count Rumford）进行了一项对傅立叶产生启发的研究。拉姆福德原名本杰明·汤普森（Benjamin Thompson），1753年出生于当时还是殖民地的美国马萨诸塞州，逝世于

1814年。他是英王乔治三世的顾问，并被册封为巴伐利亚伯爵。在充满传奇色彩的一生中，他当过军人、政治家、间谍及社会公益人士。当他在巴伐利亚督导陆军制造新的加农炮时，他发现热就是某种形态的“功”（work）。加农炮管是利用马匹牵动的工具所凿出的，马匹越用力工作，工具和被凿出的炮管半成品就会变得越热，蒸汽机再将热转换成功。凿炮管的过程中，热却成了一项由功转换来的副产品。

这些想法经过很长时间才渐渐成熟，其中的关键步骤是由英国的詹姆斯·焦耳（James Joule，1818—1889）于19世纪40年代所完成的，他比拉姆福德更进一步地利用实验精准测量出使定量的水升高一定温度所需要的功。他运用简单的概念设计出一个漂亮的实验，他利用下降的砝码通过绳子带动旋转叶片，不停搅拌容器内的水使其温度升高。这项研究，以及同时代的德国科学家赫尔曼·亥姆霍兹（Hermann Helmholtz，1821—1894）所做的类似研究，阐明了能量守恒的原理。也就是说，能量无法被产生或消灭，只能由一种形式转换成另一种。马匹做工所需的能量来自它们吃的稻草，稻草提供在肌肉中与氧结合后可产生动力的化学燃料，而稻草中以化学形态存在的能量最终来自于阳光，等等。能量守恒定律也被称为热力学第一定律，它宣称在封闭系统中（不与外界产生任何作用的系统，像是光滑的平面一样）能量总和是不变的常数。但如同我们所见，在制造加农炮管的过程中，没有完美的“功”与“能”的转换，热会以副产品的形式出现，所以某些能量会在转换过程中流失。由于热总是由高温处流向低温处（热力学第二定律），最终，一个封闭系统中所有能量将转换成热，而温度的差别会消退，形成一个平淡无趣的状态。

苍凉的宇宙热寂终结

我们今天所知道的热力学第二定律有许多不同的表达方式，在 1852 年首度清楚地提出这种理论的是英国物理学家威廉·汤姆森［William Thomson，1824—1907，后来被封为开尔文爵士（Lord Kelvin）］，他把重点放在“散失”（dissipation）的概念上。虽然大自然的运作可以被看成是一个将热转换为功（或运动，同一回事）的巨大机器，但总会有一些热在这个过程中散失；它们不是真的消失，只是扩散到整个宇宙中，使其整体温度升高一些。这个主张脱离了当时能量守恒定律（热力学第一定律），因为这样一来，虽然宇宙的总能量不变，但“可使用能量”却不断减少。这使得物理学家必须想出方法来量化一个封闭系统（或整个宇宙）中的可使用能量，才能界定其数值并用方程式处理。因此，德国的鲁道夫·克劳修斯（Rudolf Clausius，1822—1888）在 19 世纪 60 年代中期提出了“熵”（entropy）的概念。

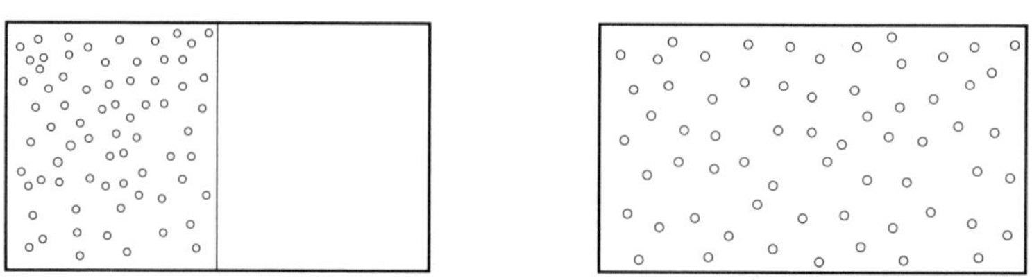

图 1.3　当我们观察像是盒中气体的原子这样庞大数量的粒子时，时间的方向就变得很明显。当隔板被移开，气体会散开并充满整个盒子。即使没有指出时间箭头，我们也不难看出哪个先哪个后。

想要了解熵所测量的对象，最简单的方法是把它当成某系统里有秩序的量。典型的例子是，想象一个用移动隔板分成两半的盒子，其中一半充满气体，另一半开始时什么都没有，是真空的。这是一个具有一定秩序的系统，因为盒子两半的特性迥然不同。如果随机把一个微小的机器探测仪丢进盒子，它能以周围是气体或真空来判定自己所在的位置。现在想象将隔板移走，根据常识我们都知道会发生什么事——气体将均匀地充满盒子。此时这个系统较有秩序（或不那么混乱），因为在一片气体中，你无法区别处在盒子的哪一半。气体扩散的同时，温度也会下降。你当然可以将盒子的状态复原，用气泵把气体挤回原来的一半空间。这个压缩动作会将温度提升至原来状态。但要完成这个工作，气泵必须做功，在做功过程中难免会因为摩擦等因素而散出热量。所以虽然这个被视为封闭系统的盒子恢复了原始状态，但从整个宇宙来看，更多的热被散了出来，宇宙因此而改变。

再举个例子，比如一个交替涂上黑白方格、有一定秩序的国际象棋的棋盘。如果将颜料混合起来，把板子涂成一致的灰色，秩序就减少了。你可以想象一个精巧的机器，能够将混合后的颜料分子整理成纯黑与纯白，但同样地，这个机器无法达到百分之百的效率，因为当它运作时，某些热还是会扩散至宇宙中。

熵是用来测量系统中秩序的量；熵的增加，表示混乱度增加。既然我们知道在真实世界中，封闭系统的混乱度随时间推移而增加（东西会衰败），所以熵的必然增加可以定义出时间的方向，也就是从有秩序的过去指向混乱的未来。因为这种趋势无法避免又无所不在，维多利亚时代的热力学家于是想象，宇宙的最终命运将是把所有的可用能量都转换成热，一切物质都会处于平淡一致的恒温状态，表现出他们所谓的“热寂”（heat death）的苍凉宇宙景象。①

然而，生命体从无秩序（或至少是较没有秩序）的物质中制造出秩

① 这一令人沮丧的预言现已被其他理论取代。宇宙膨胀的事实（在20世纪20年代后期才被发现）改变了这一预言。而从 20 世纪 40 年代起，人们开始了解重力效应具有负能量，所以维多利亚时代的热力学家想象中的热终结景象已被消除。我的书《开始》（*In the Beginning*, Penguin, 1994）及保罗·戴维斯（Paul Davies）的《宇宙蓝图》（*The Cosmic Blueprint,* Heinemann, 1987）中介绍了这些有趣的想法，本书后面还会提到。

序与构造，显然是在违抗这种过程。植物由二氧化碳、水，还有一些其他化学物建立构造，有些还开出漂亮的花朵，但这些必须借助太阳光提供的外来能量才办得到。地球，特别是地球上的生命体，并不是封闭系统。汤姆森、鲁道夫·克劳修斯，以及同时代科学家建立的方程式可以证明，在宇宙的任何地方，秩序都会出现在一小块区域，而这总是借着在其他区域产生更多的混乱来达成的。当我们用冰箱中的冷冻仓制造冰块时，我们似乎违反了热力学第二定律。而我们之所以办得到，全是因为马达使冷媒在冰箱内外流动，产生比水所“失去”的还要多的热量。冰箱内部冷凝管内发生的冷却作用，和我们先前想象的盒子中气体因移开隔板而扩散降温的过程，基本上是同一回事。在冰箱背面外侧管线的增温过程，也和把气体压缩回原来大小而使其变热的过程相似。在那个时候，热量散发到空气中，然后才将冷媒送进冰箱。如果将一台冰箱的门打开，让它在密闭且完全隔热的房间里运转一段时间，房间会变得更热而不是更冷，因为冷却效果所做的功会制造出更多的热。

科学家依照严格的科学标准以及实验与观察得出的定理判断，在宏观的尺度上，宇宙以不可逆的方式运作——你永远不能把事物变回过去的状态。但在我们讨论过的简单的热力学不可逆性质、熵与时间方向、带着隔板的盒子等典型例子中，我们在宏观与微观的世界中看到了泾渭分明的两种情况。在构成气体的原子与分子的尺度（称为次微观，但没人真的那么讲究），根据牛顿定律，每个碰撞都是可逆的，就像台球一般。我们可以想象把隔板移开，让气体充满整个盒子，然后挥舞一根魔法棒使气体中每个原子、分子反向运动；牛顿定律并没规定不许逆转运动。依照这一规则，原子与分子将会回溯它们的运动路径，回到原来的半个盒子中，而不论其间发生过多少次碰撞。但在真实世界中，我们从不曾看过一个系统会这样运作，比如一个房间内的空气全部在一瞬间挤到房间一端。物理定律因宏观与微观尺度不同所造成的二分法则，对于

19世纪末的物理学家来说，是一个巨大的谜团。

稍稍偏离平衡状态，就能由混沌中产生秩序

想要解开这个谜团，必须发展出一套新的语言（如同我们正着手介绍的）和一种理解物理世界的新思维模式。接下来故事的核心思维，就是“吸引子”（attractor）的概念。如果将气体排入一个盒子中，不管是经由我们前述移动间隔板的方式，或者在盒子壁上打个洞的方式，最终的结果是这些气体将达到平衡状态，均匀地散布于盒子中。这个状态即为这个系统可能达到的最大熵，而且不论气体怎么进入盒子，结果都一样，不管洞是打在盒子的哪一面，或是打在什么特定的地方。最终的平衡状态（也就是能量最低的状态）称为吸引子，因为整个系统的运行方式宛如被吸到这个状态。一旦达到这个状态，我们将无法分辨系统是如何变成这样的——并没有任何记录显示，系统如何进入最终的平衡状态。

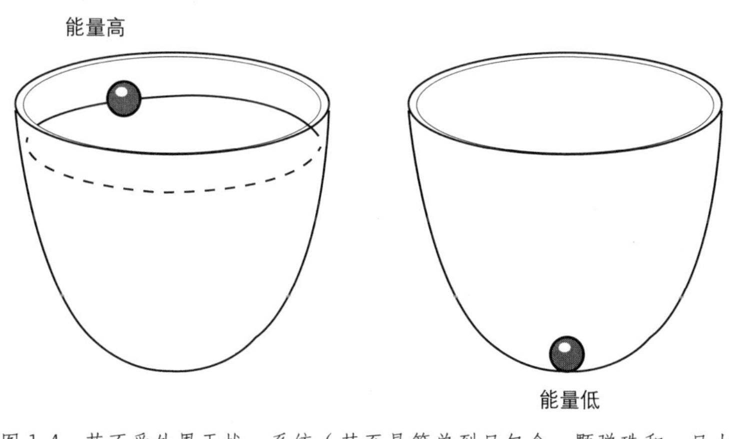

图1.4 若不受外界干扰，系统（甚至是简单到只包含一颗弹珠和一只大碗的“系统”）会倾向落入最小能量与最大熵的状态——前提是没有外来的能量。

这种方式也可以用来描述一些更常见的系统。如果让一颗弹珠在一只大碗里打转，经过回旋和振荡之后，弹珠会静止于碗底；这个状态就是系统的吸引子。即使在如此简单的系统中，吸引子也未必一样简单。如果弹珠在一个墨西哥宽帽上滚动，那么它将会静止于向上翘起的帽檐所形成的凹陷处。但圆圈形的凹陷处里的任何一点，都是吸引子的一部分（有时被称为“墨西哥宽帽吸引子”），因为它们都对应能量最低的状态。想象一个没有摩擦力的完美钟摆（即所谓理想钟摆），它的来回摆动也是一个吸引子。对摩擦力会消耗能量的真实钟摆来说，摆动会逐渐减速，最终完全停止，钟摆将垂直挂着，这也可被视为一个吸引子状态。不论钟摆如何运动（左到右、前到后，或是转圈），只要耐心等待，它终会达到相同的最终状态，而未留下任何先前的运动记录。用热力学的语言来说，当系统达到平衡状态时，就会忘记自己的初始状态。唯有它当下的状态才有意义。

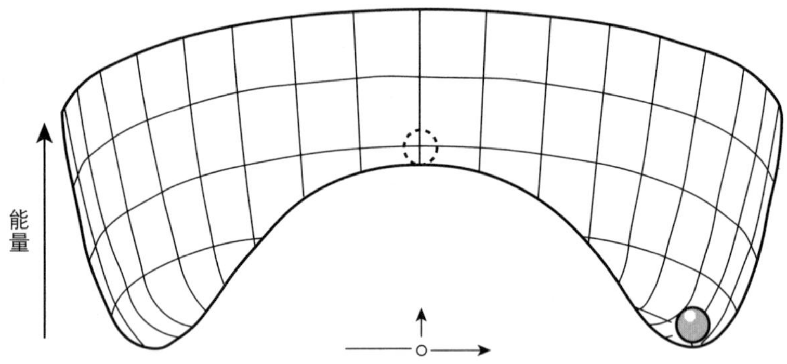

图 1.5　系统趋向的状态称为吸引子。在图 1.4 的例子中，吸引子是位于碗底的一点。但吸引子也可以是个散开的区域，如图所示。丘上的弹珠势必落向谷底，而谷底的任何一点都是相同的吸引子。

但系统何时会达到平衡状态？在真实世界中没有所谓的完美隔热体，所以我们的气体盒子永远会不停地与外界交换热能。“摇荡的钟摆逐渐趋向静止”似乎是系统达到平衡的最佳例子。但即便如此，摆钟还是被冲撞而来的空气分子推挤着；即使把它放入真空室中，摆钟还是会透过吊绳和外界产生交互作用，因为它总要吊在某个东西上才能摆动。事实上，世界上没有孤立的系统（除了整个宇宙），也没有系统处于完美的平衡状态，系统可以很接近平衡——只要等得够久，要多接近就有多接近——但永远达不到所谓完美的平衡。

这些不只是空谈。借用普里戈金和伊莎贝拉·斯唐热（Isabelle Stengers，1949—）的一项实验，如果两个容器之间用一根细管连接，并放入氢气与硫化氢的混合气体，在相同温度下，当达到平衡状态时，两种气体在两个容器的混合比例一致。但如果其中一个容器的温度略高于另一个时，混合的气体将开始分离，较轻的氢分子会聚集在较热的容器中，而较重的硫化氢分子会聚集在较冷的容器中（同样的情形会发生在任何两种分子量不同的气体之间，并不局限于氢与硫化氢）。只要稍稍偏离平衡状态，就能由混沌中产生秩序。在平衡状态之外，适当情况下，能量的流动会自发性地创造出秩序来。这对我们自身的存在是极其重要的认知，因为无可否认的，我们是有秩序的生物，而同时有太多的证据显示，宇宙起始于一个没什么秩序可言的状态。

一般来说，接近平衡的系统会被导向“熵值增加率为最低”的状态。但这个观念直到20世纪才变得清晰起来。如同牛顿之后的物理学家首先专注于利用牛顿的公式与运动定律解决可处理的简单问题（因为它们最容易解答），热力学家先是专注于平衡系统，他们发展出一些定律和公式（像是热力学第二定律）。经由这个途径，他们发展并了解了热力学，并且将其研究范围延伸至统计力学。

这些研究大部分都试图利用数学来描述气体行为，因为气体分子的碰撞大致符合牛顿定律，是相对简单的系统，比较有可能在其中找到方程式的解。我们现在所知道的气体动力学，是由19世纪下半叶几位相互影响的科学家所发展出来的。研究主轴起于鲁道夫·克劳修斯在 1858 年提出的“平均自由路径”，意思指在特定的温度与压力条件下，气体分子在两次碰撞间平均移动的距离。他也提出了分子的“效应半径”的概念。麦克斯韦继承了这些观念，并加入分子碰撞时速度被限制于一定范围内的条件，在此基础上，他做了更进一步的研究。他表示，在适当界定这些性质后，许多被观察到的气体行为可以用简单的方程式表达。接下来，麦克斯韦的研究启发了德国的玻尔兹曼。玻尔兹曼将前人的成果集大成于统计力学的最初版本。在大西洋彼岸的美国，约西亚·威拉德·吉布斯（Josiah Willard Gibbs，1839—1903）也对这个科学新领域的发展做出了重大贡献。

等上比宇宙年龄还要长的时间

在此，我们不深入探讨统计力学，但可以利用一个类似先前盒中气体的简单例子（想象中的模型），来说明玻尔兹曼所使用的概率技巧的关键概念。回想一下，让我们困扰的是，虽然牛顿定律允许，但我们从不曾看过一个盒子中的气体全部集中于一半空间。气体会大致平均地散布到盒子中，这到底有什么特别的意义？为了方便体会，先假设盒中只有两个粒子，它们遵循牛顿定律，互相碰撞，并从盒壁反弹。如果我们随时观察盒内的景象，粒子会如何分布？盒子两半各有一个粒子的可能性有两种——A 粒子在左而 B 粒子在右，或 B 粒子在左而 A 粒子在右；粒子共处于某半边的可能性也有两种——两者同时在左，或两者同时在右。

在这个条件下，盒中总共只有四种可能情况，如果每种情况发生的可能性都相同（没有理由不这么认为），则我们有 25% 的机会看到两者同时在左，有 25% 的机会看到两者同时在右，有 50% 的机会看到一边一个。在这个概率条件下，如果你在任何时刻观察盒子内部，看到任何景象都不会吃惊。

接着用四个粒子再做一次。为了简化问题，我们只将焦点集中于盒子的其中一半。一个粒子在左，其余三个在右的情况有四种（从 A、B、C、D 中每次只挑出一个粒子）。左边有两个粒子的情况有六种（AB、AC、AD、BC、BD、CD）。这时可以看到，盒子两边粒子数目相同的可能性大于一边只有一个粒子，概率是 6∶4。另外还有一种可能，就是左边一个粒子也没有（编注：原书此处的计算有些问题，读者可选择意会）。当粒子数目增加时，两边粒子均匀分布的概率也随之暴增。你可以随意用几个粒子进行试算，但如果以八个粒子为例，所有“气体”都在右边的情况也只有一种，但粒子平均分布在两边的情况却有 70 种。玻尔兹曼主张，我们会看到气体在盒中扩散而非挤在角落，因为前者发生的概率远大于后者。后者不是不可能发生，只是概率很小。

上述的简单描述，离玻尔兹曼的研究内容还差得很远。他推导出一道将熵与概率联结起来的数学公式，这个公式将统计力学以适当的量化形式表达了出来。我们希望能给读者一个大致的概念。关键点在于，到底有多少粒子在小盒里碰撞？而相对的，所有粒子集中于一端又是多么不可能。这个研究主轴，可回溯到 1811 年意大利科学家阿莫迪欧·阿伏伽德罗（Amadeo Avogadro，1776—1856）的研究，他宣称在同温同压下，同体积的气体具有相同的分子数。他提出，一个盒子里不论装的是什么气体，在定温定压下都会有数目一样的小硬球（我们现在用它们代表气体分子）在里面弹来弹去，它们撞击盒壁也互相碰撞。这些气体可以是氧气、二氧化碳或其他气体，或是像我们所呼吸的由好几种气体混合而成的空气，在此我们唯一关心的是分子的数目。

不难想象，要经过很长时间才有人确切算出在这个模型下的分子数目。比较让人惊讶的是，这段时间并不太长。可以得到答案的方式有好几种，在此我们要介绍的是奥地利科学家约瑟夫·洛施密特（Joseph Loschmidt，1821—1895）于19世纪60年代中期所使用的方法——在标准大气压与0℃的条件下，计算1立方厘米的气体所含的分子数（也称为洛施密特数，Loschmidt's number）。他先假设气体中有很多没有被占用的空间，每个气体分子占据一块由效应半径所定义的空间，而气压可依平均自由路径、平均分子速度等条件，由动力理论求得。如果气体中只有一些大的分子，平均自由路径则较长；如果有很多小分子，平均自由路径则较短。要建立一个符合实际观察到的气压变化的模型，只要设定平均自由路径的值，或是所有分子数就足够了。如今测出的洛施密特数值为 2.687×10^{19}，而这只是在0℃的海平面附近，1立方厘米的空气里所含的分子数——你大概不难想象，原子和分子有多么小。做个比较，银河系里有 3×10^{11} 个闪亮的星星，而从望远镜里观察，整个宇宙中大约也有相同数目的星系。将两者相乘，就可得到宇宙中所有闪亮星星的数目，大约是 9×10^{22} 个，也就是 9000×10^{19} 个。将这个数除以洛施密特数，结果大约为3公升多。也就是说，在寒冷的海平面附近，不到半公升的空气中①，就包含了与宇宙中明亮星星数目相同的分子。这些分子的密度很高，当它们以每秒460米的平均速度运动时，它们的平均自由路径只有百万分之十三米。将这么大的数字套进统计分析可以算出，如果想看到一个火柴盒大小容器内的气体通通聚到一边，你得等上比宇宙年龄还要长得多的时间。

两种选择

但这仍然不能表示这种事情不会发生。玻尔兹曼认为他找到了一个可以证明这个不可能的方法——他将时间箭头纳入热力学中。但他错了。

① 1公升等于1000立方厘米。

玻尔兹曼利用一组方程式，以统计方式求取分子性质的平均值，以描述气体的整体性质，而不去追踪盒子中每个气体分子的个别行为。说得白话一点，他的方程式描述的是一段时间内气体的平均行为。比方说，当气体进入盒子时，某些分子会跑得比另一些快，这表示它们温度比较高，所以某个角落的温度高于另一处。但当一个快速移动的分子撞击一个移动慢的分子，两个分子之间的动能将被分享，所以会产生两个以中等速度移动的分子（想象一个快速移动又不旋转的台球，碰撞一个静止的台球）。所以较热的分子会冷却，较冷的分子会升温，直到所有气体达到相同温度的热力平衡点。因为0℃时，空气中分子每秒碰撞接近400万次，这个变化又快又有效率，而玻尔兹曼建立的方程式却刻画出，随机的自然机制使热力平衡朝一条单行道前进。

那么，为什么我们还生存在一个有秩序的世界中呢？玻尔兹曼说得更露骨，他宣称宇宙的“热寂终结”已经开始，我们认知中的宇宙必然会由这个途径达到平衡。既然如此，为什么地球会偏离平衡而孕育出生命呢？他对此的解答是，在我们用望远镜所能观测到的所有太空（19世纪末，人们所知的太空，只是现今所知银河系的一小块），必然是平衡中的一个小小的起伏（以整个宇宙的尺度而言）。在我们想象中的气体盒子里，当达到平衡时，有时会有较多的分子因缘际会地从左半边跑到右半边，这使得右半边的密度瞬间高了些，然后它们会依照热力学的过程消退。玻尔兹曼主张，我们当时所看到的世界，只是更大的宇宙中一个短暂、局部的起伏。他在《气体理论讲稿》（*Lecture on Gas Theory*）[①]说：

> 我们有两种选择。一是相信目前这整个宇宙处于一个不大可能发生的状态；或者是认为，和整个宇宙的年龄与规模相比，这个不

① 初版分为两卷，于1896年、1898年在德国发行。再版由加州大学出版社于1964年出版。

> 大可能的状态所存在的这几十亿年，以及地球到天狼星（离地球最近的恒星）的距离，显得相当微不足道。在这样已进入热寂终结而即将死亡的宇宙中，我们所处的星系般大小的局部小区域会在一些地方出现；这些区域（或许称之为“世界”）和那些咫尺之外已达到热平衡“几十亿年”的区域截然不同。在这些世界中，它们存在状态相对的概率（也就是熵）起起伏伏。在整个宇宙中，时间的两个方向是没有差别的，正如同在空间中无所谓上与下。但如同在地球上我们会称朝向地心的方向为“下”，而在某一特定时间里，生命体可以定义时间的“方向”由比较不恰当的地方移向比较恰当的地方（前者称为“过去”，后者称为“未来”）。据此我们可以认定，我们所处的独立于其他宇宙的一小部分，“起始”于不恰当的状态。我觉得，这是唯一能够使我们理解热力学第二定律运作的观点。而每一个小世界的热寂终结并不需要以“整个宇宙由一个特定起点走向终点，进行着无方向性的改变”为论证基础。

很不幸地，玻尔兹曼选择以重力为例子定义空间方向。如同我们曾经提过的那样，正是宇宙间的重力作用，使得关于熵的传统观念在最巨大的尺度下必须被重新考虑。具有讽刺意味的是，他放弃了“整个宇宙由一个特定起点走向终点，进行着无方向性的改变”的观念，而这正是目前解释宇宙大爆炸模型的最佳写照。但重点在于，玻尔兹曼的观念看似过时，只因为我们现在可以看得比天狼星更远（大约离我们8.6光年），以几十亿光年的尺度观测宇宙特性，我们并没有看到玻尔兹曼所说的平淡无奇、死气沉沉的宇宙。但我们还是得小心，不要嘲笑他奇怪古板的想法。一些有名望的天文学家至今仍主张，我们所看到的宇宙只是在可能无限、平淡一致的更大宇宙中，众多扩张的泡泡之一。他们的主张并非建立在热力学上，但可以作为一个警惕：当我们嘲笑玻尔兹曼小家子气地认为 8.6 光年是很长的距离时，或许在真正无限的宇宙中，100 亿光年的距离可能就像从你家走到超市的距离而已。

牛顿的担心不无道理

严格说来，这些都与我们的故事无关。因为我们前面点到，玻尔兹曼的论点有漏洞——并不在于他的哲学思维，而在于他描述气体行为时所用的数学公式。玻尔兹曼开始时假设，这些即将互相碰撞的分子不知道彼此的性质，也就是说，它们的运动无相关性，所以会遵循一种所谓“分子混沌”的行为（这个混沌指的是混乱，与本书后面的定义不同）。但每一次碰撞后，分子行进的路径当然就相关了，因为它们在碰撞中交换了能量与动量。因此，玻尔兹曼不经意地在一开始就将一个微观的时间箭头纳入了他的计算，所以在他计算结束时出现一个巨观的时间箭头就不足为奇了。要注意的是，牛顿定律没有时间方向性，整个系统完全可以“逆时间”运作。你不能只在这个方向，而不在那个方向讨论关联性。或者以拉普拉斯所主张的另一种角度看，所有气体分子在特定时刻所具有的位置与速度，已“记忆”了整个气体的过去历史，因此每个分子与其他气体分子的行为都会产生关联。

玻尔兹曼提出他的想法不久，洛施密特就指出了玻尔兹曼论证中的漏洞。[①] 这个问题后来被法国数学与物理学家亨利·庞加莱（Henri Poincaré，1854—1912）解决。庞加莱将拉普拉斯的论点转换成符合逻辑的结论，并用严谨的数学来证明：如果你有一个内含有限数目（多少都可以，只要不是无限）分子的气体盒子，而这些分子又完全遵循牛顿

① 针对这些批判，玻尔兹曼后来想出一个办法，他将我们的世界看成死亡宇宙中的局部振荡，试图挽救自己的理论。

运动定律，那么经过一段足够长的时间之后，盒中的气体分子将会回到原始状态，它们具有和刚开始时一样的方向与速度。比如洗一叠扑克牌，不论起始状态为何（牌可以任意排列），洗了一次，牌的顺序就会改变，但如果你不断洗牌，而且牌会产生真正随机的改变，总有一天所有的牌会回到原始顺序。因为起始时间可以任意选定，这表示所有的牌或是盒中气体，将会重复所有可能状态，包括所有分子极不寻常地集中于盒子一端的状态，以及大部分时间两端分子数大约相等的状态。这些可能发生的状态会循环发生，其重复周期被称为庞加莱重现时间，或庞加莱循环时间。如果熵在一段时间之内上升，它不久后必然会下降，最终使气体回到原始状态（玻尔兹曼宇宙的基点）。这种循环周期式的行为，完全由对过去和未来一视同仁的牛顿定律推导而出。

但这个周期所涉及的时间规模却令人无法想象。庞加莱证明，一个具有 N 个分子的气体盒子，要重现其原始状态的周期是 10^N 秒。回想一下，在标准状态下，1 立方厘米的气体中含有多于 10^{19} 个分子；你需要花上 10^{19} 秒才能观察到气体经历这样一个周期。宇宙的生命从大爆炸算起，只有 10^{17} 秒。如果用 10^{19} 除以 10^{17}（编注：原书此处的计算有些问题，读者可选择意会），我们可以感受到，假设气体确实独立于外在世界，想要在整个宇宙生命中看到盒中气体背离热力平衡的概率有多小。即使盒中只有大致相当于一副扑克牌张数的 52 个分子，循环周期仍需要 10^{52} 秒，这仍是宇宙生命的 10^{35} 倍。①

① 如果要让周期等于宇宙生命，盒子里只能有 17 个粒子。

第二章

重返混沌

有时初始条件的微小差异，将造成最终现象的极大改变。前者的小误差，会造成后者极大的错误。预测将成为不可能的事，我们面对的是偶发现象。

——庞加莱，《科学与方法》，1908 年试图利用迭代技巧取得像是三体问题的“答案”，将遇到一个困难——它不见得能成功，也无法预测是否会成功。“解”这些微分方程式（它们没有解析解）的技巧是一步步地求取近似值。第一步会得到近似的答案，加上一些修正后的第二步（老天保佑）会得出一个更接近真实的近似解，第三步的答案当然更好，一直重复到得到一个你认为满意的答案为止。但你永远得不到能完美描述你想知道的真实世界中物体行为的“确切答案”。

原则上，你所做的是将一连串无限长的数列加在一起。数学家对这种无穷级数很感兴趣，不论它们是否能实际运用于研究像是环绕太阳的行星轨道特性的问题上。数学家知道，有许多无限级数被加总时，会产生出越来越接近一些特定数字的近似值。我们所计算的圆周率，即一个圆的周长与其直径的比例，就是应用这一方法的很好的例子。

你可以相当精确地算出$\frac{\pi}{4}$的答案，只要加总下面这一数列：

$$1-\frac{1}{3}+\frac{1}{5}-\frac{1}{7}\cdots\cdots$$

得到的第一个 π 值是4，这算不上聪明。第二次近似值是2.6666……，稍微好一点，并且显然接近“正确”的答案。第三次近似值是3.4666……，例子中，它们从两侧向真实 π 值收敛。但这个过程很烦琐，加总前100项得出的近似值为3.1415937，只精确到小数点后五位。但如果你有耐心的话，你仍然可以用这种方法求出更精确（小数点后任何位数）的 π 值。

但有许多无穷级数并不收敛。比方说，把所有的自然数加起来（1+2+3+4……）会产生一个趋向无限的越来越大的数。比较出人意料的是，把所有以自然数为分母的数列加起来（$1+\frac{1}{2}+\frac{1}{3}+\frac{1}{4}$……），结果也会趋向无限，虽然每一项数值都小于前一项。还有一些数列的加总会呈现锯齿状的上下振荡，如同取$\frac{\pi}{4}$的近似值时一样，但它们会越来越远离某些数，而不是向一个特定数字收敛。参考这个数列：

1−2+3−4+5……

在这个例子中，一步步地“迭代计算”会得出1、−1、2、−2、3、−3……这样的数值。加总的项数越多，得到的近似值会在0的两侧摆动得越来越远。还有些数列根本无法以普通方式加总，所有不收敛至特定数字的数列被称为“发散数列”。除了一般数字之外，也可以在数列中引进变量，通常称之为“指数数列”，例如：

$$x-\frac{x^2}{2}+\frac{x^3}{3}-\frac{x^4}{4}\cdots\cdots$$

如果你的数学能力够强，你可以用这来描述轨道之类的东西。自从牛顿用它们发展出解题利器的微积分以来，这类无穷级数便成为数学中的重要部分。

在某些情况下，我们可用数学方法证明哪些数列是收敛或发散的，而不用执行几百万次的计算。但在很多情况下，我们无法证明某一数列是收敛或发散的。这时，虽然对看似收敛得很好的数列进行运算，但不论算了多少项，仍无法确定下一次的计算结果会不会发生显著甚至剧烈的改变，从而出现意想不到的结果。

这正是 19 世纪中，天文学家用来计算太阳系中卫星轨道的技巧。这些近似解似乎行得通，而且算出的答案令人满意。如同拉普拉斯的发现，这些方程式描述了环绕太阳的规律的轨道。将行星间复杂的重力影响纳入考虑后，它们变得相当规律。但没人能证明，这些在方程式中出现的数列是否收敛。天文学家对这种现象不太担心，只要这些近似值够用就行了；但数学家将它视为挑战。没有人真正相信太阳系是不稳定的，但如果有个确切的证明会更好。

在 19 世纪 50 年代，德国哥廷根大学的数论专家勒热那 · 狄利克雷（Lejeune Dirichlet，1805—1859）对无穷级数的表现形式极感兴趣。1858 年，狄利克雷告诉他的学生利奥波德 · 克罗内克（Leopold Kronecker，1823—1891），他发展出一套针对某些没有解析解的微分方程式求解的技巧。虽然没讲清楚，但他提到他利用这种技巧证明，描述行星轨道的（天体力学）方程式中的数列确实在收敛。不幸的是，狄利克雷死于 1859 年 5 月，享年 54 岁，而在他去世前，他并没有告诉任何人关于证明的细节。克罗内克把狄利克雷的说法公诸数学界，但克罗内克及其他人都无法用这一技巧证明相关的数列确实在收敛。尽管如此，因为狄利克雷依然有很高的学术地位，所以没人怀疑他的说法，尤其是大家都宁愿相信行星轨道是真的稳定。

19 世纪 80 年代后期，数学家开始议论纷纷：为什么大家还没法做出狄利克雷宣称的成果？接下来出现了一个公开解决这个问题的机会。瑞典斯德哥尔摩大学的数学家想出了一个主意，他们打算举办一场设有巨额奖金的国际性的数学竞赛，以此来为即将过 60 岁生日的国王奥斯卡二世（Oscar II）祝寿。参赛者必须从委员会出的四个难题中选择一题作答，才有机会得到巨额奖金。其中一题就是根据狄利克雷的说法（在那时已经做过近 30 年的努力而仍无结果），要求对行星轨道计算中的数列收敛性做出证明。简单地说，这个题目问的是“太阳系的系统稳定吗？”在众多竞争者中，庞加莱接受了这个挑战，而他当时所发明的研究动态系统的技巧沿用至今。

充满山谷、洞穴、山丘的景观

19 世纪初爱尔兰数学家威廉·哈密顿（William Hamilton, 1806—1865）提出了“相空间”（phase space）[①] 概念。他以粒子的位置与动量（等于物体的质量乘以速度）这两项性质，重新呈现牛顿物理定律。也就是以动量的观点解释交互作用，而不是力。这两者在物理上完全相等[②]，但哈密顿的方法可依一组依据某些规则处理的（哈密顿式）微分方程式，来描述一个由交互作用的粒子所组成的完整系统。在数学上等价的位置和动量，成为其中的关键变量，而它们又分别可由一组随时间产生相对变化的微分方程式来表示。一个粒子在特定时间的状态，由它的位置与动量所决定。

这就是相空间的用处。在二维平面图上，任何一点都可由两个数字表示，x 与 y 坐标可分别告诉我们它们的位置。日常的三维空间中，也可用类似的方法，以三个数字来表示一个粒子，它们代表粒子相对于某个设定的原点的距离。利用小小的思维转换，我们可将这个观念引进一个

---

① 这里使用“相”这个词是为了忠于历史。今天这个名词没有重要意义。

② 对于对数学有兴趣的读者来说，力是动量改变的程度，或是对动量的第一阶微分。事实上，19 世纪的美国天文学家乔治·希尔（George Hill）用这一方法计算出了月球轨道，效果还不错。

代表某个粒子所有可能动量的想象空间。因为动量与速度成正比，而速度（它包含方向，不只是速率）是三维的，所以在这样的速度空间中的一点，代表了一个粒子在三个相互垂直方向的相对速率。这些数值可以用 x、y、z 轴读出。接下来的步骤只有数学家才想得到。为什么不把代表空间、描述运动的两组信息合二为一？结果是个想象的六维空间，其中一点代表某时刻一个粒子的位置与动量。这是一个粒子的相空间。

还好，你不需要真的构想出这样一个相空间。所用以描述事件的相关公式，可以很直接地由二维、三维延伸到多维。只要能处理这些公式，我们就用不着去想象它们在空间中的变化，除了以相对的三维空间——六维空间的某种截面——观点来看（如果有帮助的话）。这一点很重要，因为我们停不下来了。描述一个粒子的状态要用到六维空间。如果两个粒子在空无一物的盒中相互作用，你需要用到一个十二维相空间来描述这个系统，以此类推。常温常压下的一个盒子，也可以用相空间中的一点来表示，但这时相空间涉及的维度是盒中粒子数的六倍，是我们先前看过的巨大数字。显然，描述这样一个系统的众多微分方程式不能以平常方式求解，即使数学家说原则上可解。但传统的统计力学的统计模式在描述气体盒子这样的系统时，必须分析这些相空间中的点的概率。在相空间中存在比较多的点（可以算得出来），比如说，对应于粒子分布均匀的盒子的点数，多过代表所有粒子在盒子一边的点数；而代表粒子间动量分布平均的盒子的点，远多于那些代表一半粒子移动得快而另一半移动得慢的气体盒子。这说明了前者需要较大的相空间来保存这些点，而后者只需要小的相空间即可。

我们可以想象相空间是一块充满弯曲山谷、深深洞穴、大小山丘的景观。哈密顿式的模型使数学家能以一般的方式，分析系统随时间产生的变化，而无须解大量的个别微分方程式。想象一下，如果将水倒在相空间景观上，它将沿着山谷流动，花较多的时间流过大山谷，花较少时间越过小缺口。它会从山顶流下，汇集于坑洞。哈密顿式模型让我们知道，真实系统是如何“穿越”于相空间中，并标示出它们会被吸引的地区——深谷和坑洞。我们甚至可以将模拟延伸，加入蒸发和降雨，用以表示将粒子从“河流”带到“山顶”，然后再流回原处这样罕见的路径。单一粒子在相空间中的运动过程（它的轨迹），代表整个系统随时间变化的方式，而这个粒子在部分相空间中所待的时间，与那部分相空间的大小成正比。如同不能预测高涨河流中单一分子的轨迹一样，我们也无法断言这个粒子会走向何处。但我们可以说它极有可能遵循某个轨迹在相空间中移动，正如同我们的水分子除了待在河中，没有太多其他选择一样。

回头看一个非常简单的例子。对一个来回摆动、无摩擦力的完美钟摆，它在真实空间中只有一维，在速度空间中也是一维，所以其相空间是可以画在一张纸上的二维。我们用纸张的左右代表位置，上下代表速度，向上表示往右运动，向下表示往左运动。当钟摆由最左端向右摆动再回到原处时，其速度在摆动的起点为0，到达中点时速度最大，到达另一端点速度则下降为0，然后以相反方式重复这个过程。将这种现象结合真实空间中的位移，我们可在相空间描绘出一个圆。如果加入摩擦力的因素，钟摆运动会逐渐减慢并最终停止，而在相空间中描绘出的是一条螺旋线，它的中心点是这个特殊系统的吸引子。

庞加莱得奖

将相空间看成高山深谷等的想法，是拓扑学中常见的方法。庞加莱是发展拓扑学的先驱，他将其运用在相空间的模型上，以证明太阳系系统是稳定的。本质上，他将一个包含动态与力学的问题转换为了一个几何问题。回想在气体盒子的例子中，相空间中的一点代表系统的整个状态。这一点（或它相对的哈密顿模型）独一无二地代表盒中每个粒子的动量与位置。相空间中的一道轨迹，代表随时间产生的状态变化。如果这个轨迹通过一个先前经过的点，这表示整个系统回到了与早先完全相同的状态。在这种情况下，依照牛顿的运动定律，它必须遵循相同规则，由那个状态开始重复在相空间中的轨迹。对气体盒子来说，这就是庞加莱重现时间的中心思想；对运行轨道而言，它意指如果某个轨迹穿过像是代表三体运动的相空间又回到先前的一点，那么无论其间的轨道看起来多么复杂，它们将会周期性地重复，既不会相互飞离，也不会撞成一团。你或许会猜，如果相空间中的轨迹很接近先前经过的一点，那么接下来系统的行为也会与先前发生的相似。但我们马上会看到，没有任何事是理所当然的。

庞加莱在参赛的论文中，甚至并未尝试描述整个太阳系的拓扑行为，而只将焦点放在与“简化的三体问题”有关的轨道运行所产生的相空间的几何面貌上。在只包含两个具有重力作用物体的世界里，如前面所述，描述它们的轨道并不难。如同牛顿证明的，它们遵循固定与周期性的轨道并互相环绕；庞加莱及后来的科学家用相空间中的封闭圆圈来描述它们。但如我们所见，加上另一个物体后，这些运动将复杂到无法以分析方法求解。简化的三体问题试图克服这个困扰。想象两个相同大小的物体再加上一个很小的物体（或称为微尘粒子），小到计算时可以忽略不计它对大物体重力的影响，而大物体对它却有强大的影响力。在这样的情况下，仍然无法求得解析解。但这时所要做的，只是利用两大物体变动位置状态下产生的数列，以计算微尘粒子的轨道。这个情况不可能发生，因为微尘粒子总还会对其他物体有些影响力。但像庞加莱一样的数学家希望，当我们只考虑如太阳、木星、地球，或是太阳、地球、月球之间的关系时，这样的假设可以提供给我们一个较能了解太阳系系统现象的近似值。[①]

庞加莱最伟大的简化过程，是只关注相空间中的一小部分；具体说，是相空间中的一个截面，它代表所探索的轨迹必须经过的地方，也称为庞加莱截面。如果某一轨迹在相空间中，由庞加莱截面上的一点出发并且又回到该点，那么不论在其间系统是多么复杂，你可以确定它是周期性的。为了使评审较容易接纳他的想法，庞加莱从传统的解微分方程方法出发，试图证明太阳系中的轨道（或至少是简化的三体运动中微尘粒子的轨道）是周期性的。但因为这些数列无法加总，也就是说不存在解析解，因此他并没有完全成功。他找到了适当的公式，并得出了相对的无穷级数，但并未证明这些数列一定收敛，只指出针对某些解法时它们在收敛。接下来，他利用新的拓扑方法证明，（他认为）这必定是正确的答案。

庞加莱用了 200 页的篇幅来说明自己的想法，其中大部分是评审不曾接触过的内容。然而，庞加莱给了他们想要的答案，而评审在 1889 年 1 月 21 日国王生日之前完成了评选作业——庞加莱得了奖。但其论文发表后，经过其他数学家的仔细研究，发现庞加莱犯了个错误，他的“证明”不成立。经过一番批评，庞加莱修正了他推论中的错误，并在 1890 年发表了一篇修正版的论文，这被视为数学史上的经典之作。出乎自己的意料之外，当他改正错误时，他发现自己的新方法（以传统方式来说）证明了即使对简化的三体运动中微尘粒子的轨道而言，相对应的数列大多时候也是发散的——不稳定是常态，而永久稳定的轨道则是例外。以他新的几何方法来看，虽然相空间中存在一些会回到与庞加莱截面同一处的周期性轨道，但如果两次交会处有一点差别，整个系统可能有完全不同的性质，使得轨迹遵循完全不同的路径，而不会在庞加莱截面的同

① 事实上，这个方法与19世纪后期美国天文学家希尔在计算月球轨道时取得的一些成就有关。

一处交会。与庞加莱截面的交点可能有无穷多，相空间中的轨迹可以无限复杂地游荡，而永远不回到出发点。[①]好消息是，当遇到简化的三体问题或者计算太阳系中的行星轨道时，我们可以使用繁复的近似技巧，将相关数列持续地相加，以得到我们想要的近似结果，即便严格说来，它们并不具有完美的周期。而我们将看到，这样计算的结果显示了在单纯情况下，相对于人类的时间尺度，行星可能在相同的轨道上长久运行；虽然以太阳年龄的尺度来看，它们实际上不是周期性的。但从庞加莱的成果中，我们能学到的最重要概念是，在某些状况下（不是所有状况，但也不见得是罕见的状况），由几乎相同状态发展出的系统，可以很快地演变出完全不同的结果。

有两个不错的方式有助于我们感受这种现象。第一个是回到前面将相空间以水流过景观的模拟。一个水分子在这种相空间中的运行轨迹，代表整个系统状态的变化，不论是简单如简化的三体问题还是复杂如整个宇宙。想象有一条很宽广的河流流过景观，它代表了系统在哈密顿模型中很可能出现的区域。在某一处，河流分支成许多交错复杂的小河道，形成类似恒河口的三角洲。一个水分子可能随着河水流入左边的一条小河道，而与它相邻的一个水分子会流向右边另一条河道，因此它们遵循大不相同的路径。换言之，在相空间中代表几乎相同状态而曾经长久相伴的两条轨迹，也可能分离为差异颇大的状态。同样的，想象一颗落在陡峭山巅的水滴，如果它落在山巅的一侧，它将由一个方向流向代表系统吸引子的大海；如果它落在山巅的另一侧，将会流入另一个代表吸引子的海洋。但这两条导向不同最终状态的轨迹起始时可能无限地接近。

另一个与我们的世界有关的例子也有助于说明问题。日常生活中的

① 实际状况要更复杂些。相空间所包含的维度比我们平常使用的高出许多，所以相空间截面（通常）不是一个二维平面，而是多维的几何面。这使得无限可能的交互作用更加复杂，我们称之为“同宿相切”（homoclinic tangle）。但在此我们知道有无限的可能性就够了。

大多数变化都呈线性发展，例如举起一袋2公斤重的糖，要比举起1公斤重的糖花上两倍力气，或是向前走两步的移动距离会比走一步的距离大上两倍。假设走路是个非线性过程，所以当你迈出最重要的第一步之后，每跨出一步会让你的移动距离是上一步的两倍。假设第一步让你移动1米，在这样非线性的条件下，第十一步你就移动了1024米，这比先前十步所移动的距离总和还多出1米。大约来说，第十一步不是让你走11米，而是1024米。非线性系统由初始状态出发后会变化得很快。如果两条轨迹以非线性方式由相空间中出发，它们的方向有一点差异，其分歧的速度也将变得很快。庞加莱发现，许多真实世界中的系统对其初始状态十分敏感（如同落下山巅的雨滴），而且它们是以非线性的方式变化的。

这里的重点是，我们对这种系统的预测能力将受限制。在线性系统中，如果我在预测或度量系统初始状态时犯了一个小错误，它会被一路保存于计算之中，并造成结果上的一个小错误。但对于非线性系统，一个初始状态的小错误经过计算过程，将造成结果的巨大误差。线性系统有点类似将其每一部分加总；而非线性系统可以远大于或远小于这样的加总。庞加莱知道，这表示在某些情况下，我们将无法计算系统随时间产生的变化，因为我们对初始状态的信息描述不够准确。他在1908年的《科学与方法》(*Science Et Méthode*) 中写道：

> 如果一个我们没注意到的细节造成了显著差异的结果，我们便说它是随机产生的。如果我们知道所有自然定律以及宇宙开始时的确切状态，我们将能预测这个宇宙接下来的变化情形。但即便自然定律对我们不再是秘密，我们还是只能近似地估计它的初始状态。如果这样可以让我们以这个近似值预测接下来发生的情况（因为这是我们唯一需要的），我们会说我们成功地预测了发生的现象，它

们遵循自然定律。但并非经常如此，有时初始条件的微小差异，将造成最终现象的极大改变。前者的小误差，会造成后者极大的错误。预测将成为不可能的事，我们面对的是偶发现象。

换句话说，虽然拉普拉斯原则上是对的，但他的决定式宇宙实际上无法预测，无论对未来或过去都是如此。

在同一本书中，庞加莱花了很大力气，以天气预测的例子来阐述这个主题：

为什么气象学家不能准确地预测天气？为什么阵雨甚至暴风似乎随机产生？以至许多人认为祈雨或祈求好天气相当自然，却认为日食是荒谬的。我们发觉，这样的困扰通常发生在大气处于不稳定平衡[①]的地区。气象学家很清楚这种平衡是不稳定的；某个地方将产生龙卷风，但他们没有办法说出确切地点；龙卷风会由某处蹿起并大肆破坏的机会比较大。如果他们能分辨这一点点的差别，就能事先做出判断。然而所有的观测既不够多，也不够准确，这就是为什么一切看起来都像是随机产生的。

现在看来，这个例子格外有寓意。当试图解释有规律的物理法则何以能在真实世界中引发混沌行为的这个问题上，庞加莱远远超越了他的时代；经过了好几十年，这些想法才又卷土重来，并成为科学主流。一旦这些想法再度成为焦点，气象学家改善天气预测的准确度，以及了解预测为何常常不准确的研究，将变得势不可当。关键问题在于明白初始的观测必须广泛与准确到何种程度，而英国先驱刘易斯·弗莱伊·理查

① 不稳定平衡就像以笔尖直立的铅笔。庞加莱的意思是，在这种情况下，我们知道铅笔会倒，但无法预测倒的方向。

德森（Lewis Fry Richardson，1881—1953）的研究是一个很好的切入点。理查德森是一位超越时代的人物，他在 1910 年就开始研究如何以科学方法预测天气，而当时还没有相关的工具（特别是高速计算机）。

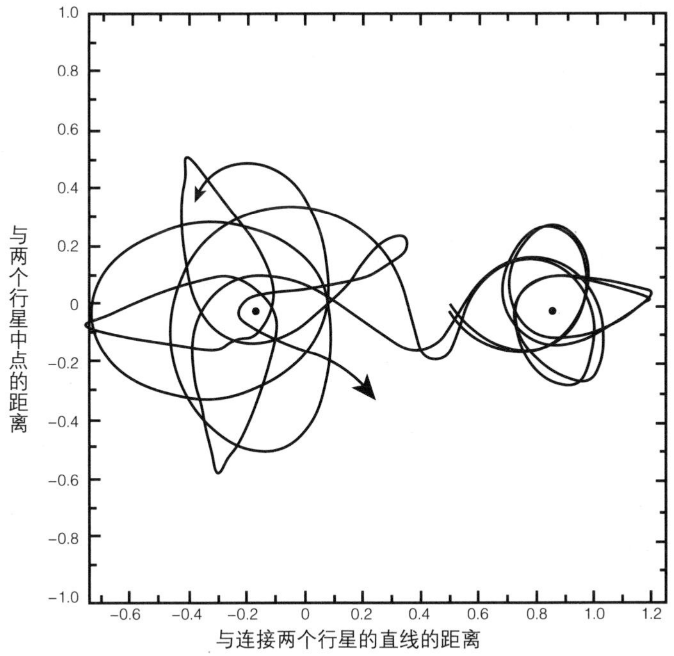

图 2.1 三体运动问题。假设一个小“卫星”环绕着两个大“行星”运行，即使是卫星轨迹初始条件中一个极微小的变化，也会很快地造成运行轨道巨大的差异。因为我们永远无法知道确切的初始条件，这意味着轨道将不可预测。这个图以对称方式显示相对坐标，描绘出两条这样的轨迹，让两个行星看似是静止的。

“天气预测工厂”

理查德森出生于 1881 年，死于 1953 年。他的兴趣十分广泛，他不是一名刻板的气象学家。[①]他是一名贵格会信徒、农家子弟，在第一次世界大战爆发时，他担任位于苏格兰爱斯克代尔缪尔（Eskdalemuir）的气象观测站的站长。因为宗教的原因，他无法参加战争，他自愿在接近前线的地区担任救护车驾驶员。他会在闲暇时间从事繁复的算术运算，以期能做出第一个天气预测——其实这并不算真正的天气预测，因为他希望用一叠某天某时的真实气象数据，算出 6 个小时以后欧洲大致的气象模式。即使真的管用，也要花上几个月的时间才能做出 6 个小时之后的天气“预测”。但对身处 20 世纪初的理查德森而言，真正重要的是他证明了利用物理定律与数学近似算法，可以预测天气。

这项计划受到了挪威科学家威廉·皮叶克尼斯（Vilhelm Bjerknes，1862—1951）的启发。皮叶克尼斯比理查德森年长 19 岁，他在 10 年前曾提出，以这种方式预测天气原则上是可行的。他主张，如果初始的条件比较精确，将可能以当时所知的对气候描述的方程式，计算对天气的预测。这种预测方法的构想，同时也是现代气象预测的中心概念，也就是将地球表面划分为多个方格点，在上面测量气压与温度等重要的大气数据，并向上扩展。点与点之间的距离越近，所得到当时大气的数学模型就越精确。然后利用物理定律计算出每一点将会如何因邻近点的影响而改变（例如热会由温度高的地方流向温度低的地方，风会由气压高的地方吹向气压低的地方，以及对流，等等）。[②]这种技巧与试图解开行星轨道之谜所用的方法类似，而且常识告诉我们，如果能用较小的格子、更接近的点来做，成功预测的概率会很大。至于格点之间的状况，可以利用取其邻近点的适当平均值这种简单的内插法完成。如果这种方法能够成功，可以预期它的准确度（原则上）将达到相当高的程度，我们

① 他是演员拉尔夫·理查德森（Ralph Richardson）的叔叔，但这与我们的故事无关。

② 与这个方法相对的是利用天气图研究气候规则，并利用所需要的基本物理知识与由经验累积的直觉，以猜测下一个小时各个高压低压、高温低温点走向的“纵观”预测。

只需用上更细的格子、更多的点。然而，理查德森所做出的预测完全不准，他并不是很意外，因为他只能使用非常大的格点（受限于所能取得的有限数据，以及所需的计算时间），无法期待它们能够呈现全欧洲气候的细节。重点在于，当时他利用了这个技巧计算了天气可能如何变化，虽然计算结果与实际世界并不吻合。

理查德森相当热衷于运用这个技巧，当他仍在前线工作时，便开始着手撰写《数据化天气预测》（*Weather Prediction by Numerical Process*）这本书。他唯一的手写原稿在 1917 年一次混乱的调动中遗失了，但几个月后被人从煤堆下找到。没有人知道稿子怎么会在那里，但理查德森终于能够完成著作，并于 1922 年将其出版了出来；书中包含了他关于未来天气预测工作的真知灼见。理查德森意识到，无论对数学家的意义如何重大，花上几个月的时间（即使能缩短成 7 个小时）计算出 6 个小时后的天气预测，都将毫无实用价值。他要求读者设想有一个“天气预测工厂”，该工厂由 6.4 万人组成，每个人拿着一个机械计算器（某种被美化的计算工具，今天口袋型电子计算器的前身），计算问题的某一部分。[①] 大家坐在足球场那么大的剧院中，听从站在中央的一名数学家的调度，用手电筒或传字条的方式交换信息。当然这只是科学幻想，你永远不可能以这样的方式让这么多人同时工作。理查德森自己写道：

> 或许在遥远未来的某一天，计算的速度可以赶上天气变化，而所花费的代价可以小于由预测结果得到的好处。但这只是梦想。

然而这是一个他几乎目睹成真的梦想。接下来的 30 年，当理查德森还在世时，电子计算机的发明使得这项需要由机器辅助的工作变为可

① 或许每人计算一个格点上的数据。

能——以一台计算机取代理查德森的6.4万台计算器。第一个由计算机成功得出的数据化天气预测出现在1950年，虽然当时机器运算的速度还是比天气变化来得慢。

虽然理查德森知道自己早在20世纪20年代，就已将数据化天气预测的力量说得一清二楚，但他仍从事着其他工作。在1920到1929年间，他是伦敦的威斯敏斯特培训学院（Wesminster Training College）物理系系主任，然后在格拉斯哥（Glasgow）的佩斯利大学（Paisley Technical College）担任校长，直到1940年才退休。其间他钻研心理学，并在退休前后写了有关武力冲突的原因与心理学的书。他是一名贵格教徒，而从他所从事的工作，以及日后利用计算机进行数据化天气预测的长足进步是由第二次世界大战时一群破解密码的人员来主导的这点来看，这多少有些讽刺。理查德森的梦想看似在20世纪50年代初期已经实现，只要有够快的计算机和更细的观测格点，我们就能做出更好的预测。然而10年后一个人偶然发现，这个假设的基础并不存在。而庞加莱认为的，只要能精确地知道“一点点”大气状态，就可能判断出风往哪儿刮的想法，也显得过分乐观了。

蝴蝶效应

1959年，42岁的爱德华·罗伦兹（Edward Lorenz，1917—2008）是麻省理工学院的数学与气象学家。虽然无法将特定时间描述大气的方程式完整写出来，但他相信原则上利用一组方程式作为初始条件，如果用它来进行模拟，自然的机制将会把大气的模型牵引至少数几个稳定状态——这就是我们今日所称的吸引子，虽然这不是当时气象学家所用的术语。以数学预测天气的先驱使用了线性系统的技巧，其中的原因很简单，他们必须从某处开始着手，而线性方程式比非线性方程式简单。罗伦兹更进一步发展出一套由十二个非线性方程式组成的描述大气的简单的计算机模型（物理学家常称这种简化的东西为“玩具”模型）。这种模型很简单，因为在1959年派得上用场的计算机都很简单。罗伦兹使用的计算机像个大书桌，只有4000个32位的内存，比今天一般电子表或洗衣机的芯片还略逊一筹。他发现线性预测技巧“距理想差得很远”[①]。

正如同当时计算机计算能力有限一样，输出设备也很原始，没有激光打印机或平面显示器，罗伦兹的计算机输出的只是一串数字：他利用程控输出的数字，精确度取到小数点后三位，以便于将它们以一行十二个数字的格式打印出来。整个模型将被模拟的天气以每6小时为单位向前推算一步，模拟一天的天气耗时一分钟。当情况显得复杂后，罗伦兹利用程控让计算机在每一行输出只显示一两个变量。通过测量它们与“报表顶端”的距离，他能够手绘一条代表这些变量变化的曲线（例如风向的变化）。就在这时候，罗伦兹有了意外的发现。

罗伦兹想要重新检视他早先做过的模拟的其中一部分，要让它往前多模拟一段时间。为了省时，他没让计算机从头再跑一遍，而是找出他感兴趣的那一段之前一点的地方，将先前印出的变量值直接输入模型。当计算机开始计算后，他出去倒了一杯咖啡。经过大约一小时，计算机模拟出了大约两个月的“玩具”天气，他发现印出的数据与上一回跑出“每一天”的数据并没有关系。起先他以为计算机出了问题，但详细比对这两份数据后，他发现第二次模拟所产生的数据刚开始时和第一次差得不多，但却逐渐偏离，差异每隔四天就增加一倍，呈现非线性变化。

---

① 见罗伦兹所著的《混沌的本质》（*The Essence of Chaos*）。

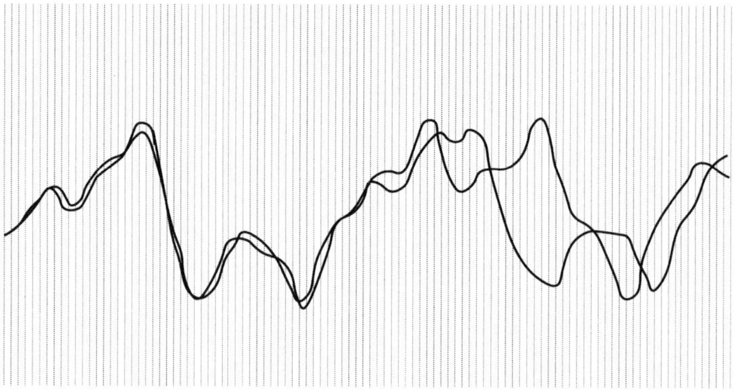

图 2.2　如同三体问题中的卫星轨道，罗伦兹发现，从几乎相同的初始点开始，计算机“预测”的天气特性（例如温度）差别极大。

不久罗伦兹就知道是怎么回事了。他输入计算机的是依据打印出的精确到小数点后三位的数据，但计算机中存的是小数点后六位的数据。比方说，当罗伦兹输入 0.506 时，第一次模拟时计算机内存的可能是 0.506127。这个模型敏感到即使初始状态的差异小于千分之一，两次模拟的结果也会截然不同。如果真实的天气也对初始条件如此敏感，试图以数据预测几天之后的天气将不可能成功。1960 年在一场于东京召开的学术会议上，罗伦兹相当低调地公布了他的发现，并在接下来的数年继续扩充这些概念。但直到很久之后，他的研究的重要性才真正被察觉。就天气预测而言，罗伦兹说明了真实的大气的确对初始状态非常敏感。他用一个简单的数学（数字）模型描述对流，而这只是复杂的真实天气中的一部分，但这也足以显示出对微小变化敏感的重要特质。以地表流水所代表的相空间显现出的景象为例，我们会更容易理解。想象在相空间中有两个深池子，它们代表强度相同的吸引子，它们之间隔着由浅水覆盖的沙丘。在相空间中，典型轨迹会围着一个池子绕圈圈，但少许轨迹会越过沙丘进入另一个池子，打了几个圈圈后又回到第一个池子。罗伦兹发现的重点是，如果不知道某一点在相空间中的确切位置，我们完全无法预测经过这一点的轨迹何时将落到另一边，所以轨迹最终的归宿看起来像是随机的。或者从另一个稍微不同的角度来看，跨过沙丘的轨迹对微小的扰动十分敏感，一点点的外力作用，就可以让原来奔向一个池子的轨迹跨过沙丘奔向另一个池子。正是因为类似这种过程的效应的存在，天气预测只能准确到十至十四天。真实的气候也可能以完全无法预测的方式，由一个稳定状态变换到另一个稳定状态。

罗伦兹所注意到的正是今天人们试图了解混沌的一项核心课题：系统行为是否“完全”决定于初始状态？这类由初始条件造成的天气（以及其他系统）敏感性，常被称为“蝴蝶效应”（The Butterfly Effect），它源自 1972 年罗伦兹在华盛顿特区一场学术会议上发表的论文题目——巴西的一只蝴蝶舞动翅膀，可以引发得州的龙卷风吗？”（Does the Flap of a Butterfly’s Wings in Brazil Set off a Tornado in Texas?）[①] 对于这个模拟我们大可不必太认真，因为在真实世界中，这种尺度下牵涉了太多运作，这会使彼此单独的效应模糊难辨，我们几乎不可能判定巴西蝴蝶翅膀的舞动可以造成特定龙卷风（或反过来说，也无法判定另一只在中国的蝴蝶阻止了得州龙卷风的形成）。但这却成为“混沌”最有力量的隐喻。巧的是，罗伦兹发现，双池吸引子绘在纸（或计算机显示器）上，看来很像蝴蝶翅膀；这通常被称为“罗伦兹吸引子”（虽然罗伦兹本人称它为“蝴蝶吸引子”），即使是对于不知道其中所代表的真正意义的人，这幅图也构成了最令人熟悉而震撼的“混沌”画面。

事实上，天气混乱的程度在时间上的表现并不一致。今天，当气象学家进行数值模拟时，他们并不只是把格点上观察到的数据原封不动地代入预测计算，而是通常会用几组稍微不同的数据作为计算的初始值，看看测得的误差与不确定性是否会产生重大影响。

---

① 这篇论文收录于他的《混沌的本质》中。

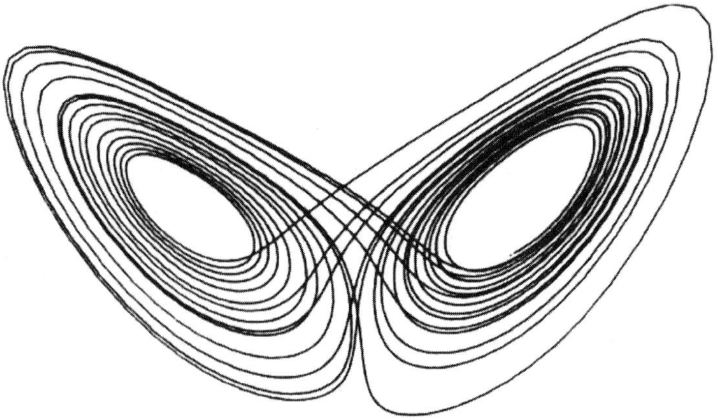

图 2.3　罗伦兹（蝴蝶）吸引子。

如果所有算出的预测结果大致相同，我们就可判定预测的结果大致值得信赖——你可以说，这种气象系统在相空间中绕着一个池子打转。但有时根据这几组稍微不同的初始数据，对几天后的天气会得出大不相同的“预测”，这说明此时天气处在不稳定状态，相当于相空间中漫步在沙丘上的轨迹，而所有的预测都不可靠；这就是为什么有时电视上的气象播报员会对他们的预测显得较有信心，有时则没有信心。正如同一名气象播报员无奈地承认：“假如没有不可预测的事情发生，我们就可以准确地预测天气。”①

我们利用口袋计算器进行在所有数字运算中都用得到的迭代技巧，就可以感受到混沌是怎么运作的。以一个简单的式子 $2x^2-1$ 为例。先挑一个介于 0 与 1 之间的数值，多取几位数，例如 0.2468，用这个数值作为 x 算出结果，然后再用算出的值作为 x，继续代入计算。用这么一个简单规则及机械式的操作，会得出一串像是随机产生的数值。接下来把刚

① 引自伊恩·斯图尔特（Ian Stewart）所著的《上帝掷骰子吗？》（*Does God Play Dice?*）。

才最先使用的数值的最后一位数做一点点变化，例如变为 0.2469，再计算一遍。如果你有足够的耐心反复敲入数字（或是如果有能力的话，可以写个简单的计算机程序代劳），经过几次运算后，将会发现得到的是完全不同、看似随机的数值，然而两次操作中每一个数值都取决于前一个数值的反馈，这些数值的模式是决定式（非随机）的；这就是罗伦兹所观察到的现象。如果换一个计算器，不要惊讶“答案”会不同，因为不同的计算器内部运用了不同的小数点四舍五入的规则。

我们也可以再体验另一种现象。取一个和刚才看起来差不多的式子 x^2-1，在 0 与 1 之间随便取个数当作 x 的初始值，经过一阵计算后，数值出现的模式将稳定地在 0 与 1 之间振荡，这被称为“周期为二的周期性”，因为一旦系统达到这个状态，不论从哪里开始，经过两次计算后都会得到原值。我们可以在其他系统中找到需要更多次运算才会回到原值的周期行为，但每个特定系统所需的计算次数都一样。我们看到一个简单的法则会产生周期行为，收敛到一个吸引子；另一个看来非常类似的法则，产生出对初始条件非常敏感的“随机”行为。如果你对这类事情感兴趣，不妨再多加探索[①]，你将会发现有些运算会收敛到一个数值然后不断重复（这是个简单的吸引子，因为每一次计算都会得到原来的数值），有些看似随机，还有些呈周期性，“周期数为二”只是众多复杂的可能中的简单一种。所有这些模式都可以在真实世界中被看到，它们可以被广泛地运用在水龙头滴水的模式，或是野生动物的数量变化以及股市震荡上。但我们已找到混沌与复杂之下的简洁本质——非线性性质的简单法则，对初始条件的敏感度及反馈决定了世界的运行。在我们讨论真正复杂的主题之前，似乎应该把当初引发这个议题的行星轨道问题做个了结。

---

① 可参阅数学家法兰柯·韦瓦第（Franco Vivaldi）收录于妮娜·霍尔（Nina Hall）所编的《新科学家的混沌手册》（*The New Scientist Guide to Chaos*）中的文章。

小行星造成了我们的存在

和气象预测一样，了解太阳系长期性质的关键，也在于计算机快速计算冗长数值积分的能力。庞加莱证明了太阳系原则上遵循我们今日所说的混沌模式，但此一时彼一时，实际上像地球这类的行星显然已经很长时间维持在稳定的轨道上，不然我们就不会在这里想东想西了。掌握研究太阳系混沌的窍门在于，把系统看成简化的三体问题，其中一个小物体（或一组小物体）在两个大物体的重力影响下运行。太阳系中最大的物体是太阳和木星，一系列的小物体受它们的重力影响，数十万计被称为小行星群的石块物体在火星和木星的轨道之间形成带状环绕着太阳。

太阳系中的行星分两大类，由小行星群隔开。接近太阳的四个行星是较小的岩态行星（水星、金星、地球、火星），比较远的是四个大型的气态行星（木星、土星、天王星、海王星）。[①]这种分野的基本原因很简单——当行星形成时，初生太阳的热将大部分气体物质由太阳系内部逐出，但外界的温度足够冷，这使得气体能聚集成四个大行星。而小行星带的成因也不再是个谜，计算机模拟与对新生恒星外碟形尘状的研究均显示，行星的形成是由微尘聚为较大粒子然后形成小石块这样一个由下而上的过程。在火星与木星之间的地区，木星的重力作用打乱了这种过程，使得物质无法形成单一行星。最初的模拟显示，在木星成长到足以以重力主宰太阳系的这一区域之前，或许有六到七个火星大小（大约是地球质量的十分之一）的物体已经形成，但在木星的影响下，它们猛烈地互相碰撞，以至于非但没能聚成一个物体，反而碎裂成小块而形成

① 从历史角度看，我们称之为冥王星的物体并不常被称为行星，尽管它的确是海王星轨道外一条自太阳系形成后残留的带状冰块物体中最大的一个。（编注：国际天文学联合会于 2006 年 8 月 24 日通过了行星的定义，将原属于太阳系九大行星之一的冥王星降为“矮行星”，自行星之列中删除。而反对此项决定的天文学家正准备为冥王星提出请愿。）

小行星带，火星则是硕果仅存的例外。

这种模拟小行星带形成的详尽模型，直到20世纪70年代后期才出现。当时加州理工学院的博士生杰克·威兹德姆（Jack Wisdom，1953—），打算利用当时最好的计算机配上一套新的计算技巧，来研究当时所知的小行星轨道。直到19世纪，小行星才被发现，因为它们太小、太暗了。当被观测到的数量增多时，科学家很明显地观察到它们的轨道并非均匀地分布于小行星带上，其中存在许多几乎空无一物的空隙；我们将这类空隙称为“柯克伍德空隙”（Kirkwood gaps），这是用19世纪60年代发现它们的美国天文学家丹尼尔·柯克伍德（Daniel Kirkwood，1814—1895）的名字命名的。从一开始，人们就注意到这些轨道的特殊性，它们对应了木星轨道的某种“共振”效应。在直到威兹德姆（与他的计算机）出现之前，人们并不完全清楚为什么这些共振轨道上一干二净。

我们在孩提时代都经历并使用过共振来荡秋千。我们在秋千上“荡”的时间必须拿捏准确，才能使摆动的弧度越来越大。同样的方式，每当介于木星与太阳之间的小行星经过时，木星便会拉它一把。对多数轨道而言，这个作用力大多随机发生于轨道各处，如同你在秋千上随便乱动，起不了大作用一样。但共振轨道不同。假设某个小行星环绕太阳的时间恰好是木星的一半，那么这个小行星会在轨道固定的地方被木星拉一下。木星巨大的影响力会累积起来造成干扰，正如同我们让秋千越荡越高一样。就传统角度而言，如果这个轨道是稳定的，问题也不大，一个小小扰动会使小行星脱轨一点点然后再恢复（如同拉普拉斯所研究的木星与土星轨道长期互相影响的现象）。但如果轨道对扰动很敏感，共振将使接近圆形的小行星轨道变得更接近椭圆形，不过它仍会固定返回到与木星的共振点上；这就是威兹德姆发现并于1982年发表的小行星带的混沌作用。

但这不足以解开柯克伍德空隙的谜团，因为一个能使小行星离开这些间隙的扰动，也应该很容易地将小行星由椭圆轨道带回来以填补这些间隙（回想一下像罗伦兹发现的双圆形吸引子）。威兹德姆指出，谜题的关键在于，小行星因受木星影响所产生的混沌被赶出了柯克伍德空隙之外，其轨道将会与包括地球在内的接近太阳的行星轨道交会。经过漫长岁月，许多小行星会撞上其中之一而从系统中消失，因此没有剩下的小行星可被带回到空隙中。所有太阳系内的星球（包括月球）表面，都有许多这种撞击所留下的坑坑洼洼的痕迹，而人们普遍相信，大约 6.5 亿年前，地球上曾发生过一次这样的撞击，它造成了恐龙灭绝，也开启了包括人类在内的哺乳类动物的生机。这表明我们的存在是由小行星带混沌直接造成的。

月亮扮演稳定器的角色

我们姑且可以放心，人类文明不会因为地球轨道突然改变而结束。自 1982 年以来，计算机发展神速，数学家得以利用更聪明的程序预测太阳系更久远的未来（或可能的未来）。和太空科学家一样，数学家喜欢为计划拼凑出一些有趣的代号，例如有一个叫作“LONG — STOP”（Long-term Gravitational Study of the Outer Planets），还有一个被称为“数字太阳仪”（Digitary Orrery，太阳仪是一种类似钟表的决定式太阳系模型）。某些研究已经预测到几亿年之后的景象，研究表明，虽然从技术上而言，行星轨道是混沌的，但不像柯克伍德空隙中的小行星，目前行星轨道，包括地球的轨道，在太阳有生之年，也就是大约未来 50 亿年之内，产生巨大变化的概率微乎其微。不过这些计算无法预测地球或其他行星“确实的”轨道。它们对初始条件很敏感。比方说由法国经度管理局（Bureau des Longitudes）的贾克·拉斯卡尔（Jacques Laskar）所发展出的一个模型显示，地球会依照目前的轨道运行至少 2 亿年（依据其特殊数字运算得出的极限）。但它也显示，运算初始值中仅仅 15 米的差别，在每一回合运算之后将不再是 15 米的“误差”，而因为非线性性质的原因，我们根本无法预测 1 亿年后地球在轨道中的位置。误差会大到和地球轨道一样，大约 9.5 亿公里。决定有效数字时产生的误差——无论使用纸笔计算还是用计算机都会面临的问题——将会影响计算结果，就如同在罗伦兹简单的天气模型上发生的一样。

这种模型产生的一项结果是，如果你用它计算出地球（或其他星球）10万年后的轨道，然后再倒过来算一遍，得出的数值将会和初始值不符。如果系统相当稳定，你将能在相空间的同一位置得到和初始值接近的答案，但结论也只是轨道大致稳定。虽然我们从牛顿定律中知道物体的轨道应该可逆，但这些被计算的轨道都不可逆。如果这只是执行计算的人为取舍，那么我们的宇宙观不须做太多更改。对地球这样的星球而言，计算到小数点后几位所得的轨道（或是相空间中的轨迹）并不会有什么改变（虽然确实会改变），即使我们改动取有效数字的方法，仍将会得到一个几乎与先前计算结果相同的轨道。每次我们稍微改动初始条件，得出的轨道都大同小异。所有轨道在真实空间或相空间中占据相似区域，所以虽然轨道以混沌方式由一种可能状态跳到另一种，但就人类的时间尺度而言，它不会跳出这个固定区域。这是某种受限的混沌。有时我们用赌博轮盘里正在旋转但还未掉入格子中的弹珠做模拟。它在盘内以近乎混沌的方式弹跳，但这些弹跳都局限于轮盘内部的“轨道”（假设赌场工作人员称职的话）。另一个生活化的模拟是，如果某人只有绿色袜子，那么他每天早上都可以省下一些麻烦，因为他知道随机由抽屉中取出的两只袜子都会是绿色的，虽然它们会有些细节上的差异。即使闭着眼睛，他也绝不会从抽屉中拿出一只红袜子。

虽然和我们故事的主题没有太大关系，但有一点需要说清楚。有人相信，接近太阳的行星，特别是金星，在过去数千年内其轨道曾剧烈地改变，就像一些古老的传说故事中所说的那样。然而这种想法只是基于对那些古老传说极富想象力的诠释。不幸的是，当著名的天文学家论及太阳系的混沌时，他们就为传说故事提供了想象素材。你或许会认为，混沌理论“解释”或“证明”了金星最近才移入目前的轨道，但完全不是这么回事。计算可以依时间往前进行，也可以往后进行，结果会显现出某种相同的模式。我们无法确切地说金星何时以今日的轨道运行，比方说公元前500万年的7月4日，但我们可以确定金星那时以何种轨道运行——就是现在这种（绿袜而非红袜）。保守估计，在过去500万年这段比人类存在还长的时间里，金星或其他行星的轨道不可能剧烈地变动过。可以肯定的是，没有人曾经目睹金星的轨道变动。

在离开行星主题前，必须说明混沌并不只影响运行轨道。行星会自转（地球24小时转一圈），因为受太阳的重力影响，它们自转时会摇晃（就像小孩子玩的陀螺，旋转时也会受地球影响而摇晃）。自转的周期与摇晃的周期可能引发共振，如果发生在相空间的特定位置，可能会引起星球倾角的瞬间不规则变化，这就类似当一个星球的自转逐渐变慢，而系统进入相空间某一敏感地区时会发生的一样。地球今天的垂直倾角（以地球与太阳的直线为参考）大约是23度，这是造成四季变化的原因。但因为有月亮扮演稳定器的角色，才使得这个角度没有太大变化。火星或更接近太阳的行星，就不一样了，因为它们缺乏扮演稳定器的巨大卫星（火星的那两个被认为是从小行星群中捕捉到的卫星，小得起不了作用）。火星倾角平均大约为24度，但计算机模拟显示，这个角度可能剧烈改变至少正负20度以上。同时有证据显示，火星过去曾经历剧烈的气候改变，在现在干燥不毛的红色行星表面上，存在看似已经干枯的冲刷河床。这些极端的气候变化可能发生在早远的地理时期，当冰冻的极地转向太阳，便会形成炎热的夏天，高温足以使极地顶端被冰封的二氧化碳及水蒸发或融化。或许相似的晃动也曾在水星和金星上发生，但从它们的表面看不出迹象，因为水星没有大气层，而金星表面似乎被强烈的火山活动翻了一遍。

这使地球能无忧无虑地维持稳定，但最终月亮将因潮汐作用而逐渐远离地球，它的影响力将减弱。地球倾角也将产生不规则变化，或许瞬间改变 90 度，那么夏季的南极或北极将和现在的赤道地区一样炎热，而另一极将处于黑暗酷寒的冬天，每隔 6 个月轮替一次。这对我们目前所知的生物体相当不利，所以虽然太阳系中的混沌可能促成了人类存在（经由小行星撞击结束了恐龙时代），但还得感谢月亮的存在，它让地球倾角未产生混沌的作用，使地球上的生物在数十亿年间得以在稳定的气候条件下不断进化。这个故事还有个情节。就目前所知，我们有这样大的卫星——月亮——最佳解释是在太阳系形成早期，有一个接近火星大小的小星体，因为混沌作用脱离小行星带撞上了地球，而涌出的熔化物质在太空中形成了月亮。[①]

在离开太阳系的主题前，我想最后强调一点，也可能是最重要的一点。之前我们指出，如果反向进行数值运算行星轨道，将无法得到初始点，轨迹的计算不可逆。我们还指出，计算中的一些人为操作，并不会改变我们的宇宙观，因为原则上牛顿定律还是可逆的。但宇宙如何“进行计算”？你可以模仿拉普拉斯，想象某一全知的物体（有生命的或是计算机），能够完全准确地储存所有相关特质（像是每个粒子确实的位置与动量），然后做出完美计算。当然这将成为可逆计算。但要储存小数点后多少位才够完美？完美的计算机需要多少内存？

---

① 请参考《大地之火》（*Fire on Earth*）。

宇宙是它自身最快速的模拟器

但它确实有个简单的答案，关键在数字的特质。提到数字，大多数人想的是整数，像 1、2、27、44、196 等等。而简单的分数，诸如 $\frac{1}{2}$、$\frac{1}{3}$、$\frac{3}{4}$，对于日常生活而言也足够用了。我们即使用到小数，大多仍是在计算金钱之类的价值，而且也只用小数点后几位而已，就像我们都熟悉 £ 17.46 代表“17 英镑 46 便士”。而无穷的数字从来不曾出现于日常生活中。我们所能想出的任何两个数之间，都还有无穷多的数。从 1 和 2 开始，在它们之间有一组小数点后加一位的数（1.1、1.2……1.8、1.9），在的这组数字每两个数字之间，又存在一组小数点后多加一位的数字（1.11、1.12、1.13……1.18、1.19），然后在每两个数字之间……同样的思维方式足以说明，无论两个数字的小数点后面有多少位，它们之间都有无穷的数字。

我们知道，像是某些无限数字它们有良好的特性（某些无穷级数也一样），并且可以用简单的方式呈现。比如分数 $\frac{1}{3}$，相对于十进制中的无穷小数 0.333……它可以用很简洁的方式记录，无须写出可以塞满宇宙的 3。其他某些数字也可以用简洁的方式呈现，例如 0.675486754867548……可以写成“小数点后 67548 的无限循环”。这种以简洁的方式来描述不易直接呈现的复杂细节，称为“算法”（可以用文字或数学公式表示）；可用这种方式简洁陈述的事物是“算法可压缩的”（algorithmically compressible）。但即使是不会使用十进制的古希腊人也知道，某些数字不是算法可压缩的，而且也不能以任何简洁的方式表示。同时，大多数的数字都没有简洁的表示方式。

可被简洁表示的数字是分数，也就是两个整数的比例，像是$\frac{4}{3}$或$\frac{29847}{65109}$（甚至整数本身也可被视为分数，可以写成$\frac{2}{2}=1$、$\frac{8}{4}=2$等等），而古希腊人称之为有理数。但还有其他的数，例如最有名的 π，无法写成两个整数的比例，因此它被称为无理数，而且我们只能以无穷尽不循环的数字表示。[①]不懂得十进制阿拉伯数字的古希腊人不是这么说的，但他们知道无理数存在，而且知道大多数数字都是无理数。这就是当我们试图在相空间找出系统的确切位置时，牛顿（或拉普拉斯）式的可逆性遭遇混沌困扰的症结所在。

一个“系统”可以很小，小到在盒子中只有一个粒子在重力作用下运动。粒子状态由它的位置与动量决定，而牛顿证明了可以假设它的质量集中于某一以数学表示的点。为了决定系统在相空间的位置，我们所要做的“只是”找出这个粒子的位置与动量。进一步简化问题，我们只考虑位置。我们现在要做的是决定物体在直线上的位置，这是物理中能想到的最简单的问题了。但除了少数的例子之外，这是件不可能的事。假设我们知道粒子位于 A、B 两点之间，就必须知道它在 A、B 之间已经移动的真实比例。如果它移动了$\frac{1}{3}$或$\frac{98}{317}$的距离，或任何其他的有理数的距离，那么没有问题。但在这条直线上任何两个可用分数表示的有理数之间，存在无穷多且必须以无理数表示的点，而每一点都必须以无穷小数表示，没有简洁的方式。假设这个粒子行走了$\frac{1}{\pi}$的距离，我们想算出小数点以后多少位都可以，但要“确切”表示的话，只能使用无穷的数字。这还只是一个粒子在直线上运动！对于一个对初始值极敏感的系统，无论我们选择使用多少位数开始，系统的未来都可能如罗伦兹所发现的，

① 有理数$\frac{22}{7}$被当成 π 的近似值，不过就只是近似，并不等于 π。

必须高度依赖我们没有纳入的那一位数。

这表示一台计算机必须有无穷大的内存，才能标示一个粒子的状态。没有计算机能大过整个宇宙，而如果将宇宙定义为“所有存在的东西”，唯一能详尽描述宇宙系统的，就是宇宙本身。如拉普拉斯所认为的那样，宇宙是决定式的，未来的宇宙决定于当下状态，而除了看着它演变，我们完全无法预测未来。宇宙使我们看似拥有自由意志，但我们是否真的拥有自由意志，才是问题的根本。宇宙对自己的未来似乎并不在意，它只是自身最快速的模拟器。

但对于时间的可逆性，该怎么说？有些人说，“挥舞魔法棒”就可以让宇宙中的每个粒子（或盒中气体）反向运动，使时光倒转。但现在看来这是不可能的。相对论质疑信息的传递不能比光速还快，“同时”的定义只能取决于在宇宙中的观测点。不理会这些微妙之处，如何能使宇宙中每一动作“同时”逆转？即使要让一个粒子确实逆转运动都不可能！要做到确实逆转（除非在某些特例中，运动的一瞬间可以用有理数描述），首先必须以无限小数表示目前的状态。这件事做不到，并不只是因为人类的能力有限。这似乎是学习混沌无可避免得到的额外大奖。宇宙原则上无法被详细地预测，同样，时间原则上也不可逆。

这一章讲述的概念是复杂宇宙立足的基石——深奥的简洁。从这个基石出发，我们可以进一步窥探宇宙的复杂，以及生命本身如何浮现于混沌之中。如果你对混沌与分形（fractal）很熟悉，可以跳过下一章，直接进入第四章。但我希望你能和我们一道进入混沌领域，参与简短但壮观的探讨，其中包括一项讨论混沌时不可或缺的议题——分形理论。它不是你可能认为的旁枝末节，因为分形将带领我们进入生命领域，而了解生命的出现，便是本书的最终目标。

第三章

秩序衍生混沌

DNA 中所储存的遗传信息，常被视为建造个体的“蓝图”，但这个比喻不是很恰当。真正的蓝图应该很复杂，它刻画着生物系统中的所有细节以及彼此连接的方式。比如蛋糕食谱，它不告诉你蛋糕完成时的模样，只告诉你“混合以下几种材料，再用若干温度，烘烤若干时间”。

21世纪的科学家及我们正在讨论的“混沌”，和古时候人们所指或是我们日常生活中的混乱不同。那种混乱是完全随机而且根本无法预测的，但我们所说的混沌是全然有序、决定式的混乱，原则上可依因果关系预测其每一阶段，只是实际预测的细节赶不上真实事件发生的速度。生活中常见的乱流，就是典型的例子，从流量增加时的水流变化，就可看出这项应用的重要性。

在我们的简单模型中，想象一片平缓的河流中冒出一块大石头，流动的河水被石头分开，然后再不着痕迹地接合在一起，水面上的一小片木屑会依着“水流线”移动。如果上游下了雨，河的流量将增加，这个过程中至少有三个变化；大家可能都看过，但没有仔细思考过它们背后的意义。首先，当水量增加，石头后面会产生一些小漩涡。这些停在定点的涡流，可能会让一片顺流而下的木屑陷入其中，在原地打转一段时间；这与相空间中罗伦兹吸引子的行为类似——某种会使系统兜圈子的漩涡。在相空间中，这种吸引子被称为“极限循环”（limit cycle），因为无论系统由何处开始，最终它将被吸引到特定的重复行为模式中。说得口语化一点（也比较清楚），每个石头后的漩涡都是一个“极限循环”。

接下来，当河水流速增加，石头后的涡流将不再停留原处，而是随水流往下游移动，保持一阵子独立状态，然后消失于水流中。新的涡流会不断在石头后产生，然后依序离开。这时，一小片木屑可能陷入一个涡流而被带到下游，并随着涡流打转直到涡流消失。

当水流进一步增强，石头后能形成涡流的区域变得越来越小，涡流几乎在出现后就立刻瓦解，形成不规则波动的紊乱水面，也就是乱流。最终，当水流足够快，所有石头后所能看到的秩序都不见了——在石头后面没有涡流形成，水流以不可预测的混乱状态分开。

水龙头的节奏

依照这样的描述，从有序到混沌乱流的过程中有两个关键特性：第一，某些事物发生改变。这似乎不值得一提，但它是故事的重心。同样一个系统在某些条件下可以被简单的措辞描述，在另一组条件下又被刻画成混沌，而在这两个状态之间有一个区域发生很多有趣的事（在这里指的是涡流的出现）。但只有一件核心的事，水流的速度这个参数发生了改变。将某一个参数增加直到超越临界点，就足以引发混沌。第二，注意看从有秩序到混沌之间的复杂过渡阶段中，也就是涡流在石头后消失的过程，会发现一些非常有趣的事。这需要耐心地观察细节，但无需精巧的仪器。达·芬奇在500年前就注意到，一个从石头背后离开往下流的漩涡，并非凭空消失。它先分解成较小的涡流，然后每个小涡流又再分解成更小的涡流，在无止境的分流过程中产生涡流中的涡流中的涡流。通向混沌的道路，似乎涉及在无限小尺度下的无限随机作用，至少对乱流的例子是如此。我们在别处是否也能找到类似的例子呢？答案当然是肯定的。另外一个类似的例子也与水流有关，就是水龙头滴水。如果将水龙头先关紧再打开一点点，它会产生一种稳定的滴水模式，当水落入水槽时，听起来就像是一个傻瓜鼓手敲出的单调节奏“嗒、嗒、嗒、嗒……”——用术语讲，这是一节一拍的节奏。把水龙头开大一些，依旧很容易听到系统变成一节两拍的节奏，像是一个技巧稍微好一点的鼓手打出的“咚咚、咚咚、咚咚、咚咚……”如果再将水龙头开得更大，会发生更有趣的事，直到完全杂乱无章。一节两拍之后，不容易再观察到有意思的事。在我家的某一个水龙头上，我能调出一节四拍的节奏“滴滴咚嗒、滴滴咚嗒……”但老实说，我得承认我并不确定是不是由于我已经预先期待听到这种节奏，因为我知道，在实验室的严密控制下，这种情况曾发生过。[①]理所当然的，这种过程被称为“周期加倍”（repeated bifurcation），但这一过程不可能无限重复。一旦到了某个临界点（在水龙头的例子上很快就出现）产生重复的周期加倍（重复分歧），伴随着系统趋向混乱，会产生复杂的、类似随机的水滴模式。再将水龙头打开一些，这些水滴会汇合成为平顺水流；开得更大，水流会变得杂乱不稳。我们现在不讨论那么多，晚一点再讲乱流。

自相似的模式中的模式

由周期趋向混沌的最佳例子，来自另一个科学领域，它提醒我们，混沌是多么基本又普遍的现象。有一种简单的方程式称为“逻辑斯谛方程式”（logistic equation），可以有效地描述某一物种从一代到下一代数量的变化。为了简化，我们假设某种昆虫在冬天产卵后全部死亡，新生的一代在来年春天孵出来。开始时的昆虫数是 x。很显然，下一代的昆虫数（能够存活并进行繁殖）由成功孵化的虫卵数目（生育率）决定，这又取决于有多少卵被产下。所以如果平均（公的、母的一起算）每只昆

① 有趣的是，写完这段，我在大雨后外出买东西。当我在五金店排队时，发觉窗外排水管漏出水滴，我可以清楚地看到四滴一组的水珠往下落，而且听到它们撞在人行道上一点不差地发出“滴滴咚嗒”的节奏。

虫产 B 个卵，新的一代将有 Bx 只昆虫。然而，这并没有计入因饿死而无法存活以进行繁殖的昆虫。死亡率将取决于族群大小——族群越大，每一只昆虫的觅食越困难。将问题更简化一些，我们假设昆虫数量有个上限（比如说，想象生长在某一株玫瑰上的蚜虫），然后用它来除实际昆虫数，所以我们用的 x 永远介于 0 与 1 之间。这个技巧叫作“重正规化”（renormalization）。为了反映未交配繁殖前的死亡率，我们将成长率 Bx 乘以（$1-x$）这新的因素。如果族群数非常小（小到接近 0，所以不造成影响），每只昆虫都能找到食物而存活，成长率差不多就是 Bx；如果族群数很大，x 差不多是 1，（$1-x$）将接近 0，多数昆虫将会饿死。介于两者之间，介于一代与下一代之间的族群数量，将取决于生育率 B。我们可以用下面的式子重复运算，以检视不同的 B 值会产生什么样的族群数量变化：

$$x_{下}=Bx(1-x)$$

其中 $x_{下}$代表下一代的族群数。将式子右边展开得到 $Bx-Bx^2$，显示这过程是非线性的（因为有 x^2 这一项），并且涉及反馈（经由迭代运算）。

如果 B 小于 1，表示族群无法成功繁衍，每只成虫平均生下少于一个后代；这是导致演化灾难的起因，整个族群必然灭绝，不论初始值 x 是多少。当 B 大于 1 时会发生些有趣的事，可以试着利用计算机或计算器，甚至纸笔，取不同的 B 与 x 值计算体验一下。从 19 世纪 50 年代开始，许多生态学家就这么做，他们利用不同的逻辑斯谛方程式（可以很容易地被修改，以纳入族群被掠食或是两个族群因争食物引发的互动之类的因素），希望建立能描述不同族群数目变化行为的良好模型。但大半因为计算资源不足，他们并未探索最有趣的情况，而只专注于方程式比较有秩序的部分，等同于流体动力学家忽略乱流，而专注于在石头后产生小涡流再离开、消失这种比较有序的河流状态。

如果 B 大于 1 但小于 3，这简单的逻辑斯谛方程式将会产生我们现在所称的吸引子。不论初始时族群数是多少（可为介于 0 与 1 之间的任何值），经过足够多的世代繁衍，将达到稳定状态，产生相对恒定的族群数。稳定状态时的确切数值，会随 B 值增加而升高一些，当 B 值接近（但小于）3 时，它落在 0.66 上，相当于$\frac{2}{3}$的最大可能族群数。刚开始时它可能很小，然后跳到这个数值之上，再在接下来的世代中围绕 0.66 上下振荡，最后越来越趋近吸引子（就像在第二章里提到 π 值的近似方式）。或者它开始时很大，然后逐渐落到这个值上，其间也会有同样形态的起伏振荡。但只要重复计算的次数足够多，它最终会停在 0.66 上。如果让 B 值大一些，振荡幅度会加大，并且将花比较多的时间达到平衡；但只要 B 值小于 3，它们终将收敛到吸引子。可是，当 B 达到 3 时，不一样的事情发生了。

只要 B 稍稍大于 3，整个模式就会改变。这时一旦运算次数足够多，在相邻世代间的族群数将会在两个不同但各自固定的数值间交替变换。单一的吸引子将分成两个（产生分歧）而周期加倍，从一变为二。在真实族群里可以看到这种现象。在某一年，很大的族群会吃光所有食物，造成许多个体饿死而无法产生下一代。所以下一代的族群数很小，大家都有足够的食物并进行繁衍，如此循环。如果你把结果绘成图，从小于 3 的 B 值逐渐算到大于 3，由于单一吸引子的分歧，得到的图看起来像个定音叉。

一旦完成计算，一切都可以被很直接地解释并且做成图表，但计算过程很烦琐。光是重复计算单一 B 值就够无趣了，而为了仔细观察在关键数值 3 前后的变化，还必须对许多些微不同的 B 值进行重复计算。第一位以这种方式观察并探讨 B 值增加对逻辑斯谛方程式的整体行为模式产生变化的学者，是出生于澳大利亚、由物理学家转为生态学家的罗伯特·梅（Robert May，1936—），他于 20 世纪 70 年代初期在普林斯顿服务。那时他还不到 40 岁，就已具备足够的知识背景将数学与物理的想法运用到生物学上，并恰逢其时地利用了计算机快速发展的优势。他发现在 *B*=3 时会出现分歧，他再将 *B* 值增大，看看会发生什么。结果令人惊讶。在数值为 3.4495 时，图形上定音叉的两个角各自分化，产生了一个在四种不同族群数中振荡的系统（周期四）。当 *B*=3.56，每一个吸引子又分为二，族群数在八个不同尺度跳跃；到 3.596，又再次倍增，产生十六个可能的族群数。这时候，任何研究遵循这个简单决定式规则的真实生物族群的生物学家，都难以从这似乎毫无章法、在世代交替跳跃于各种不同族群数的振荡中找到规则。你大概注意到，这些分歧随着 *B* 值增加越来越接近。梅的早期研究显示，当 *B* 值为 3.56999 时，族群数可能收敛到的吸引子有无限多，因此任何人想研究族群数每年的变化情形，将会面临如假包换的决定式混沌。

还不止于此。虽然当 *B* 值大于 3.56999 时大多是混沌，但在某些小

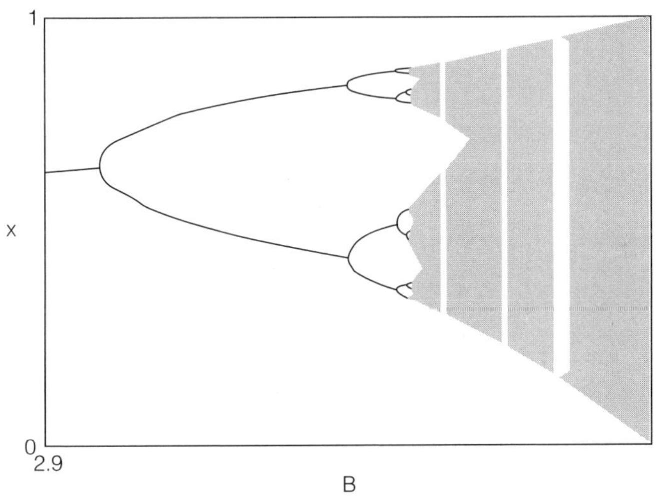

图 3.1a　展现通往混沌的“周期加倍”行为的费根鲍姆图。

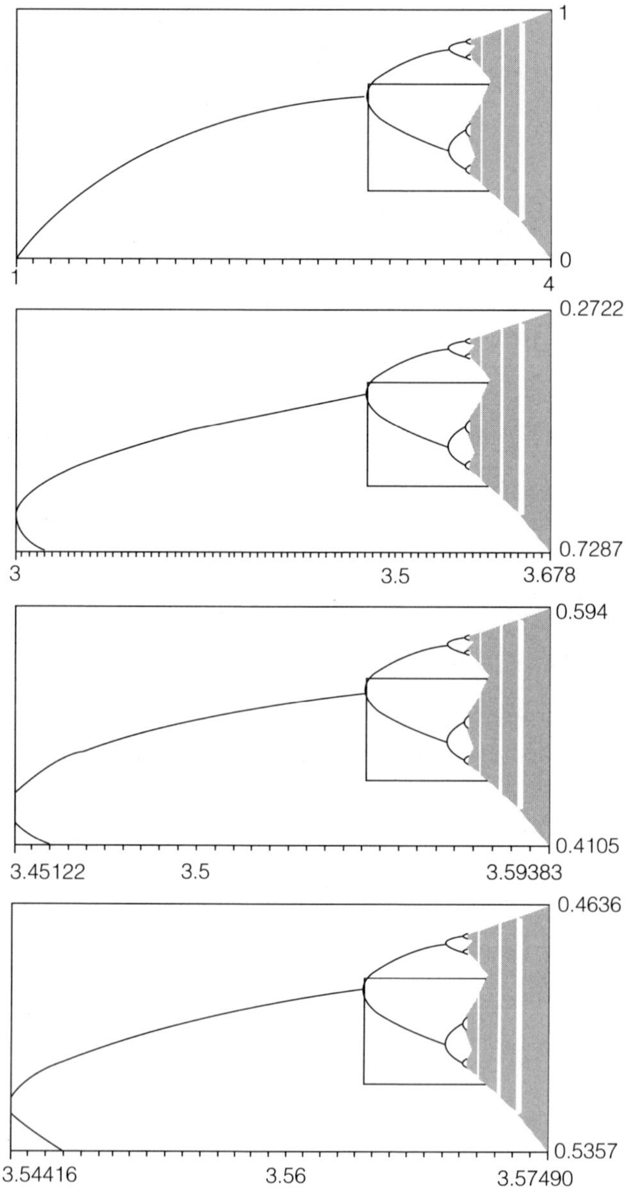

图 3.1b　费根鲍姆图的一项特征是自相似。将图中的一小部分依适当比例放大，看起来和原先的图完全一样。

区域秩序又会恢复，看起来像是在某种令人困惑的混沌中，打开了几扇明亮的小窗。例如当 *B* 值稍大于 3.8 而小于 3.9 时，系统似乎回到像是 *B* 小于 3 的稳定状态。但当 *B* 值渐增，又看到重复分歧（周期加倍）的情况，如同 *B* 值稍大于 3 的模式。接着我们会重复先前经历的各阶段，再度看到混沌。但我们看到的模式与原来的很类似，只不过尺度较小。而在这个小尺度的新版本中又会发现一扇窗子，如同我们在 3.8 与 3.9 之间看到的一样；在这个窗子里面，同样的模式又再次重复。这样的重复永无止境，同样行为模式出现在更小又更小的尺度中，好像一个套着一个的俄罗斯套娃。我们直接称这种模式中的模式为“自相似”（self-similar）——在秩序之中存在混沌，而在混沌之中又存有秩序。梅知道这个现象的含义超出了生态学与物理学的范畴，并在 1976 年将它发表于跨领域、拥有广大读者群的《自然》（*Nature*）期刊上。这正是独立研究各种不同现象的科学家们，准备共同建立混沌理论的时刻。

4.6692016……

我们一直用“混沌”描述这类行为，但这个名词是后来才出现的，当各方探索的工作同时进行时，混沌才逐渐被大众认识。当罗伦兹于 20 世纪 60 年代早期对混沌进行探索时，他是从气象学的角度出发的。理所当然的，他在气象学的会议上提出他的发现，那篇关键性的论文《决定式的非周期流动》（*Deterministic Nonperiodic Flow*），于 1963 年发表于《气象科学期刊》（*Journal of the Atmospheric Sciences*）上。但那些可能对这个发现做更进一步研究的数学家、物理学家甚至生物学家，并不阅读气象学期刊，而阅读这些期刊的气象学家，对于如何在混乱的气象中找到秩序的兴趣，远大于试图从秩序中推导出混沌。10 年后，在美国马里兰大学为了打破科学家之间的藩篱而设立的跨领域的物理科学与技术研究所（Institute for Physical Science and Technology）中工作的数学家詹姆斯·约克（James Yorke，1941—），他有个任教于气象学系的同事爱伦·富勒（Alan Faller），读过罗伦兹 1963 年的论文。在一次交谈中，约克向富勒讲述自己所从事的非周期方面的研究，富勒给了他这篇论文，于是他影印多份分送给研究所内的人。约克当下就知道这篇论文包含了很多可应用在气象学外其他领域的深奥真理，并以真实物理系统的行为呈现出来，让物理学家更容易接受。几十年来，数学家以类似罗伦兹简单的计算机程序的方法，进行了许多小实验来研究数字的特性；但在罗伦兹之前，没有人能够将其中抽象的数字概念与真实世界连接起来。虽然罗伦兹也意识到这个关联，但他当时也不知道他所完成的看似抽象的数学中，有多少可以转换成物理语言；但约克知道有个人办得到。某次造访柏克莱时，约克把这篇 1963 年的论文给了拓扑学家斯蒂芬·斯梅尔（Stephen Smale）；斯梅尔曾以杰出的研究赢得学术大奖，对动力系统也很感兴趣。接着斯梅尔又将这篇论文发送给数学界的人士。秘密已经揭晓了，却还没有一个名字。直到 1975 年，约克和他的同事李天岩（Tien Yien Li）发表了一篇题为《周期三蕴含混沌》（*Period Three Implies Chaos*）的论文，“混沌”（chaos）才因此得名。

李天岩和约克指出，某群微分方程式如果存在一个周期为三的解，那么也必然存在无穷的周期解，任何周期都存在，此外还存在无穷的非周期解。这并不完全是我们今天所指的“混沌”，罗伦兹本人比较喜欢称李天岩与约克的发现为“有限混沌”（limited chaos），因为在方程式的解中也包含了非混沌周期解。在绝大部分的情况下，这样的系统会是周期的，而罗伦兹所谓的“完全混沌”（full chaos），或是今天科学家所称的“混沌”，虽然存在周期解，但多半系统会进入混沌状态。无论如何，虽然从 1976 年之后所使用的术语有所改变，一般还是普遍认为李天岩和约克的论文是引进具有现代科学意义的“混沌”一词的源头。

因此，“混沌”这个名词在 19 世纪 70 年代后期出现，以描述梅在逻辑斯谛方程式中发现的行为模式。虽然这个结果令人着迷，但除了数学家以外，大家都对它兴味索然，因为实际上它只能应用在极简单的逻辑斯谛方程式上，而这个方程式甚至无法真实地反映一种生物的族群消长。在梅突破性发现的后几年，也就是 19 世纪 70 年代中期，在新墨西哥州洛斯阿拉莫斯国家实验室（Los Alamos National Laboratory）工作的米切尔·费根鲍姆（Mitchell Feigenbaum，1944—2019）指出，“混沌”具有更广泛的含意。费根鲍姆指出，经由周期加倍进入混沌并非逻辑斯谛方程式的特性，而是具有反馈机制系统的产物；无论是生物族群的大小、电路的振荡、化学反应的振荡，甚至是经济表现的起伏循环，重点只在于系统必须“自我引用”（self-referential）。如果符合这个条件，那么系统将会按照同一路径确实地走向混沌，而不是近似地走向混沌。费根鲍姆观察到，在梅研究走向混沌的周期加倍的过程中，产生变化的 B 值区域越来越短。他发现在两阶段之间，这个区域的大小存在固定比例。如果取小数点后三位是 4.669 : 1，无论我们拿第一步和第二步比、第二步和第三步比、第一百〇五步和第一百〇六步比，结果都一样。这种行为模式被称为“几何收敛”（geometric convergence），它会带领你越来越接近某个临界点，但永不停止。费根鲍姆在他所检视的自我引用系统中，发现相同的周期加倍、分歧与几何收敛不仅形态相同，也依循着相同的比例 4.669 : 1。费根鲍姆就这样发现了一项放诸宇宙而皆准的真理，并因此得以用自己的名字将 4.699 这个计算结果定名为费根鲍姆常数，以表彰他的贡献。[①]

① 费根鲍姆常数事实上像 π 与其他常数一样，都是无理数。稍准确一点，可写成4.6692016090。

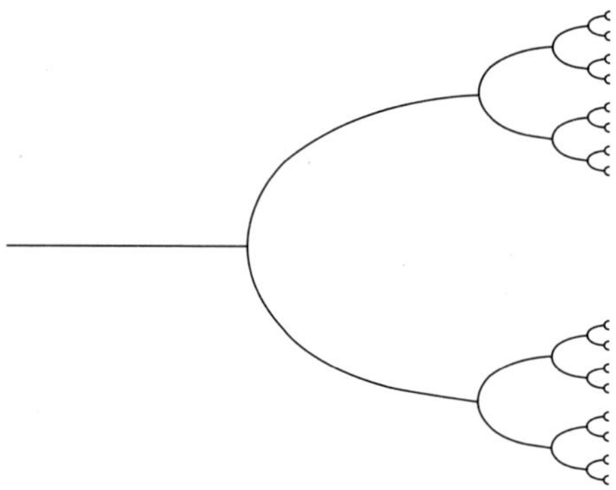

图 3.2a　费根鲍姆图中，自相似分岔的简化版。

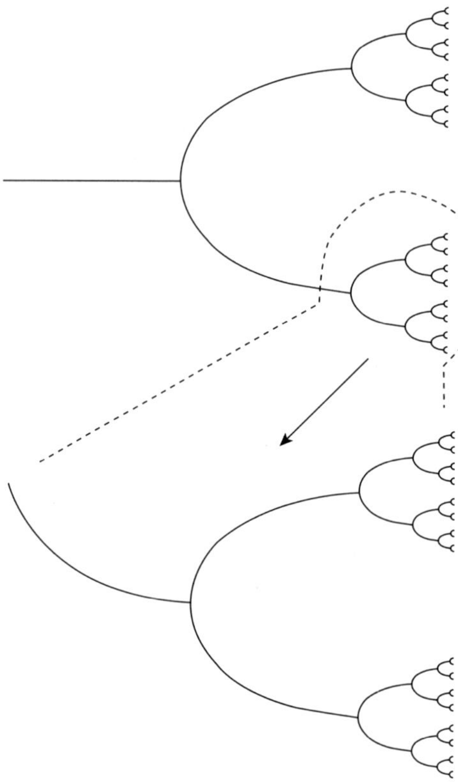

图 3.2b　自相似的简化版。

自以为是平面的线

以周期加倍的方式达到混沌的例子还有很多，在由简单通往混沌的过程中，它们都产生了有趣的变化，但我们不需要一一探讨其细节。回头看看滴水的水龙头与河流漩涡的例子，漩涡的例子也显现了分歧效应。从比达·芬奇更敏锐的角度观察，我们可以将乱流想成是许多周期规律的循环不断累加的结果［这是俄罗斯物理学家列夫·朗道（Lev Landau，1908—1968）于20世纪40年代提出的理论］。在单一漩涡中，其运动相对应于在一个吸引子，也就是极限循环旁打转。下一步，我们想象在相空间中的一点画出圆圈，而以这个圆圈的中心点再画出更大的圆圈，产生的吸引子将是一个圆环，形状像是自行车内胎或者救生圈。这种小圆圈绕着大圆圈的方式，代表在相空间中，代表系统的这一点以周期与可预测的方式遵循类似螺旋弹簧的路径。通常在相空间中，两个周期性的运动会互相影响，并且锁定在一个重复节拍。

从数学的角度，很容易进一步将复杂乱流的产生过程，以更高维度中的“环圈”（tori）解释。极限循环是二维空间中的一维吸引子，环圈的表面是在三维相空间中的二维吸引子，而下一个合理的步骤，是找出描述在四维相空间中三维吸引子的模型。但在真实世界中，不需要费这么大的功夫。乱流现象很快就会出现，如果将系统的状态以二维环圈表面上的一点表示，它会以比较复杂的方式在这表面上移动，且永不经过同一点（如果回到同一点，系统将是周期性的，而它的行为会重复），因而路径不会重叠。比较原来的三体问题，在相空间中，三个以上的周期不会锁定在一个重复节拍，所以它们集体的效应不会比三体问题中最小物体的轨道更容易预测（虽然，我们还是要不厌其烦地强调，它是决定式的）。描述系统的这一点，它在相空间中的轨迹相当于一条以复杂形态环绕于有限表面（这里有个棘手问题，下面会提到）且无限长的路径。在巴黎工作的比利时科学家大卫·吕埃勒（David Ruelle，1935—）和他的荷兰同事弗罗瑞司·塔肯斯（Floris Takens，1940—2010），在一篇发表于1971年的论文中，将之称为“奇异吸引子”（strange attractor）。

“分形”这时要出现在我们的故事中了。和混沌一样，分形在1975年正式得名，它们都是在其重要性被充分发掘之前，就已在科学界存在许久。令人惊讶（甚至有点恐怖）的是，分形在19世纪末就被数学家发现，当时被视为是不兼容于主流数学有序世界的“怪物”。等你看一个将它们的怪异特性发挥到极致的例子，就会明白为什么。

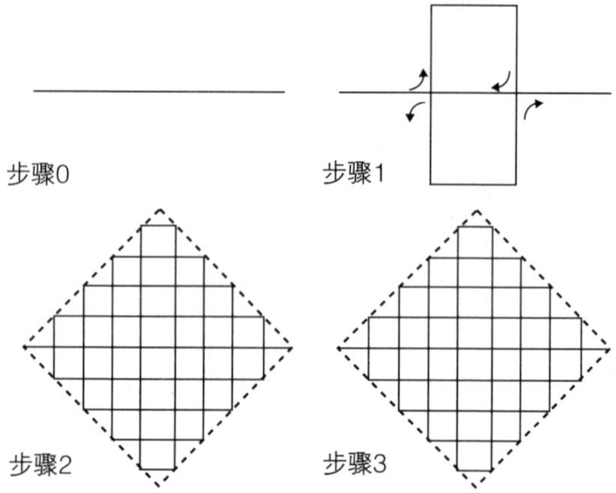

图3.3 皮亚诺曲线——一条自以为是平面的线。

意大利数学家皮亚诺（Giuseppe Peano, 1858—1932）在1890年发表了一篇论文，描述如何建构一条可以完全填满平面的曲线。[①]对于非数学家的人而言，这不怎么惊人。但仔细想想，平面是二维实体，有长度和宽度，而线是一维实体，有长度但没宽度。皮亚诺展示出，如何在一个平面中，放入一条弯弯曲曲的线，使它能经过每一点而永不重复。

① 一年之后，大卫·希尔伯特（David Hilbert, 1862—1943）也得出相同发现。

一维直线完全塞满二维平面。所以一个平面怎么呈现二维状态，而每一点又坐落在一条直线上？不只如此，如果将平面想象成正方形，那么皮亚诺曲线将描绘出一组像瓷砖的更小方块来填满平面；在每一个小方块里，这个曲线会再描绘出类似的一组“瓷砖”，并一直重复下去。这是“自相似”的模式，而且永不终止。皮亚诺曲线无限长，但它存在于一个有限区域里。虽然在19世纪90年代时没有人知道，但存在于这“填充空间”的曲线，与描述乱流时在相空间中缠绕环圈的吸引子，确有明显的相似之处。在20世纪70年代，IBM沃森研究所（Thomas J. Watson Research Center）的本华·曼德博（Benoit Mandelbrot，1924—2010），终于将描述这种实体的语言创造出来。

分形与混沌之间的关联

曼德博于1924年生于华沙，他广博的学术背景，对建立全新的科学领域有莫大帮助。1936年曼德博举家迁到法国，当1944年法国被盟军收回时，他正在巴黎就读。后来他到加州理工学院与普林斯顿高等研究院深造，在1958年永久定居于美国约克镇高地（Yorktown Heights）之前，曼德博曾于1955年短暂停留巴黎。曼德博了解到，像皮亚诺曲线的这类物体，可以被描述成具有中间维度，在这个例子中，介于1与2之间；直线还是一维物体，平面还是二维物体，但正如每两个有理数中存在无穷数的数学观念，直线和平面之间应该也可以存在中间的、非整数维度的实体。如果这种实体的维度不是整数，则必然是分数。为了给它一个合适的名称，曼德博说：“我在1975年创造‘分形’这个词，它来自拉丁文‘fractus’，意思是碎裂、不规则的石头。”[①] 尽管如此，你也可以把它看成是同样来自拉丁文的“fractional”（碎片）的英文缩写。

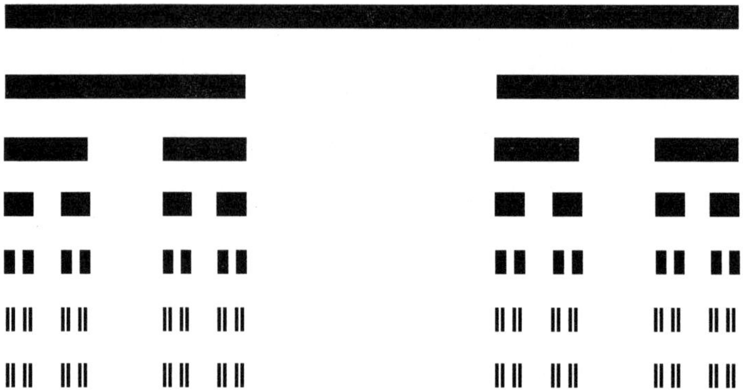

图 3.4　康托尔集合。根据书中描述，抹去每条线段中间三分之一的部分，你将得到一团包含无数个点但总长为 0 的粉末尘埃。

另外还有三种分形，在 1975 年之前已存在了几十年，它们被视为可怕的数学怪物。在讨论它们与混沌的关联之前，值得先了解一下。最早的（第一个被数学家发现的）分形是“康托尔集合”，1883 年首先被德国数学家格奥尔格·康托尔（Georg Cantor，1845—1918）发现并因此得名。[②] 皮亚诺曲线是“试图”成为平面的一条比线更强的线；康托尔集合是“试图”成为一点的一条比线更弱的线。我们可以很容易地描述如何建构出一个康托尔集合：取一条线段，抹去中间的三分之一（注意，不要抹掉位于三分之一与三分之二处的两点），会得到长度是原三分之一长的两条线段，中间隔着相同长度的间隙。然后重复这个动作，直到所有的线段都被抹掉，就将会得到被以固定模式出现的间隙隔开的无限多的

① 详见《新科学家的混沌手册》中的文章。

② 其实早在 1875 年，聪明但不爱曝光的都柏林数学家亨利·史密斯（Henry Smith，1826—1883）就已经发现这个集合，但康托并不知道。因为史密斯已死，他的发现几乎无人知晓，所以康托的名字得以冠在这类集合上。

点。这就是康托尔集合，一个维度介于0(点）与1(直线）之间的分形；就像是原本线段的幻影，如同《爱丽丝梦游仙境》中那只咧着嘴大笑的柴郡猫（Cheshire cat）逐渐消失的笑脸。康托尔集合虽然很简单（看起来还挺单调），对于混沌却具有相当关键的重要性。首先，康托尔集合是由递归（反馈）产生的；如我们先前所见，这是混沌的关键。其次，它是自相似的。从递归的第二个步骤开始（那时有四条线段），每一步骤中康托尔集合都由两份先前的版本构成，尺寸是原来的三分之一。还有一件事也与康托尔集合有关。回头看看代表经由周期加倍通往混沌的分歧图，就在混沌发生时（有时称之为费根鲍姆点，也就是在分歧之间，不断缩减的间隙所达的极限），在混沌出现前的最后一步，分歧树形图的所有分支端点形成康托尔集合，这就暗示（或者应该说明示）分形与混沌之间存在着深层的关联。

第一个在人类科技中出现的混沌例子

康托尔集合在分形发展史上占有重要地位，并促成曼德博的功成名就。曼德博对所有在时空中变化的现象与模式都极感兴趣，包括文句中字的分布、国家里大小城市的分布，以及股市的起伏。他进入IBM担任研究员不久，就为公司解决了一个具有现实重要性的问题。和现在一样，当时计算机中的信息要靠电话线传输，而那些可能毁掉极重要数据的偶发噪声，总是让负责相关业务的工程师相当困扰。我们在打电话时，噪声并不是什么大问题，只要说得大声一点或是再说一遍就好了。但在早期数据传送的过程中，噪声却会造成大灾难。[①]通常工程师的第一个反应

① 这类问题在使用数字传输时已被克服，但当时用的是模拟信号。

是增加信号强度以盖过噪声，但偶尔还是会出现一阵猛烈的噪声，随机毁掉部分数据。

奇怪的是，这种噪声虽然是随机且无法预测的，但它似乎一阵阵地发生；可能在很长一段时间内传输完全没问题，接着无预警地出现一段段猛然爆发的噪声。当曼德博检视这个问题时，他发觉噪声出现的模式是自相似的；在安静的时段没有任何噪声，但在有噪声的时段中，总是存在一些较短的安静时段以及爆发噪声的更短时段。在较短的有噪声时段中，曼德博观察到整个模式无止境地重复。他还发现，不论以何种尺度检视，安静时段与嘈杂时段长度的比例都是固定的。事实上，传输系统中出现噪声的分布，与康托尔集合上的点是一致的。这个发现对IBM的工程师相当有价值。他表示，既然噪声总是存在，无须浪费资金加强信号，应该专注于找出错误，然后重复传送信息的技巧。他也说不必浪费时间寻找造成噪声的物理原因（比如说电话线被树枝钩住），因为它们本质上是随机发生的，应该把精力放在更有建设性的工作上（包括追踪不符合模式的噪声来源，因为它们可能由某种物理原因造成）。曼德博找到了第一个在人类科技中出现的混沌例子，并在一开始就将它与分形连接在一起，虽然当时混沌与分形这两个名词还未正式出现。

在创作这本书时，有个地方新闻吸引了我的注意力；当初吸引曼德博研究混沌的相似情形，似乎发生于邻近村庄，村民抱怨过去一年停电好几次。电力公司则对每一次停电都有完全合理的解释，一次是因为鸟飞进高架电线，一次是因为强风把树吹倒在电线上，还有一次是因为闪电……但村民还是深信电力系统本身有问题。现在混沌理论告诉我们，这一连串的区域性灾难，必然会发生于电力网络上。但它无法告诉我们何时何处发生，只能给受害群众一些小小的安慰。

DNA 食谱

随机过程、混沌和分形之间的关联，还可以借助另外一个数学怪物看得更仔细，这个怪物叫“谢尔宾斯基三角形”（Sierpinski triangle），是由波兰数学家瓦茨瓦夫·谢尔宾斯基（Waclaw Sierpinski, 1882—1969）在 1916 年创造出来的。要做出一个谢尔宾斯基三角形，只需遵循简单的重复指令：先在纸上画出涂黑的正三角形（或者在计算机显示器上；严格说来，不一定要正三角形，但这样会看得更清楚）；接着将三个边的中点连接起来，得到一个在原三角形内上下颠倒的三角形；将中间的三角形抹掉，得到一个被三个黑色三角形包围的倒立白三角形。你可以猜到下一步——对这三个比较小的黑三角形分别重复上面的过程，然后再以同样的方式处理更小的九个黑三角形，再一直做下去（原则上，永远不停止）。结果就是所谓的谢尔宾斯基三角形，它显然是自相似的，同时也是分形的，维度在 1 与 2 之间（我们马上会解释如何测定分形维度）。

图 3.5 谢尔宾斯基三角形。

如果你很有耐心，还有一个也很简单的方法可以做出谢尔宾斯基三角形。只要拿支铅笔在纸上画出正三角形的三个顶点，然后拿一个能让你从1、2、3中随机选出一个数的公平骰子；因为骰子有六面，所以可以把4当成1、5当成2、6当成3。将三个点分别标示为1、2、3，再任意选一点当起始点，然后开始掷骰子。如果出现的是1或4，在起始点与1之间的中点标示一个新点；如果出现的是2或5，将新点标示于起始点与2中间；如果出现3或6，则标示在起始点与3的中间。将新标示的点当成新的起始点，再掷骰子重复这个动作，重复重复再重复……

慢慢地，这些标示出来的点会在纸上构成谢尔宾斯基三角形的形状。经由重复的随机过程，一个非常简单的规则建造出了分形图案。谢尔宾斯基三角形正是这特殊程序的吸引子，因为起始的位置，刚开始的几点并不在三角形上，但接下来将会被吸引至三角形上。它们被分形吸引，就吕埃勒和塔肯斯的术语而言，这是一个“奇异吸引子”，它们是比三角形或橡皮筋这些我们日常生活中常见的形体还要怪异的分形。除了刚开始的一些点，无论从何处开始，都会得到谢尔宾斯基三角形。如果想试着玩这个游戏（它们常被称为混沌游戏，许多有趣的图案可借由类似、简单、重复的规则造出），有两点要小心。首先要有耐心。因为大约要花上几百个步骤，才可能看出谢尔宾斯基三角形。其次要注意随机性。除非你是个不错的程序员能够保证所使用的是真正的随机数，否则不要尝试用计算机。计算机中的随机数生成器不一定会产生真正的随机数，不过你如果够厉害是有办法解决这个问题的。

还有其他混沌游戏也都利用在纸上标示点的方式（或在计算机显示器上，如果你有把握用的数都是随机的），配合类似简单的规则，以随机的方式重复，可以产生出令人惊讶的图案，像是羊齿草或树。对于相关的数学问题有兴趣的读者，可以参考海因茨·奥托·佩特根（Heinz-Otto Peitgen）、哈特穆斯·于尔根斯（Hartmut Jürgens）和迪特马尔·绍

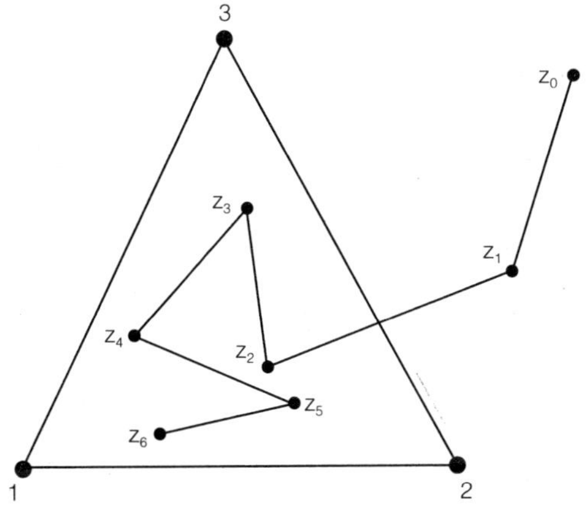

图 3.6a 利用混沌游戏建构谢尔宾斯基三角形的前六个步骤。

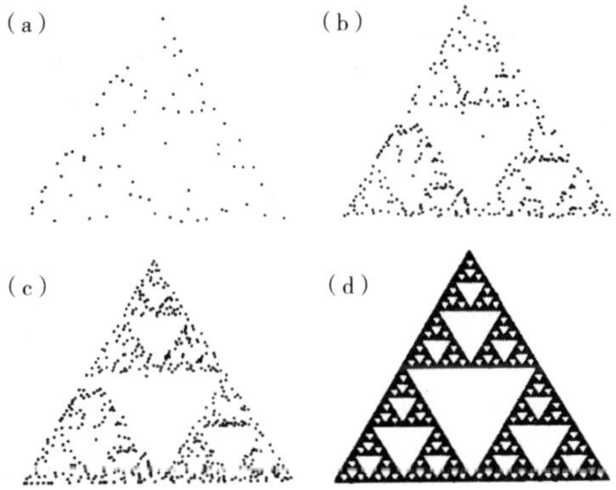

图 3.6b 执行 100、500、1000、10000 个步骤后的谢尔宾斯基三角形。

图 3.7　另一种混沌游戏，能产生类似羊齿草的分形图案（维度为 1.8）。

柏（Dietmar Saupe）合著的《混沌与分形》（*Chaos and Fractals*）。没有人说这正是生物发展成复杂形态的方式，但对我们而言的意义是，那些看似复杂的系统，可以借助重复运用一个简单的规则来产生或描述。生物细胞 DNA 中所储存的遗传信息，常被视为建造个体的"蓝图"，但这个比喻不是很恰当。真正的蓝图应该很复杂，它刻画着生物系统中的所有细节以及彼此连接的方式。比如蛋糕食谱，它不告诉你蛋糕完成时的模样（更不用说是做好的蛋糕上每个葡萄干的位置了），只告诉你"混合以下几种材料，再用若干温度，烘烤若干时间"；这种食谱就像是混沌游戏中的一道步骤。很难想象人类、松树或任何物种细胞的 DNA，如何正确地包含了这个物种最终成熟形体的蓝图。但不难看出，DNA 或许包含了像是"将数量倍增，执行 n 次，再分成两部分并对每一部分重复运行"这样简单的指令。在混沌游戏中，使用比这稍微复杂一点的指令，就可以借助重复操作来造出羊齿草的复杂结构。如果在运用如此简单规则的条件下，存在羊齿草形状的吸引子，对于某些植物真的长成这般模样就无须吃惊了，因为它们只需要被设计成类似谢尔宾斯基三角形中所使用的骰子指令就够了。只需一些随机性与简单的递归规则，就可以创造出所有的复杂度。

无限长的海岸线

在我们更进一步检视复杂世界的特质之前，还要讨论关于分形与吸引子的一些性质——你们一定会好奇如何度量一个分形的维度。要明白分形维度最简单的方式，是借助出现于19世纪末20世纪初的最后一个数学怪物，也是我们即将讨论的主角——科赫曲线（Koch curve）。姑且不论科赫曲线本身的值得研究之处，它不仅是吸引曼德博在20世纪60年代研究分形的重要动力，而且就暗喻的语法而言，它也与之前介绍过的理查德森的天气预测相“契合”。然而，关于科赫曲线最有趣的一点是，虽然它的确是条曲线，但要说它与任何东西契合则只是个比方，因为它并不与任何事物契合；说得直白一点，它完全由棱角构成。

这条曲线是由瑞典数学家科赫（Helge von Koch，1870—1924）发现，或说发明的，首见于他1904年的一篇论文中。我们不难看出科赫曲线是怎样造出的：首先选一条线段，将它等分为三份，利用中间一段造一个正三角形（这回必须是正的），然后抹去三角形的底线。现在得到四个等长线段，即两端由原先线段留下的水平线段，以及中央反V字形突起的线段，也就是科赫曲线的基本起始形状［反V字形的线段很合理地被称为“产生器”（generator）］。接着对四条线段重复上述过程——分成三份，在中央建立正三角形，将三角形底线抹掉。永无止境地重复这个步骤，就会得到由无限小的V形棱角所构成的科赫曲线。它的长度也是无限的，尽管它的两个端点和原来直线线段的端点相同，只是在中间的部分做了一点延伸。

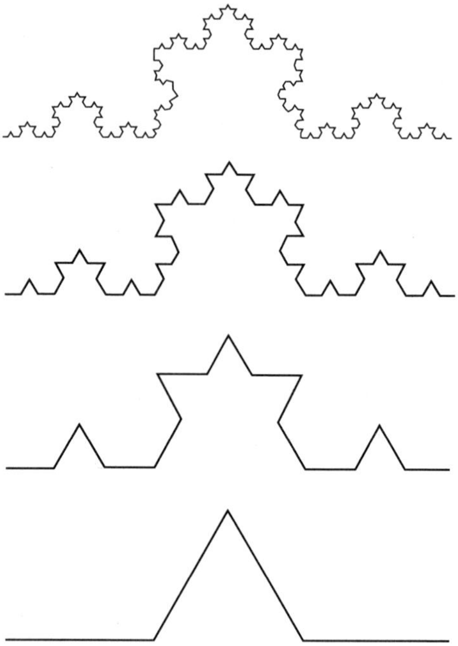

图 3.8　科赫曲线。英国或挪威那样的崎岖海岸线，都具有类似这种曲线的分形结构。

图 3.9　科赫雪花。

如果稍微变化一下，在产生器的阶段，可以取三个产生器（当然是相同大小）置于一个等边三角形的三边上，就会得到六个顶点的“大卫之星”（Star of David）。经过几次重复运作，这条细细的曲线看起来像朵雪花，因此这种构造也被称为“科赫雪花”（Koch snowflake）。但随着重复次数增加，这条曲线看来就像是个曲折的海岸线，因此这个特殊分形的极限状态也被称为“科赫岛屿”（Koch island）。虽然“科赫岛屿”可以被一个接触大卫之星六个顶点的圆所包纳，但它的“海岸线”却是无限长的。

那么，实际的海岸线是分形吗？科赫岛屿和真正岛屿的差别仅仅只是模拟？正是这类问题，引燃了曼德博对分形研究的热情，而根据他自己的说法[①]，当他读到一篇理查德森鲜为人知的论文，其中提到的气象学家对介于西班牙与葡萄牙之间，以及比利时与荷兰之间疆界长度的疑惑，燃起他研究的火苗。理查德森注意到各家对同一疆界长度的判断，约有两成的出入变化。差异的原因来自于对这种曲折线测量时所用的尺度。虽然疆界中可能有直线，但多半时候它依循像是河流与山脉这些地形的天然特性。这种测量可以用经纬仪和一般测量设备，将测量点分隔100米，得出一系列长100米的蜿蜒穿过乡村的线段。如果你以步行方式一步步地测量，将会在这些点之间左右摇摆而得到一条更长的边界长度。如果推着计数轮，以轮子旋转的圈数计算边界长度，会得到更大的值，因为将会测量到步行时略过的较小曲折。如果拿一条很长的绳子，仔细地将它覆盖于边界之上，将得到更长的边界长度，诸如此类。重点是在任何尺度下（至少达到原子的尺度之前），边界原则上都是不规则的，所以所用的尺度越小，看到的曲折越多，测得的结果也越长。

① 引自格雷克的《混沌》。

分形维度

曼德博将这些概念扩展于一篇题为《不列颠海岸线有多长？》（*How Long Is the Coast of Britain?*）的论文中，发表于1967年的《科学》（*Science*）期刊上。测量岛屿的海岸线长度有个优点，它是天然形成的，不像人为界定的边界常常出现类似美国各州州界间的直线。曼德博在论文中提出了对这个问题的解答，也就是海岸线长度取决于测量尺度，如果用的尺度够小，测得的长度将趋近无限（只是“趋近”无限，因为当尺度小到原子的层次，这些东西都不管用）。虽然这不是曼德博接下来命名为分形的东西，但不列颠的海岸线与分形相似，它的维度介于1与2之间。

如何测量分形维度呢？科赫曲线给了个暗示——自相似。如果任意取四个线段其中之一，并将其数量变成三倍（“比例”为3），将会得到一条与原来相同的科赫曲线。但光是自相似并不表示能将一个物体转换成分形。普通立方体是自相似的，如果从立方体中切出一小块立方体再以适当比例放大，它会和原来的立方体一样。这对任何较小的立方体都成立。在日常生活中的许多物体，例如立方体，都可显示自相似。但对分形而言，这只有在特定的尺度才会发生；就科赫曲线而言，必须从原版取出四分之一再放大三倍以复制出原版。为了让这个区别更明显，我们将系数三应用在一些日常物体上。如果拿一条线段，取其三分之一再放大三倍，将得到和原先一样的线段。放大尺度和缩减比例一样，所以直线的维度为1，除以三再放大三倍。如果拿一块正方形，将每一边等分为三份，将得到9个小方块，所以必须用原来方块的九分之一放大三倍，以得到原来的形状；分成九份再放大三倍，$9=3^2$，所以方格的维度为2。对于立方体，如果将每边等分三份，将得到27个小立方体，选一个放大三倍可以得到原来的形状；因为$27=3^3$，这表示立方体的维度为3，分成 27 份再放大三倍。

再看看科赫曲线，这回我们将长度分为四份再放大三倍。我们知道 $3^1=3$，$3^2=9$，但 3 的多少次方会等于 4？如果 $3^n=4$，则 n 值是多少？用计算器检验结果，在小数点后取四位数的答案是 1.2619。因此科赫曲线的维度是 1.2619，正如我们所预测的，介于 1 和 2 之间，但比较接近直线而非平面。同样的道理可以应用于计算其他分形的维度，甚至接近分形的东西，例如不列颠的海岸线维度为 1.3，这使它看来比科赫曲线更不像直线。①

曼德博集合

分形本身就很迷人，曼德博赖以成名的发现是一组以他的名字命名、由简单数学式子递归建立的分形结构。与我们刚才讨论的集合与分形的主要差别在于，它们用到了数学中的复数，也就是涉及 -1 平方根的数。复数的特别之处在于它们从某种程度上说是二维的，而日常生活中的数字是一维的。例如指定某一点在线上移动的位置只需要一个普通数字，而要指定某一点在复变平面上的位置（以它和平面上两边的距离表示）则至少要用一个复数。这其中存在两项信息。产生曼德博集合的递归程序用的数学式子是（Z^2+C），其中 Z 是一个复变量，C 是一个复常数。和往常一样，我们给 Z 定一个值，代入式子，计算出结果并用它当成 Z 值进行下一轮计算。当这些 Z 值在复变平面上被画出时，会显现出分形模式。即使你对复数没有太多了解，也能体会出这是个相当简单（但非线

① 有一些度量分形维度的不同方法，可以提供稍微不同的“答案”，因此你可能在别处看到稍微不同的数值。但我们在此无意讨论细节，这个问题交给数学家处理。重点在于的确存在一种相当明显的方式可以度量分形维度。

性）的过程，与先前讨论过的逻辑斯谛方程式类似。但产生出的分形可能是人类研究中最复杂的东西。它不只复杂，还很漂亮，因此许多集合的局部被放大制作成经典的海报，还有些书里就全都是这类图案。但那和本书接下来探索的方向完全相反，我们希望触及内部的数学世界，而非外在的生命世界。对曼德博集合，我们唯一要再次强调的是，极度复杂的物体可用非常简单的式子以递归方式产生。从这个角度看，它是人类研究过的最简单的东西。然而，我们也将看出，从这个角度出发，其他任何东西都很简单。

这里要讨论的问题关键在于，复杂是如何从简洁中产生的？这个问题以及混沌与分形的关联，可以从我们的老朋友逻辑斯谛方程式中找到答案。我们可以动一些手脚，以拓扑学的角度解释其效应。逻辑斯谛方程式（或是我们讨论过的递归程序）将一组数字转换为另一组。如果原先的数字代表平面、球面，或任何表面上的点，它们将会被一一转换为平面、球面，或任何表面上另外一处的点。我们对这种过程太熟悉了，以至于很少有人思考它究竟是怎么一回事。这就是所谓的“映射”（mapping）。实用的城市街道图或研究用的地理图，并不会复制真实世界中的每一点，但本质上街道图具体而微地忠实呈现出城镇里的街道，只不过将尺寸缩到一张纸上。原则上，一个地球仪也可忠实地、毫无扭曲地被当成地球的地图。不过地图可以既忠实又扭曲。伦敦地铁图是个很好的例子，其中有许多点代表各个车站，线代表所有路线，这个图保存了所有点与线之间的相对关系，但它被做了一些扭曲以方便阅读。

某种程度上，地铁图的扭曲出自于自由选择，你也可以呈现每个曲折而得到更真实的地铁图。但将世界画在一张平面纸上一定会发生扭曲，这就是为什么以“墨卡托投影法”（Mercator projection）和比较普遍的“彼得斯投影法”（Peters projection）（解决同一问题的两种不同方法）画出的各大陆形状不完全一样，而它们也都和地表上的大陆不尽相同。但在两种情况下，地球上的每一点都可对应到地图上的一点。墨卡托投影其实也可被视为彼得斯投影的地图，反之亦然，本质上无所谓好与不好。

逻辑斯谛方程式描述的程序也是一种映射。我们可以利用一组直线上的数字来看它的作用。复习一下，方程式将 x 的值转换为新值用的是：

$x_{下}=Bx(1-x)$

加上重新正规化的条件使得 x 值介于 0 与 1 之间。你可以让初始值代表一条直线，像是一把单位长的标尺。为了简化问题，我们就指定 B=3 好了，然后看看这条线如何被逻辑斯谛方程式转换，也就是它们被转换后的形状。

我们可以用直尺上相隔十分之一单位的点纳入运算，并观察映射结果。显然，当 $x=0$ 时，这个点映射到 0。当 $x=0.1$ 时，$x_{下}=3\times0.1\times(1-0.1)=0.27$；0.1 映射到 0.27。同样，$x=0.2$ 时，这个点映射到 0.48，0.3 映射到 0.63，0.4 映射到 0.72，0.5 映射到 0.75。从 0 到 0.5 这半条线段被拉长，并覆盖了从 0 到 0.75 这段直线，显示出无限的另一种奇特面貌。在每条线上有无限多的点，两条线段的点存在 1∶1 的对应关系，但它们的长度可能不同。

而在 0.5 与 1 之间，情况恰好逆转：0.6 映射到 0.72，0.7 映射到 0.63，0.8 映射到 0.48，0.9 映射到 0.27。因为 1–1=0，所以 $x=1$ 时映射到 0。这半条线段不但被拉长，还回过头去覆盖在先前半条线段映射的位置。这一线段上产生了拓扑转换，包括拉长与折叠，所以尽管新线段比原先的长了 50%，因为折叠的关系，它只用到原先 75% 的长度。当我们明白像是 $y=x^2$ 这个代数式子可以用纸上的一条直线或者空间中的轨迹——例如抛物线——来表示，便可体会拓扑学与代数之间的深刻关联。但要注意的是，我们对发生拓扑转换感兴趣的地方在相空间内，而不在真实空间。

触发混沌的拓扑学概念

如果不用抽象的数学线，而用物理式的思考，这种由逻辑斯谛方程式所描述的拉长折叠的过程，有点像将一根铁条弯出一个马蹄形状，因此也被称为“马蹄转换”（Horseshoe transformation）；虽然“转折”应是180度的急转，不像真实马蹄铁上的圆弧曲线。但为什么在一次转换后就停下来呢？我们知道要由简单规则创造出复杂形状的方法就是重复，所以再次对“马蹄铁”重复整个过程，再对转换过的“马蹄铁”进行转换……直到永远。这个过程有点像面包师父揉面团，先把它拉长，折叠回去，用拳头敲平，再拉再折地重复，所以它也被称为“面包师转换”（Baker transformation）。不论你喜欢用什么名称，对于混沌的研究，非常幸运的是，当像梅这样的学者在20世纪70年代开始研究经由周期加倍到达混沌的途径时，关于马蹄铁转换的拓扑性质，已经被才华横溢的理论家斯梅尔研究过了。斯梅尔当初的研究只是出于对拓扑学的兴趣；前面提到，他后来经由约克的介绍而接触混沌。我们无须再钻研其中的数学问题，他已替我们做好了。然而，在相空间中不断进行马蹄铁转换的简明物理图像背后，有着坚实的数学基础，并给出了对这个过程的洞见。

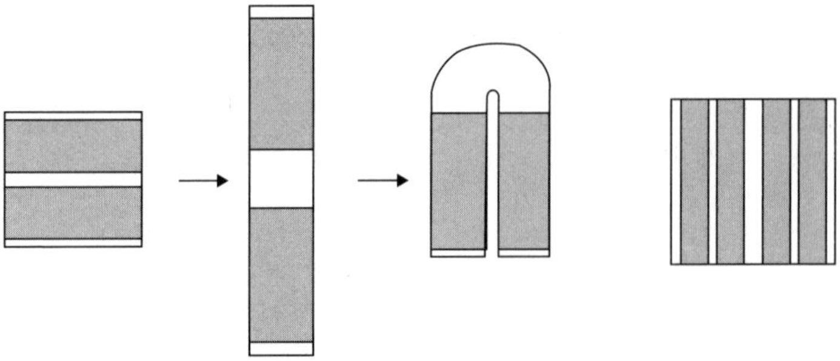

图3.10　斯梅尔的马蹄铁，产生自面包师转换（见本文）。无限地重复这种折叠拉长过程创造出多层次的结构，层次间以类似康托尔集合中的点被分隔。

将原来的线段当成相空间的吸引子，再试图想象重复马蹄铁转换的效应。在每一步骤中，线被拉长，但因为它被折回，所需的“水平”空间反而较少。第一步完成后，会得到弯曲一次的两条重叠线段（但它们没有高度，因为线段并无宽度），下一次会产生四层与三个弯曲，再下一次则有八层与七个弯曲，以此类推。每操作一次，层数会加倍，弯曲数目则是前一次的两倍再加一。你将得到一条永无止境的曲折线条（但这些曲折很整齐，每一弯曲中的弯曲都形成自相似的集合），由无限多层线段相叠，但在平面与水平方向都没有长度；在这无数层的结构中取截面，你将发现这些点的分布状态与康托尔集合类似。但在两层之间相邻的点从何而来？基于拉长折叠的过程，原先线段上相距很短的两点，可能在最终集合里相距甚远，而原先相距很远的两点最终可能很接近。如果系统状态沿着原先线段向一个方向平缓运动，经过每一个转折点，它看起来将是以随机方式在康托尔集合中跳跃。这正是由周期加倍触发混沌的拓扑学概念。

类似千层糕的无限层次，在罗伦兹吸引子中也可见到。如图 2.3，在相空间中以线条表现出的罗伦兹吸引子，似乎在自身交会许多次——其实是无限多次。但真实的情况是，在相空间中每次交会时，轨迹“运行”于不同层次的相空间，也就是不同的平面上。一个有助于我们想象这种情况的方法是，假设有一本有无穷多页的书，每一页都无限薄。将之从中间摊开，在左页画上罗伦兹吸引子的一个“翅膀”，在右页画上另一个，书中每一页都存在一些环绕“翅膀”的循环。但每一次相空间吸引子的轨迹跨过书本中央到另一侧，是移到另外一页。虽然在无数处发生重叠，但代表吸引子的线绝不相交。

在马蹄铁与罗伦兹吸引子的例子中，有限大小的相空间中存在着无穷层次的相空间。两种吸引子都是分形——它们是奇异吸引子。这只是开端。如果一开始时使用的不是相空间中的直线，而是缠绕于相空间中圆环表面的吸引子，将会得到更复杂的分形混沌图像，但它仍是由简单规则产生出来的。终于，我们得到了真实世界中产生复杂结构之下的简洁知识，可以开始运用它们进入复杂度更高的层次，以了解生命的起源。接下来还有好几个步骤，但为了引起你的兴趣，在这里先提示一下，这些知识不只是和生命有关，而是与人类生命有着特别的联系。

我们体内的分形

回想我们先前计算科赫曲线的分形维度时，在比例法则中所使用的乘方或指数。这种关系称为幂定律——3 的 2 次方是 3^2，3 的 3 次方是 3^3，等等——我们必须将 3 的指数定为 1.2619 以得到 4，也就是构成曲线基本单位的数字。简单如物体的体积也遵循幂定律。如果你有一个立方体，每边长度为 l，无论 l 的值为何，它的体积与 l^3 成正比；如果你有个半径为 r 的球，无论 r 值为何，它的体积与 r^3 成正比。体积或尺寸遵循指数为 3 的幂定律。在 20 世纪 80 年代中期，研究人员探索不同大小动物新陈代谢速率时发现一件有趣的事情，虽然这些新陈代谢速率也遵循幂定律，但其指数并不是单从体积考虑所得出的 3。他们对多种哺乳动物，包括老鼠、狗、马和人的新陈代谢速率与质量做比较。动物身体的质量与体积成正比，不难预测质量越大新陈代谢速率越快，因为身体有很多地方需要消耗食物放出能量。虽然质量增长遵循指数 3 的幂定律，但相对应的新陈代谢速率遵循幂定律的指数是 2.25。由这个角度而言，它们显现出的性质并不像三维的体积的性质，而像是介于三维体积与二维平面之间的某种东西——特别像个完全被压皱的分形表面。数学家（至少对拓扑学家而言）会毫不犹豫地认定，这样的幂定律背后必然涉及有限体积内被压皱的分形表面。

仔细检视生物体之后，我们发觉生命系统中有许多特征看起来像分形。比方说动脉和静脉分布的形态本质上就是分形，这使得血液能够到达身体的每一处，同时避免动、静脉本身占据太多空间而使其他器官无容身之地。这种现象在肾脏中表现得特别明显，肾动脉与肾静脉以非常复杂的方式交织以交换液体。肾脏本身是有限的三维物体，而其中血管的长度趋近真正分形的无限。

当然，这个模拟在极致条件下不再成立。人类肾脏中的系统并不会无限分化，而只是很多次；从另一个方向看，我们也看不到肾脏包含于超级肾脏这样的递归，而是每个系统自成一格。虽然如此，但许多生命系统与分形的关系并不仅是模拟，比方说它也解释了为什么肺部中的二维表面能够大到允许氧气与二氧化碳快速交换，以支持生命体存活，尽管它们只占据了很小的空间。近似分形的自相似是生物组织的普遍特质，这也是体内工作能被有效率地执行的原因。先前也提到，制造出一个这样的系统所需 DNA 的生命编码可以非常简单，尤其是与想象中要构成肾脏这么复杂结构的确切蓝图所需信息相比较。正是潜藏于分形结构之下的简单规则，使得生物可以变得非常复杂，来适应世界的变迁以进行演化。

根据我们讨论过的，你可以有一个非常无趣的简单系统，像是周期为一的水龙头滴水；你也可以有很复杂的系统，本质上充满了随机振荡，不存在秩序而且结构也被破坏。但在两者之间，从简单的一侧看起，复杂度逐渐增加。从周期为一的水龙头滴水开始，产生越来越有趣的现象直到混沌突然介入。因此宇宙中最复杂、最有趣的事情发生于秩序即将破灭、混沌正要开始的一刻。正是在这个范畴内，我们发现水龙头以奇妙的节奏滴水，漩涡中的漩涡以令人惊讶的模式旋转，以及有着惊人复杂度的肾脏，或是一再折叠、类似分形的人类大脑皮质。我们已经看过秩序，也看过混沌，接着要探讨复杂的混沌边际。

第四章

混沌的边际

平衡本身没有太大意思，因为什么都没发生。但事物如何趋于平衡，就是个很有意思的问题。一个生物体最接近平衡状态的时刻是死亡。相较之下，“某物种是死的”比“它是如何死的”无趣多了，而这正是侦探小说或神秘谋杀故事之所以畅销的先决条件。

从某种程度上来看，古典热力学假定时间并不存在，系统被描述成在无限时间内，因无限小的改变而由一个状态改变到另一个。古典热力学也假设系统中不存在流动的能量，特别是热。但如我们先前在经由热扩散将氢与硫化氢分离的例子中所见，能量在系统中流动时会产生有趣的现象。尸体中没有显著的能量流动，但在你的身体里却有大量能量流动——食物经由新陈代谢产生的化学能量，供给肌肉及其他身体活动所需，最终以热的形式耗散掉。能量耗散是非平衡热力学的基本特质，我们能够以耗散的过程描述能量流动。它们也被称为开放系统，因为（不像 19 世纪热力学先驱所热爱的封闭气体盒子模型）它们并不与外在世界隔绝。在封闭系统中，我们发现时间倒转与庞加莱循环；在开放系统中，则遭遇到不可逆转性与时间方向性。

如第二章所述，古典热力学建立于一个矛盾之上。“动力”这个词是描述系统的改变方式的，但像熵这样的概念，却是在固定平衡的系统中计算出来的，这其中没有任何变化。平衡本身没有太大意思，因为什么都没发生。但事物如何趋于平衡，就是个很有意思的问题。一个生物体最接近平衡状态的时刻是死亡。相较之下，“某生物是死的”比“它是如何死的”无趣多了，而这正是侦探小说或神秘谋杀故事之所以畅销的先决条件。

耗散系统下的稳定状态

人们研究耗散过程时，很自然地应该先从接近平衡的系统与热扩散这类过程着手。如果系统接近平衡，它们通常会对外界变化产生线性反应，比方说在热扩散的过程中，我们改变一点点温度，系统就会以线性方式做微小改变。线性热力学的研究基础，是由美国布朗大学的挪威裔化学家拉斯·昂萨格（Lars Onsager, 1903—1976）在 20 世纪 30 年代早期（他在 1933 年转到耶鲁大学）所奠定的。他最大的贡献是发现了现今所谓的“倒易关系”（reciprocal relation），并因此获得诺贝尔奖（1968 年）。举例而言，在热扩散时，温度差异会造成气体混合比例差异，因此根据昂萨格的理论，要制造并保持混合比例差异，必须产生温度差异，才能引发热的流动。这种现象后来被实验证实，“倒易关系”后来也被称为热力学第二定律。

昂萨格提供给化学家一套工具，让他们能够研究耗散系统中不可逆的现象，至少对于能够使用线性规则的场合［“线性区域”（linear regime）］来说，情况是如此。而 1917 年出生于莫斯科的普里戈金将这组工具进行了充分运用；普里戈金 12 岁时随家人移民到比利时，1945 年他任职于布鲁塞尔大学。如同第一章提到的，普里戈金证明了线性区域中的耗散系统并不会进入对应于最大熵值的死亡状态（像是在平衡状态下该发生的），而是进入一个以最小速率产生熵的状态，这时耗散过程会以最缓慢的速度进行。这正是在热扩散过程中，气体浓度差异稳定于某特定温度差异下的情况，而普里戈金证明，这个规律普遍适用于线性的热力学系统。在线性区域中，事物会以稳定状态存在。比如人类可以利用身体中流动的能量（与食物）保持稳定的身体状态达数年之久，虽然在这个例子中，稳定状态终究会被尚未可知的原因打破。但成年人类的稳定状态，与从受精卵开始发展的新生命所发生的剧烈变化相比，有极大差别；后者显然是非线性过程。稍后再详细讨论。

接下来的20年中，普里戈金与他在布鲁塞尔的同事（被称为“布鲁塞尔学派”）专注于试图找出描述远离平衡，也就是微小的外界改变会对系统产生重大影响的非线性领域的数学模型。直到今天，这个梦想中的目标仍遥不可及，我们距离发展出确切理论还有好长一段路。幸好我们不需要知道太多细节，也无须卷入与这项研究相关的纷争，因为其中比较重要与广为接受的观点，都可以通过简单的物理和化学系统的行为被了解。我们只需关注一个重点，就是当这种系统被非线性方程式描述时，它会反馈产生重大效应。

普里戈金在这一过程中发展了一套他自己对时间本质，以及热力学和时间方向两者关系的想法；这可能是他在专业科学领域外成名的最大原因，也是我们之所以在这里提及的唯一原因。他想解开的谜题是，像人类这样精巧生命体的秩序，是如何从混乱中产生的？这里的混乱指的不是决定式的混沌，而是古希腊人的概念，例如当宇宙初生时气体的平均分布。但我们不会进一步钻研他这方面的研究，因为大多数物理学家觉得这是条死胡同，尤其是已经有很自然的方式可以解释宇宙中时间为何有箭头，特别是我们马上要讨论的：像人类这样有秩序的系统，如何能够从宇宙大爆炸之后几乎单调无序的状态中产生出来？

贝纳德的六角形对流胞

了解远离平衡、在非线性领域中的开放系统如何产生有趣现象的最佳起点，便是由法国科学家亨利·贝纳德（Henri Bénard，1874—1939）在1900年首次描述的一种现象。因为这种现象后来也被英国物理学家瑞利（Lord Rayleigh，1842—1919）研究，所以它被称为“贝纳德不稳定性”（Bénard instability）或是“瑞利－贝纳德不稳定性”（Rayleigh-Bénard instability）。一探究竟的最佳方法，是在平底锅中倒入一层薄薄的硅树脂油，在精密的控制条件下由锅底加热再观察其变化。油层厚度必须是一毫米左右，而且加热必须完全均匀。这个实验在厨房里就可以进行，但我们不建议任何人试图以这种方式加热一层薄油，类似的现象有时可以在用慢火将浓汤加热至沸腾的过程中看到。实验的重点在于，我们不想将油加热得太快，使得沸腾变得混乱无章。我们感兴趣的是混沌产生之前一刹那的现象。因为油是透明的，为了方便观察，我们通常在油里撒一些铝粉（煮汤时可千万别这么做）。

发生的现象当然就是对流。底层较热的液体扩张，密度变小，然后会向上穿越较冷、密度较高的油。如果加热不均匀，就没有什么问题，油会从最热的地方上升，在另一处下沉，流回最热点，从而构成一个对流胞。但在均匀加热的条件下，这种现象找不出特定的发生地点，液体底层存在一致的对称，所有液体同时都想要上升。一开始什么都没发生，但当上层保持冷却，而下层温度持续上升（温度梯度变得更陡）以至到达某个临界点时，平衡就被打破，均匀的液体表面会突然分裂成一组由六边形构成的对流胞。发生点取决于液体底部和顶端的温差，即温度梯度；而所形成的对流胞的表面大小，与油的厚度成比例。在每个对流胞中，热的液体由中央上升，流到边际，再从邻近对流胞处下沉。因为液体表面与空气接触，表面产生了张力，这使得表层向外扩散的液体会在对流胞中央形成酒窝似的效应，所以虽然液体由中央升起，但它的高度却比周边低一些。瑞利研究的情况有些许不同，他将两片板子中间灌入一层薄薄的液体，热的板子在下，冷的板子在上。因为此时不需考虑表面张力，其中所涉及的物理与数学知识都更简单，然而其所显现出的行为模式却将瑞利－贝纳德不稳定性与决定式混沌的发生，巧妙地连接在了一起。

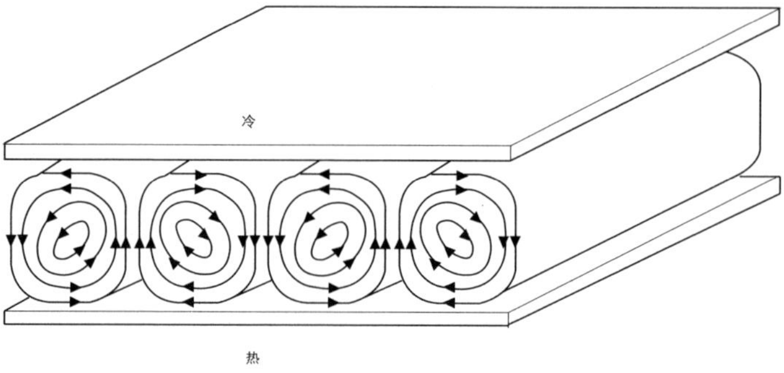

图 4.1　瑞利版本的贝纳德对流，形成一卷卷大致成方形的对流（像被压扁的瑞士卷）。

在这种简化的贝纳德对流实验中，我们在达到混沌的过程中可以观察到几个步骤。当对流开始，它呈现的形态像长条腊肠，因此液体表面显现出条纹。这些“腊肠”大致等距地排列，相邻的两条分别以顺时针与逆时针方向进行对流，如果不是这样，对流就无法平顺运作。但我们事先无法预测液体中哪一点将处于顺时针或逆时针的对流中，它们最终的表现完全是随机的。在这里，系统产生了由单一状态到成对状态的分歧。当温度梯度增加[①]，到达另一个临界点时，图案会突然变成所谓双模型式，这时有两组对流卷以垂直方式相互交错，产生了从上方看起来像格子衬衫的方形对流胞图案。液体组成的可能状态又再加倍，由二变为四；这是分歧作用的另一例，经由周期加倍到达混沌的变奏曲（当然瑞利对这些一无所知）。如果温度梯度（或瑞利数）够大，系统将显现出乱流形态的对流，这时会出现一些短暂的图像。但最有趣的稳定形态发生于混沌的边际，对于锅中的薄油而言，那就是因为表面张力而产生的蜂巢似的六角形图案。由于能量在这个开放系统中流动耗散，因此，它

① 严格说来，就是当瑞利数（Rayleigh Number）这个参数增加。这个参数不只取决于温度梯度，还取决于液体特性。

不处于稳定状态。这就是宇宙存在秩序的秘密，特别是生命的奥秘。每当你遇到秩序的存在，特别是生命的存在，你总是可以提醒自己："记得贝纳德的六角形对流胞吗？那就是同一回事。"

重力场具有负能量

一个远离平衡的系统，只有在开放环境中发生能量耗散时，才会显现出有趣性质，这时必然也存在外在的能量来源。在地球上，能量最终来自太阳，了解了太阳为什么发光，我们就能明白为什么秩序从混沌中产生，以及宇宙为什么存在时间方向。

想象有一群粒子（原子、砖头或任何东西），它们散布得无限远，然后我们轻轻推一把，使它们受重力影响而相互接近。在这个过程中，每个粒子会因动能增加而移动速度变得越来越快。这个能量来自重力场，正如同你用橡皮筋两端绑住两块石头，将它们拉开再松手，在储存于橡皮筋中的能量转换为动能的同时，石块会彼此朝对方方向移动。同样，粒子彼此接近时的动能来自重力场，但重力场的起始能量为 0，因此它现在拥有的动能一定小于 0，也就是负能量。在这些粒子形成星球之前，星球重力场就储存了许多负能量。有多少？你听了答案或许会大吃一惊，如果真是这样，你会有不少伙伴。

我曾讲过下面这则逸闻[①]，因为没有其他更好的方式可以突显我要讲的重点，而我也不该傻乎乎地以为读者都看过我先前写的书。时间拉回到 20 世纪 40 年代，那时物理学家已经意识到所谓的负效重力，但当时他们大部分都忙着参与与战争相关的工作，像美国的"曼哈顿计划"。

① 见《寻找大爆炸》（*In Search of the Big Bang*）。

乔治·伽莫夫（George Gamow, 1904—1968）是一名美籍俄裔物理学家，但他却被排除在机密计划之外，因为他出生于苏联。他热情洋溢，研究兴趣广泛，建立了第一个宇宙大爆炸的模型。他的战时贡献是担任位于华盛顿特区的美国海军军需处的顾问，任务是每两个星期带着一箱文件到普林斯顿给爱因斯坦过目。这些文件不算是什么机密，它们是由一些善良百姓想出来但大多不正确的想法与点子，他们认为对战事有帮助便寄给海军，海军则请爱因斯坦看一看其中有没有值得进一步研究的提议，其中包括了让大西洋结冰以阻止潜艇活动这样的建议。爱因斯坦当然可以一展去芜存菁的功夫，虽然以他在瑞士专利局工作的经验而言，他大可挑出更加高深的提议中的毛病。

有一天，当伽莫夫陪爱因斯坦从家中走到高等研究院时，他不经意地提到了他的同事量子物理学家帕斯库尔·约尔当（Pascual Jordan, 1902—1980）不久前提出的一个问题。那只是约尔当想出的一个疯狂点子，通常是学者在喝咖啡闲聊或在普林斯顿散步时提出来增添气氛的那种。约尔当对所有物体进行计算后发现，如果质量集中于一点，重力场具有的负能量将是“$-mc^2$”，这恰好会抵消掉它的正质能。换言之，正如伽莫夫对爱因斯坦所说，一个星球可以无中生有。“爱因斯坦停下脚步，”伽莫夫告诉我们[①]，“因为我们正在过马路，好几辆车必须停下来以免把我们压扁了。”

“由重力引发的不稳定是信息的来源”

值得强调的是，这不仅仅是一项模拟，或是我们选择度量能量的结

① 见伽莫夫的《我的世界线》（*My World Line*）。

果，而是宇宙在重力场运作下存在负能量的基本事实：对于集中于一点的物质来说，其负能量恰好抵消它的质能。这个让爱因斯坦停在马路中央的想法，当时并未造成太大影响，但40年后它是宇宙可能以此途径无中生有的理论基石。宇宙像个带着质量能量的泡泡，同时具有等量负能量的重力场，所以整个宇宙的能量为0；这个泡泡变大，它就成了我们今日所见的经历扩张的宇宙。这些在我的书《寻找大爆炸》中有详细讨论，这里唯一的重点是，我们知道宇宙起源于均匀状态的大爆炸。大爆炸发生的细节还有待讨论，但我们可以直接观测到它发生不久后的模样。

宇宙最重要的特性是它正持续扩张。所有我们在夜空中看到的星球，都属于银河系这个碟状星系，银河系存在几千亿个星球。而银河系还只是几千亿个星系中的其中之一，星系彼此以重力为纽带聚集成群，群与群之间随宇宙扩张而远离。这种扩张是由群体间的空间本身的伸展造成的，它也可以用爱因斯坦的广义相对论详加解释（事实上，由相对论可推导出这种现象）。如果星体现在越离越远，那么很明显的，它们在过去曾经比较接近，而如果回溯得够久，所有东西都可能结成一团。运用相对论加上现在宇宙扩张的速度，我们可以算出大爆炸距离现在的时间，大约是140亿年。

天文学有个很棒的特性，便是光线在空间旅行得花费一定的时间，所以我们看到的很远的东西，那是它们在很久前的状态。例如一个离我们千万光年远的星系，当我们看到它时，光是千万年前从那里离开的。如果你将“宇宙诞生”的时间定为0然后往后算，那么我们所能利用仪器“看”到最远的过去，大约是宇宙形成30万年的纪元，那是一大片均匀分布的炙热气体（准确地说，是电浆），差不多和太阳表面温度相当，大约是6000℃。

随着它的老化以及宇宙的扩张，这个大火球的辐射逐渐冷却（正如同封闭盒子中的气体会因盒子扩张而冷却），在今天只能以微弱的无线电噪声的形式被侦测到。从天空各方向测量到的“宇宙微波背景辐射”（cosmic microwave background radiation）差异极小，这代表后来形成星球星系的炙热气体，当初在空间中的分布密度相近，但不完全均匀。在某些地方，气体的密度要比其他地方稍高一些。密度较高的地区将会经由重力吸引更多物质，从而增添宇宙的不规则性，这造成了今日我们所见的景况——物质集中于明亮星球构成的星系，以及它们之间广大的黑暗空间。

这与我们研究地球上一个盒子内的气体所得到的结论有很大差别。当盒子中气体分子彼此间的重力被忽略时，气体盒子的最大熵值，发生于气体在相同温度下均匀地散布于盒中的状态。但当气体中各分子间的重力不能被忽略时，正如同太空中大量聚集的气体与微尘，重力可将物质聚成一块，它会创造更多秩序而且同时降低熵值。如保罗·戴维斯曾说：“由重力引发的不稳定是信息的来源。”[①] 更多的信息代表更少的熵，所以它意指当信息从崩塌中的一团气体的重力场被“产生出来”时，这个重力场正一边产生负能量，一边吞噬熵。重力场的负能量使熵以这种方式被吞噬，这也解释了为什么宇宙现今并不处于热力平衡状态。

时间的箭头由重力决定

让我们先离开宇宙这个大题目，将焦点拉回地球生命的起源。重点在于重力扮演了制造骨牌效应的角色，不是寥寥几张骨牌，而是那种为了拼奖金、破纪录的大型骨牌阵势。一步步地，重力持续增添宇宙中的条理，直到产生出聪明到能思考这一切是如何发生的生命体出现。在此

① 见戴维斯的《第五奇迹》（*The Fifth Miracle*）。

不提恒星作用的细节。[①]但我们可以看到，恒星及其周围环境处于热力不平衡状态。因此，我们在寒冷的空间中有一个炽热的恒星，因此能量从恒星中涌出，试图平衡内外的温度，热力的时间箭头，指向能量由恒星流出的方向，而热力学推导出的未来也和大爆炸以来产生的时间方向一致，这并非巧合，因为重力在两者间都扮演着重要角色。时间的箭头最终由重力决定。

像地球这样的行星，置身于由恒星释放出的能量流中，这使得整个行星表面形成开放、发散的系统。所有地球表面的生命都依赖这种能量，在混沌的边缘维持脱离平衡的状态。[②]植物以光合作用直接从阳光中取得能量，食草动物从植物中获取能量，食肉动物由其他动物身上得到能量；这些全都来自太阳，而一切都要归功于重力。然而，这些系统利用能量将自己建构成看起来复杂的形体的方法却很简单。才华洋溢的数学家艾伦·图灵（Alan Turing, 1912—1954）在半个世纪前就大胆地试图解释我们所已知的最复杂的变化——胚胎如何从单一细胞发展开来，我们从他的思维中就能清楚地看出答案。图灵的才智远超越他所属的时代，而他在这个领域的贡献，直到死后许久才被认同；但以事后之明看来，在我们所要讲述的科学发展历程中，这个时机合理地串接起了整个过程。

现代计算机的基础

图灵 1912 年 6 月 23 日生于伦敦的帕丁顿（Paddington），他是著

---

① 我在《星尘》(*Stardust*) 中讨论的议题。

② 能量也来自地球内部，主要来自地核元素的辐射衰变。这些辐射物质产生于以前世代的恒星，并因这些星体爆炸散布到太空，成为形成太阳系星际星云中的一部分。因此这些能量来源最终也归功于重力。依赖这种从海底热孔流出的能量维生的生物，可能完全不需要来自阳光的能量，但它们和我们一样都是重力的产物。

名的密码学家，是第二次世界大战时白金汉郡布莱切利公园（Bletchley Park）中破解德国密码［包括著名的“谜团”密码（Enigmacode）］团队的灵魂人物。那时他醉心于探讨人工智能的可能性，也就是能解决任何问题的“万能计算机”（今日也被称为“图灵机”）。对探索人类智慧如何发展的兴趣，使他延伸出了关于胚胎成长的思考。要不是因为同性恋倾向（当时在英国仍是非法的）而受当局骚扰，因此在 1954 年 6 月 7 日 42 岁生日前不久，吃下沾有氰化物的苹果自杀，他的成就必然不止于此。图灵 1934 年毕业于剑桥的国王学院（King's College），留校工作两年后到美国普林斯顿大学求学，并在那里获得了博士学位，他于 1938 年返回国王学院。他在 1936 年发表了一篇题为《论可计算数及其在判定问题上的应用》（*On Computable Numbers*）的论文，论文提出了图灵机的概念。当时图灵机纯属想象中的装置，是某种用于描绘假设性的万能计算机逻辑结构的“心智实验”。图灵在这篇论文中阐述的主要原理，后来成了现代计算机的基础。

图灵想象中的机器，是把一条很长的纸带（原则上是无限长）划分成许多小格子，格子中存着可以被读、写或涂抹掉的数字或符号。图灵心中想的是一条生活中可用铅笔写上东西的纸带，必要时，也可以用橡皮擦掉重写。今天这个创意可被看作类似录音带的磁带，甚至计算机中的硬盘，或是可供读写的晶体管的随机存取内存，它们逻辑上的作用都相同：从一个格子上读取数字，告诉机器对准带子的位置向前移或是向后移（在内存中），如何利用读取的信息算出新的数字，何时再写进一个格子里。比如，一个格子中的数字告诉机器将下面两个格子的数字加总，再将答案写入这两个格子后面的下一个格子。如果带子上的指令足够明确，机器可以处理任何计算。从一端或是特定格子开始，机器会沿着带子缓慢移动，有时向前，有时往后，根据它读到的指令（例如从“加”变到“乘”）改变内部的状态，并不断地擦去方格中的数字，同时写下新数字，最终停留在另一端，或任何特定位置，而过程中它所写下的数字，就是原来题目的答案。根据某一格子内的数字，机器总是知道如何进行下一步。图灵证明了存在某种通用机器（现在称为“通用图灵机”），能够解答所有可用符号语言表达的问题。以图灵自己的话来说，那是一台可以：

> ……用来取代执行特定工作的机器，也就是说，如果带子上载明适当的“指令”并被送入机器，那么它能执行各种计算。

对宇宙最简短的叙述，就是宇宙本身

即使当今对计算机所知有限的用户，也能明白计算机的简单原理，用储存于内存中的软件程序代替带子，计算机硬件代替图灵机，只是我们很难领会在1936年这是多么伟大的突破。图灵的论文也提出了对于了解生命与其他复杂系统相关的深奥议题。大多数情况下，图灵机的优点在于，告诉它如何执行运算的指令（算法），远比计算出的结果简洁。例如用一个相当短的算法代表 π 值，而不需要真正写出无限多的代表 π 的一串数字。在许多应用上，这个算法就是 π。举个更简单的例子，我们熟知的“乘法”就是这种算法，虽然在日常生活中我们几乎不会用6×9代替54这个数字。图灵证明了某些系统无法以算法“简化”，而它们最简洁的表现方式就是它们本身——这是先前我们从另一个方向探讨混沌时遇到的关键概念。特别值得注意的是，如同我们提过的，对宇宙最简短的叙述，就是宇宙本身。

在第二次世界大战爆发前，图灵就试图建造一个能依照这些指令运作的真实机器，尽管在某些方面它还不能被视为通用计算器。图灵在布莱切利公园从事破解密码工作时，英国的一项机密计划的执行人员的确做出了第一台可被程控的电子计算机。战后数年间，图灵持续进行设计电脑的工作，他先是在国家物理实验室（National Physical Laboratory，简称 NPL）工作，然后（从 1948 年开始）又换到在曼彻斯特大学。破解密码产生出发展计算机的原动力，这使得理查德森在有生之年可以见到他关于数据化天气预测这一梦想的实现，而这也引导罗伦兹再度发现了混沌。

描述生物发展的数学工具

然而图灵的视野早已更向前拓展。在 1947 至 1948 年间，他由国家物理实验室外调到了剑桥，他写了一篇从未发表的论文，探讨今日我们所谓的“类神经网络”，试图展示某个复杂的机械系统，无须借助外在控制便能够自行从经验中学习。到了 1950 年定居曼彻斯特时，图灵将从机械系统与电子计算机上累积的足够多的知识应用到了生物系统与人脑的研究上。他的研究兴趣从这里转移到胚胎发育上，因为图灵并不只对人脑的成长与形成感兴趣，他还对各种生物由简单形态开始发育的方式感兴趣，那是因为年轻时阅读了达西·汤普森（D’Arcy Thompson）的经典著作《生长和形态》（*On Growth and Form*）。在 1951 年因为在计算机科学上的贡献被选为英国皇家学会（Royal Society）会员时，他已经着手于生物研究了，如果不是英年早逝，他可以在这方面做出更大的科学贡献。即使是图灵，也无法凭借 20 世纪 50 年代初期人类对生物学的知识，直接推导出人脑如何形成网络链接的模型，毕竟直到 1953 年，剑桥大学的弗朗西斯·克里克（Francis Crick，1916—2004）与詹姆斯·沃森（James Watson，1928—）才发现了代表生命分子DNA的双螺旋结构。图灵直接研究的基本问题是：结构如何从几乎是圆形且没有任何特征的原始受精卵胞囊中产生的？从数学角度看，这种打破平衡的问题，物理学家在别的场合已经遇到过（至少贝纳德对流是这样）。某种磁性物质受热再冷却的过程，是破坏平衡很好的例子。类似铁的磁性物质可被视为一群微小的偶极子，像是小磁棒一样。当温度高于所谓的"居里点"［以1895年发现这个性质的皮埃尔·居里（Pierre Curie，1875—1906）来命名，皮埃尔·居里为居里夫人的丈夫］的临界点时，因为热能足以打破这些偶极子之间的磁性，所以它们可以任意旋转并以随机方式混合，偶极子无固定方向也就无法形成整体磁场。以磁学的术语来说，这种物质具有圆形对称，因为它没有特定的磁性方向。当温度降到居里点（760℃）之下，偶极子之间的磁力将克服打散它们的热能，而排列整齐，形成具有南北极的磁场。原先的对称被打破了，这种改变被称为"相变"（phase transition），好比水在0℃时会以相变的方式变成冰。相变的概念在粒子物理学上也有重要应用，在这里就不多介绍了。重点是，虽然这种观念在1950年之前还未被广泛地运用在生物学上，但对于当时探讨生物发展理论的数学家而言，从打破平衡的角度思考，再进一步建构描述这种转换本质的数学工具，是一件很自然的事情。

1952年，图灵发表了一篇论文，内容描述了均匀混合的不同化学物质，可能因内部扩散作用而自发地打破原先的平衡。这篇论文的标题直接点出了它和生物学的关联——《形态发生的化学基础》（*The Chemical Basis of Morphogenesis*）。①

① 见1952年《皇家学会哲学通讯》（*Philosophical Transactions of the Royal Society*, volume B237, P.37）。这是目前整个理论生物学领域最有影响力的论文之一。

图灵扩散反应

乍看之下，图灵的提议完全和一般人的直觉背道而驰。我们会期待扩散作用将物质混合然后打破图案，而非创造出原先不存在的图案。一个鲜明的例子是，将一滴墨汁滴入一杯水中，它将扩散并最终均匀混合于整个杯子中；而图灵好像在讲一种在这种尺度下逆转热力学的过程，它将时间箭头反转，使一杯均匀混合的墨汁与水转变成一滴墨汁与一杯清水。但实际上并非如此，图灵思考的关键在于，他所描述的图案形成过程涉及两种以上互相作用的化学物质。

一切都涉及所谓“催化”的过程，某一特殊化学物质（催化剂，catalyst）会促使某一特定化学反应发生。某些情况下，混合物中某种物质（用字母 A 表示）的存在可以促使许多化合物的产生。这种反应被称为“自动催化”反应，因为存在越多的 A，就会使更多的 A 被产生，可见这是正面反馈非线性运作的另一个例子。另外，也有些化学物质以相反的方式运作，也就是抑制某种化学反应；它们被称为“抑制剂”（inhibitor）。我们没有理由假设单一物质不能同时催化一种以上的化学反应。图灵计算出了混合的化学物质中可能出现的图案，催化剂 A 不单能促进更多的 A 产生，还可以产生另一种化合物 B，它同时也是抑制剂，使 A 的产生速率降低。他的论点关键在于，一旦 A 与 B 在混合物中以不同速率产生，可能在某处 A 比 B 多，其他地方则 B 多于 A。图灵只能用最简单的方程式计算各处的 A、B 的量，因为当时电子计算机数量极少，计算能力也有限，所以他必须用纸笔计算。这迫使他利用线性近似的方法模拟真实的非线性方程式，而这些方程式非常不稳定，在某处发生的一些微小计算误差会产生巨大的后续差异。因此图灵只能计算最简单的系统，但这已足以让他窥见各种可能性。图灵知道对此进行的全面性的研究有赖于数字计算机的进步，所以他将 1952 年那篇论文中所提出的基本概念，已尽所能地向前推进，他说明了 A 与 B 之间的竞争是如何成为图案形成的关键，因为 B 必须在混合物中扩散得比 A 快，因此虽有 A 经由自动催化反馈机制而急剧增长的局部现象，但 B 对 A 的抑制却是普遍的现象。另外，因为 B 产生后会快速扩散，这表示它并不会在生成处完全阻止 A 的产生。

为了得到较具体的概念，我们可以想象一下玻璃罐中静静地存在混合的化学物质。因为随机振荡，液体中某处有较高浓度的 A，从而加速促使 A 与 B 在这个地方生成。大多数的 B 会经扩散离开这些点，并且抑制 A 在这些点之间的空间生成，而自动催化效应使得更多 A（与 B）持续在这些点生成（在原先的混合物中，某些点也会因随机振荡使 B 的浓度升高，但这些地方就不会发生任何有意思的反应）。假设 A 是红色，B 是绿色，我们就会看到原先没有特征的均匀混合液体，将自行变成一罐在固定位置上产生许多红点的绿色液体混合物（只要液体不被搅动）。产生的图案将很稳定，但在这个例子中它是动态的过程，只要原料供给源源不断，新的 A 与 B 便会被不断制造出来，而制成品将被排出。用我们应该已经熟悉的术语讲，如果这是一个被维持在非平衡状态的开放耗散系统，它产生的图案可以持久稳定。图灵也讨论了在液体中借由颜色扩散产生图案变化的数学系统，对旁观者而言，这将更容易看出动态变化（如果这些系统真的可以用实验做出）。现在，A 这种自动催化物质被称为“促进剂”（actuator），而 B 仍被称为抑制剂；图灵本人倒没有用这些名词，他称B为“毒药”[①]。虽然这看起来与胚胎发育（更不用说人脑）有一大段距离，但图灵研究成果的精髓在于，他指出，一种化学方式可

① 图灵似乎对毒药有某种狂热。他的传记作者安德鲁·霍奇斯（Andrew Hodges）提到，图灵于 1938 年在剑桥看电影《白雪公主》时，深深着迷于坏巫婆将一颗苹果放入滚烫的毒汁中并喃喃自语道“把苹果送进汤，泡出死亡给人唱”的那一幕。显然，图灵反复吟诵这两句台词，直到一语成谶。

以自发地打破起始时的均衡，并形成原先不存在的图案——如果真的有某种以这一方式运作的化学系统。

时间的箭头不停地前后翻转

虽然图灵的想法引人入胜，他的论文也对今日的理论生物学界有极其重大的影响，但这在20世纪50至60年代并未吸引化学家与生物学家的注意，这完全是因为没有人知道任何真实化学系统会以他所描述的数学模型运作。只有一个人例外，他就是苏联的生化学家鲍里斯·贝洛索夫（Boris Belousov）。他没有读过《皇家学会哲学通讯》的文章，也并不知道图灵的研究，正如同图灵直到死也从不知道贝洛索夫的研究。在20世纪50年初期，贝洛索夫任职于苏联卫生部，他对葡萄糖在体内分解释放能量的过程感兴趣。那时他已五十出头，一般说来，这对于可能做出任何重大发现的科学家而言老了一些。他曾在军事实验室工作，关于这方面的记录不多，他在第二次世界大战结束后，退休前曾在军中拥有相当于上校的军衔，这对一名化学家而言相当罕见。与其他新陈代谢过程类似，贝洛索夫研究的葡萄糖分解依赖酵素的作用；酵素是在化学反应各步骤中，适时地扮演催化剂角色的各种不同蛋白质的组合。贝洛索夫调制了一组化学混合物，他认为它们可能模仿出这个过程中的一些特征。结果令人吃惊，他眼前的液体由透明无色转变为黄色，然后再转变回透明无色，之后有规律地重复着。这就像是他坐在一杯红酒前，看着颜色消失再重新出现，不止一次，而像变魔术般一直重复。以人们当时对热力学第二定律的了解，这是不可思议的。如果黄色代表具有更高熵值的较稳定状态，液体由透明变为黄色完全合理。而如果透明代表具有更高熵值的状态，从黄色变为透明也有道理。但两个状态不能同时具有比对方高的熵值。用19世纪当时关于热力学与时间之间关系的概念来说，这就像时间的箭头在液体中不停地前后翻转一样。

如果贝洛索夫知道前人的某些研究，他就不会那么吃惊了。从某种程度而言，这些研究成果预言了他的实验以及图灵的数学模型。1910年，擅长数学模型的美国科学家阿弗雷德·洛特卡（Alfred Lotka，1880—1949）想出了描述某种假设性化学系统的数学模型，它先制造出一种化合物，然后转而制造另一种化合物，再回头制造第一种化合物，如此反复振荡。[①]有一个巧妙的例子可以显示，乍看之下发生于不同场合的反馈系统，通常可以用同一定律描述。20世纪30年代，意大利科学家维多·沃尔泰拉（Vito Volterra, 1860—1940）以两种鱼群数量消长的方式，完美地呈现了洛特卡方程式；当一种鱼为猎食者而另一种为猎物时，它们之间的互动会产生一种族群数量变化周期——一种数量暴增，再换成另一种，如此循环不断。早在1921年，当时任职于加州大学伯克利分校的加拿大裔化学家威廉·布雷（William Bray, 1879—1946）发现，过氧化氢与碘发生的化学反应会产生碘与氧这两种产物，而它们之间的比例会产生类似洛特卡描述的振荡情形。虽然布雷宣布他的发现引述了洛特卡的模型，但学界基本的反应是，既然这个结果违反了热力学第二定律，那么这个实验必然有问题，因此所谓的“发现”必然只是操作与读取数据时不小心的人为错误。1951年，也就是图灵发表经典论文的前一年，当贝洛索夫试图发表他的发现时，他遭遇了几乎相同的反对声，而那时洛特卡、沃尔泰拉和布雷早已不在人世。一位接到他投稿的期刊编辑说，贝洛索夫的结果违反了热力学第二定律，所以实验过程必然有误。

---

① 这种振荡系统现在被称为“化学钟”，因为它们有规律的节奏；但这种规则性只是相对的，它们实在不足以被拿来当成钟使用。

“除了在最深的羞辱中崩溃，别无选择”

从英国天文学家、物理学家亚瑟·爱丁顿（Arthur Eddington，1882—1944）所写的一段名言，我们可以看出热力学第二定律的地位差不多等同于《圣经》。他在 1928 年由剑桥大学出版社发行的《物理世界的本质》(*The Nature of the Physical World*) 中写道：

> 我认为熵永远增加的定律，也就是热力学第二定律，在所有自然定律中具有至高无上的地位。如果有人告诉你，你最心爱的关于宇宙的理论和麦克斯韦方程组有冲突，那么麦克斯韦方程组也许不真是那么好。如果某种理论与实际观测不符，说不定这些做实验的专家们搞错了，这也是发生过的。但如果你的理论违反了热力学第二定律，我就完全帮不上忙了，除了在最深的羞辱中崩溃，别无选择。

将最后一句话中的“理论”以“实验”来替代，差不多就是贝洛索夫得到的反应；他是个糟糕的实验专家，应该“在最深的羞辱中崩溃”。我必须承认以前我在得到爱丁顿同意后曾引用过这段话，但并未解释其背景。爱丁顿心目中的第二定律在当时并非他认为的那么完善，还必须考虑到当重力介入时的非平衡情况。不过在 1951 年时没人了解这一点。

贝洛索夫对论文被拒绝的反应大致与我们所预期的相同，以他的年纪与背景，他为实验专业能力遭到质疑感到耻辱，既然他的研究结果受到如此对待，他决定不再从事这方面的工作。他的一位年轻同事 S.E. 司诺（S.E. Shnoll）试图劝他坚持下去，但没成功。几年尝试发表都遭遇了失败，贝洛索夫在 1959 年将他的发现写成两页摘要，偷偷地附在一篇毫不相干、前一年在莫斯科召开的放射线医学会议出现的报告中发表，然后彻底放弃了相关的工作。[1]这次会议的论文集（不需经过同侪审查或经编辑同意）只以俄文发表，在苏联之外几乎没人读，即使在苏联本土，阅读的人也不多。但司诺对贝洛索夫的研究仍感兴趣。20世纪60年代，司诺把这个题目告诉了他的研究生阿纳托利·扎鲍廷斯基（Anatoly Zhabotinsky，1938—2008），鼓励他接下贝洛索夫的接力棒。下一代的化学家中，只有一位有兴趣继续研究贝洛索夫的两页摘要，但只要有一位就足以保存这项发现，进而引起科学界的注意。

“贝洛索夫 - 扎鲍廷斯基反应”

扎鲍廷斯基当时是莫斯科公立大学的研究生，当他知道贝洛索夫的研究时，他就对这个问题相当感兴趣，他准备自己试一试（当你的指导教授“建议”你了解某个研究问题时，想要不感兴趣也难）。他先验证了贝洛索夫所描述的现象，接着进一步变换原料，直到产生出一种颜色会从红变蓝再变回红色的混合物。由一名学生接手这个构想并非意外，因为年轻研究人员通常较资深者更不受传统束缚，而且他们比较愿意接受既有定律被打破的各种可能性（虽然大多情况下，定律都经得起挑战）。扎鲍廷斯基于1968年在布拉格的一场国际性会议中发表了这个结果，这是西方科学家首度知道后来被称为“贝洛索夫–扎鲍廷斯基反应”（Belousov–Zhabotinsky，简称BZ反应）的有趣现象。这产生了相当大的影响，因为有许多与会者已经知道图灵的研究，但如我们之前所见，他们还不知道图灵的研究与真实化学系统能产生关联。与图灵不同，贝洛

① 当初被拒绝刊登的论文英译版，终于在1985年发表于由R.J.费尔德（R.J. Field）和M.博格（M. Burger）所编的《化学系统中的振荡与行波》（*Oscillations and Travelling Waves in Chemical Systems*, Wiley, New York）中。

索夫得以在有生之年看到自己的研究被重视；但他于1970年去世，并没看到这种反应的重要性被全盘肯定。

不出人所料，第一位理解扎鲍廷斯基的研究并发展出一套描述这种振荡的理论模型的人是普里戈金。他曾在1952年于英国和图灵会面，那时图灵刚完成制造图案的化学反应论文。普里戈金后来在布鲁塞尔与同事勒菲弗（René Lefever）共同研究，他从图灵的研究出发，于1968年创造出了一个模型，其中两种化学物质在经过几个反应阶段后，被转变成另外两种物质，在反应过程中还会产生另外两种短暂存在的物质，这被称为“布鲁塞尔模型”（Brusselator）；我们不需要探讨它的运作细节（虽然它们只比图灵制造斑点的模型复杂一点），重点是这些反应涉及反馈与非线性性质。如果我们假设这一连串反应中的产物分别是蓝色与红色，那么布鲁塞尔模型告诉我们，只要混合物被保持在远离平衡的发散状态，不断加入新物质并移走最终产物，它将规律地由红色变为蓝色然后再变回去，它不会像热力学第二定律所预测的那样停留在均匀紫色的状态。整个过程印证了普里戈金与他的伙伴早先提出的对热力学第二定律远离平衡时该如何被修正的见解。

有趣的情况都发生在混沌边缘

20世纪70年代，建立模型与探讨能够经由自组织自行产生出结构的真实化学系统的这两个方向，都取得了长足进步。在实验方面，化学家很快找到各种方式让颜色在化学混合物中一波波地推进；在BZ反应中，将适当调和的化学混合物置入浅碟中，将可能产生出呈同心圆或螺旋状、由内向外扩展的红、蓝色图案。接下来的几十年出现了各种不同模式的类似实验，到了20世纪90年代，化学家们终于找出了产生如图灵当初所称的“静止”(stationary)斑点图案的方法。20 世纪 70 年代初，美国俄勒冈大学的研究团队进一步探讨 BZ 反应的化学细节，他们在改变整体颜色的一连串交互作用化学反应中，发现至少有 30 种不同的物质产生，其中也包括一些类似布鲁塞尔模型中短暂存在的中间物质。这使得他们在 1974 年仅用了 6 种化学物质，就建立出一个显现 BZ 反应主要过程的模型；它们在五个阶段中相互作用，其中包括最重要的自我催化作用。他们的模型与图灵模型、布鲁塞尔模型的差别在于，其他两种模型只处理标示为 A、B 等的虚构物质，而俄勒冈团队的模型运用的是产生真实化学反应的真实化学物质，这种类型被称为“俄勒冈模型”(Oregonator)。我们也不再探讨其中的细节，重点在于由自组织组成、看起来似乎很复杂的图案，可以借由少数简单反应达成。

不只如此，事实上我们有可能将 BZ 混合物设定于一致不变的状态——如果不添加任何物质，只要等久一点它终将自行稳定。这时如果加入一些反应物质，先前描述的振荡行为又会出现——系统由周期一状态转为周期二状态并出现了分歧。你可以猜到接下来发生的事。如果逐渐增加新物质同时提高“没用的产品”从系统中移出的速率，到达某个临界点时，振荡的模式将变得更复杂，显现出双重节奏，这时系统进一步分化成为由四个状态构成的周期。继续增加反应物添加速率，将出现类似滴水水龙头与其他先前提过的例子中发生的一连串周期加倍现象，周期模式将越来越不明显，系统将越过边际进入混沌(在这个例子中，实际上非常快，超过了周期四之后，一切都在一瞬间发生)。所有我们曾经描述的有趣情况，特别是自组织以及由一致状态的系统中自发产生的模式，都发生在混沌边缘。这一切都如同先前讨论过的例子，可以用相空间、极限循环以及吸引子的语言解释。甚至有证据显示，在相空间中存在的奇妙吸引子及其轨迹，可以描述BZ反应的演化。[①] 虽然我们乐于看到这一切都与主题有关，但我们似乎偏离了图灵希望从成长胚胎中发展出图案与形状的胚胎学角度，进而离深入了解新陈代谢的议题越来越远。其实不然。虽然他的想法还有待验证是否真能够对胚胎发育的研究做出重大贡献（许多相关研究正在进行），但在一个特定领域中，它们显然非常成功。

动物外表图案的产生

图灵式机制成功地解释了涉及哺乳动物皮毛上斑点与条纹之类标记的形成方式，它也可以被用来解释其他动物身体表面图案的形成原因。詹姆斯·莫瑞（James Murray，1931—）对于这项研究的贡献很大，他原先执教于牛津大学，后来转至西雅图的华盛顿大学。他将许多研究发现总结在一篇名为《豹的斑点怎么来的》（*How the Leopard Gets Its Spot*）的通俗文章中，这篇文章发表于1988年的《科学美国人》（*Scientific American*）的杂志上[②]；至于比较详尽且涉及技术性细节的描述，可以参阅他的著作《数学生物学》（*Mathematical Biology*）这本书。莫瑞发现，不仅豹的斑点、斑马的条纹、长颈鹿的块状图案，甚至老鼠或大象身上看不出的图案等，都可以用一个简单的过程解释，这个过程涉及胚胎在成长早期一个关键阶段中，促进与抑制化学物质在胚胎表面的扩散。没有人能证明这就是动物外表图案形成的方式，但如果以这种方式解释，形成的图案就是我们所见的那样。这一想法十分吸引人，倒不只是因为

---

① 这个现象于1983年被得克萨斯大学奥斯汀分校的一个团队证实，其中包括哈利·史温尼（Harry Swinney，1939—），他后来成为最先制造出“图灵斑点”图案的学者之一。

② Volume 258, number 3, p.80。

它很简单。一方面，当把 DNA 视为储存建造个体指令的数据库时，储存“在这个阶段释放出这两种化学物质”所需的空间，要少于（利用计算机的模拟将占用更少的内存）字面蓝图描述每一斑点与条纹在成熟个体上的确切位置所需的空间。另一方面，让一种机制描述为何各种不同动物有不同的图案，以及为什么有些动物外表没有图案，比起每一种动物外表图案的产生有不同的解释说法来得更简洁。由图灵首创并由莫瑞与他同时代科学家所倡议的简单机制，终于对人们了解进化机制提供了重要帮助。在科学世界里，对某一问题最简单的答案并不见得就是对的，这个原则被称为“奥卡姆的剃刀”(Ockham's Razor)[①]，它在大多数的情况下是值得信赖的经验法则；但在没有其他足够理由的情况下，我们当然应该选择最简单的答案。对于目前讨论的议题，图灵式的过程提供了解开这个谜题最简单的答案。

我们在哺乳动物表面所见到的图案，不是由皮肤的颜色造成的，就是由特定皮肤区域长出的毛发颜色造成的。无论哪一种方式，在皮肤中必然存在某种决定颜色的物质。造成图案的颜色出人意料得少——黑、白、棕，以及一系列橘黄色——这差不多就是在一只杂色猫身上能找到的颜色。颜色取决于皮肤细胞是否能产生出两种色素，颜色的深浅由每一种色素的多寡决定——真黑素（eumelanin）制造出棕黑色，棕黑素（phaeomelanin）显现出橘黄色（若是两种色素都不存在，毛发或皮肤将呈现白色）。莫瑞的成就在于，他告诉我们，即使我们不知道涉及其中的确切化学物质，我们在活生生动物身上看到的图案，完全符合经由发育早期的胚胎表面上促进及抑制物质交互作用所产生的图灵反应导致的扩散结果，这个过程发生于胚胎受精后几周内（以斑马为例，有证据显示，皮肤的图案在受孕后 21 到 35 天之间就形成了，整个妊娠期是 360

① 以英国逻辑与哲学家威廉·奥卡姆（William of Ockham，1285—1349）的名字命名，他说“除非必要，否则不应该多做假设”。

天）。如果某一化学物质当时也激发细胞产生色素的能力，这将使得在浅碟版本 BZ 反应中产生出的那种图案，以不可见的方式烙印在这些细胞里，这种图案只会显现于生命的未来，当另一种化学开关（或因毛发增长）发出开始制造色素的指令时，皮肤上的所有细胞都会接收到这个指令，但只有早期在图灵反应中被烙印过的细胞才会执行。

图案决定于胚胎发育早期

因此莫瑞不需要太过介意其中的生化过程，他要做的“只是”发展出一套能够预测哺乳动物胚胎成长的不同阶段中，依照它们表面所发生的图灵反应将可能产生出的各种图案的数学模型。因为整个过程涉及穿过这些胚胎表面的波动，所以表面的大小与形状都会影响反应制造出的图案。莫瑞指出，这种情况有些类似一面鼓发出的声音，取决于鼓皮的大小及形状，因为不同频率的声波恰好对应不同大小的鼓皮（虽然实际物理过程大不相同，但这两种系统之间存在相当接近的数学模型）。他发现，如果图灵过程展开时胚胎的表面太小，它将无法形成任何图案。没有足够的让这种机制得以运作的空间，或者你想以对应于不同大小鼓皮所产生的各种“波长”的方式思考，当波长大于鼓皮，细节将无法显现，这就像是用油漆辊在一块小画布上绘出精致细节。另一种极端的情况是，当表面非常大时，整个反应过程将复杂到令任何图案都无法产生。这就好像当许多人在房里同时进行交谈，人们听到的会是一种嘈杂的声音。然而，在非常大的表面仍旧可能产生微小尺度的图案模式，如果你仔细观察，将发现大象表面毛色并非一致，但远远看来就只表现出一种颜色，如同点彩派画家所做的油画中，色点之间存在微妙的结构，但隔着一段距离欣赏就只会看到均匀色彩（也如同在充满交谈者的房间里，虽说有一致的背景噪声，但我们还是可以听出邻近的人说些什么）。因此，根据这个模型，极大与极小的哺乳动物没有表面图案，这正是我们在大自然中观察到的。但在两种极端之间呢?

从小尺寸逐渐增大来看，最先形成的图案是宽带纹，然后是细条纹，接着是斑点，最后是由细条纹分开的大斑块，然后，所有斑块就会混成一色。整体的图案模式与自然界中的实例类似，从豹的斑点到斑马或老虎的条纹，再到长颈鹿的斑块。如莫瑞在他的书中所说：

> 我们在模型产生的图案与多种动物身上的图案之间，看到了惊人的相似。即使在模拟时对各种参数加以限制，依旧能产生出可观数量的图案。这些图案取决于参与反应表面的形状与大小，虽然日后的成长会扭曲原始的图案……但单一机制便能产生所有观察到的哺乳动物外表，这是相当有说服力的说法。

当然，动物不见得一定会有图案，即使相关的生化机制确实存在。这种机制可以被关掉，我们从进化的角度很容易看出，比如像北极熊就只有单一的白色外表。但当图案显现时，由表面大小产生不同图案的关联性，我们可以从猫科动物的尾巴上找到一个十分有趣的例子。对于基本上是柱状的尾巴，图案可能是斑点或环绕尾巴的圆环。但像美洲豹，即使开始时以斑点覆盖，到了尾巴末端，尾尖上形成的仍是条纹图案，这与模型所预测的条纹出现在较小表面，斑点出现在较大表面的结果一致。

这个模型有个重要特质，动物表面图案并非取决于成年动物的大小与形状，而取决于图灵式的过程发生时胚胎的大小与形状。当然，大象胚胎会比老鼠胚胎大；但胚胎大小的重要性可以从两种斑马——草原斑马（Equus burchelli）与格利威斑马（Equus grevyi）——的不同条纹的对比中得到完美的印证。前者有较少、较宽的条纹，虽然成年动物体型差不多，但将两种斑马放在一块我们就很容易看出差别。20 世纪 70 年代，J.B.L. 巴德（J.B.L. Bard）计算了两种斑马的条纹数目，并考虑了生长过程中图案被扭曲的方式，他宣称，草原斑马的条纹必然在胚胎受精 21 天时被决定，而格利威斑马的图案则是在 35 天时被决定。这早在莫瑞运用图灵效果建立数学模型之前便为人所知，但这个差别完美地呼应了模型预测。基因与环境（先天与后天）的这种戏剧性结合，在 2002 年初第一只克隆猫诞生时就充分显现了出来。因为具有多种颜色的动物身上的图案与色彩，取决于基因遗传以及子宫内的条件（例如发育胚胎接收的营养），所以即便这两只动物有相同的 DNA，小猫皮毛上的图案仍然和母猫的并不完全相同。

胚胎发育过程中发生的改变，是可以想象出的最微小的“变异”

两种斑马外表图案的差异，只是因为作用于胚胎的图灵反应发生的时间不同。就目前所知，以这个案例而言，任何一种图案都不具有进化上的优势（并非每一项生物构造都必须适应环境）。但若是较细（或较宽）的条纹更具优势，也许更具欺敌效果，我们便不难看出自然进化可以轻易地在个体间制造变化，这使得它们具备更能对抗自然选择压力的能力，最终促使整个族群的斑马朝较具优势的一方发展；除了改变胚胎发育过程中特定事件发生的时机之外，我们无须做任何更改，这是可以想象出的最微小的“变异”。后面我们还会讨论更多关于进化的事。为了做好准备，我们先列举其他几个外表受简单化学作用控制的其他例子。我们深入地探讨了在莫瑞的模型下，哺乳动物是如何产生图案的，因为

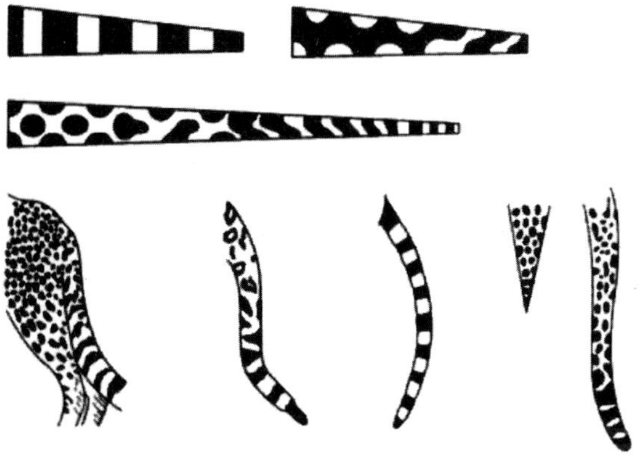

图 4.2　动物身上经由胚胎发育时自组织的化学变化产生的图案，和动物大小有关的化学扩散作用在较小的区域产生条纹，在较大区域产生斑点。

这是我们第一次看到这个模型运作，同时也因为它，我们很自然地延续了对图灵反应与 BZ 反应的讨论。但对其他例子就无须讲得这么详细，因为它们的原理都差不多。

为了不占用太多后边关于进化的讨论，我们只稍稍回顾一下达尔文学说的自然选择的过程，因为在进化与自然选择之间存在了太多混淆。进化是一项事实，这个过程可以被现存的动物与化石记录证实。同样，苹果往下落及月亮绕着地球运转也是事实。苹果与月亮的运动（以及其他东西）可以用万有引力理论描述——对大多数人来说，牛顿理论已经够用了——如果要处理极端的状况，例如星球塌陷，爱因斯坦的理论更恰当。进化则由达尔文的自然选择理论所描述，对于今天地球上的大多数情况而言，它已够用，但像牛顿的万有引力定律一样，它被做了一些修正。达尔文理论与进化的关系，正如同牛顿理论与重力的关系，但我们还找不到一套类似爱因斯坦重力论的演化理论，也就是一套超越达尔文理论而能解释今日所知的一切的完整的进化论版本，虽然有许多人认为达尔文理论该做某些修正。达尔文理论的精髓仍是我们了解进化的核心，它指出新生生物与上一代相似，但又不完全相同，所以在代与代之间以及同一代中，不同个体存有差异。最能适应环境的个体（如同一块拼图最“适合”放在什么地方）最有能力觅食、交配并繁殖（最重要的），因此它们得以繁衍更多的后代。

这是自然选择过程，它青睐每一代中最能适应环境的个体（以拼图的角度而非比赛的角度来看，虽然两者并不相悖）。举个典型的例子，如果能吃到树顶的叶子是一项优势，那么颈较长的长颈鹿个体将更容易生存并产下更多后代，而颈较短的长颈鹿个体将得到较少食物并且更难繁殖后代。多样化并非只是生命的调味料，而是生命运作的核心。达尔文理论完美地解释了为什么物种会巧妙地契合于某种生态条件，就如同钥匙与锁一样。但很重要的一点是，在一定程度上，进化允许某些特征是中性的。这些特征变化包括花园中普通蜗牛外壳所显现的条纹图案，属于同一物种的不同蜗牛之间外表的差异，比草原斑马和格利威斑马之间的差异还大，虽然这两种斑马分属不同物种。水过这已经足够了解进化的基本原理了。

“要了解进化如何进行，必须先了解所涉及的形态发育过程”

延续莫瑞以图灵机制对条纹与斑点形成的研究，人们也以相同方式探讨自然界许多其他生物的图案，包括莫瑞与其他人。其中和我们主题最有关联的，是由位于图宾根（Tübingen）的马克斯·普朗克发展生物研究所（Max Planck Institute for Developmental Biology）的汉斯·马因哈特（Hans Meinhardt，1938—2016）及他的同事安德烈·科赫（André Koch）所做的研究。他们的研究利用了类似莫瑞的方法，但建立在BZ反应而非图灵反应的机制上，在他们的数学模型中，当促进物质在胚胎发育的适当时机以随机方式在其表面出现时，类似生命的图案（包括豹身上的斑点）便产生了。这种特殊模型的优点在于它能产生更复杂的图案，虽然基本的化学反应依旧很简单。水中生物外表的图案也与预期中由促进与抑制物质的化学反应所产生的图案吻合，许多生物学家认为，他们也许可以找到一种能观察到这个过程发生的物种。在一种名为主刺盖鱼（Pomacanthus imperator）的鱼类成熟个体上，平行条纹从头分布到尾。在成长过程中，主刺盖鱼身体会产生新的条纹，但条纹的尺寸和间距都和原先的相同。新条纹由原先条纹的分岔处产生，这好像一条铁轨在一些点上分岔，然后变成两条平行铁轨一样。20 世纪 90 年代，京都大学的近藤茂（Shigeru Kondo）与山村旭（Rihito Asahi）利用图灵机制发展出一套数学模型，模型显示在成鱼身上，图灵反应仍会进行，而不仅限于在胚胎发育期，这使得找到涉及反应的确切化学物质的希望大增。

类似模型也被用来模拟蝴蝶翅膀上的图案，我们挑选其中一项和我们稍后的讨论有关的来看。莫瑞研究了许多产生翅膀图案特征的机制，包括一种看起来像眼睛的大斑点的形成（这被视为进化选择的结果，因为掠食者一眼瞥见这只蝴蝶时，看到的不是一口美食，而是一只更大生物的眼睛）。研究结果显示，这些图案可以很容易地由简单化学反应产生，无须在蝴蝶基因中储存复杂蓝图，因此这种特征更加可能是进化的结果。但在这个特殊的案例中也显示出眼点图案的主要特征——它的大小会随着相关化学反应逐渐改变而相对地逐渐变化。比方说，在某一温度下发育的蝴蝶会有某一尺寸的眼点，而在另一种温度下发育的蝴蝶会有另一种尺寸的眼点，且随着温度变化，眼点尺寸也会随之逐渐变化。之所以特别提到这一点，是因为这不是我们曾经讨论过的化学机制所产生的唯一的行为模式。在某些过程中，反应发生时环境的微小改变不会有太大的影响，直到到达某一临界点，反应过程会突然转换为新的运作模式。莫瑞举了一个例子，脊椎动物的肢体便是在这种敏感方式下发展的。如果涉及手指进长的生化过程受到些微干扰，结果将不是一个较小或较大的手掌，而是会出现有六根手指的手。这可能是由自然变异（或许因为复制错误所产生的DNA微小改变）引起的，它使得胚胎发育过程发生了微小变化；被更改的基因将会被世世代代遗传下去，除非这种变异是有害的。这就是为什么这种特质与家族遗传有关，例如亨利八世众多妻妾之一的安妮·博林（Anne Boleyn），她生来有六根手指，其中之一很早就被切除了。另一个发展生物学中有名的例子是，在波士顿有个人没有拇指。这也可以用适当的数学模型描述——类似描述发生于混沌边缘发散系统的遵循图灵机制的模型中。由此我们知道，环境微小的变化或微小的变异，对发展中的身体形状可以产生重大影响。这是达尔文所不知道的新发现，它使我们对进化有了更深刻的认识。但要注意，在某些情况下这类变化是渐进的。如莫瑞所说：

> 依照我们关注的机制与特定的图案特征，可能得到形态上逐渐或者不连续的改变……很明显，要了解进化如何进行，我们必须先了解所涉及的形态发育的过程。

事实上，我们要讨论的形态发育就到此为止。从这个讨论中，我们只想让读者知道，在形态发育与进化生物学中，有时微小的作用会产生微小的改变，有时微小的作用会产生巨大的改变，原则上这些都可用涉及简单化学反应的图案形成模型来解释。另外，在我们生活的世界，微小、随机的改变也可能产生或大或小的改变，特别是处于混沌边缘的发散系统。了解这些事件为什么发生、如何发生，将更有助于我们了解生命以及智能的出现。

第五章

地震、物种灭绝与突现

由于很难对久远年代的证据做出解释，并且地质层累积的速度相当慢，我们只能判断灭绝的过程大约经历了几万到几十万年。但以地质学的年代尺度来衡量，这种改变发生得很突然。

人们听科学家提到复杂系统时，常会心生疑惑，因为对许多人来说，“复杂”表示“难以理解”，所以他们立即会假设，如果系统复杂，它一定难以被理解。这些假设不见得正确，复杂系统只是由许多较为简单的部分彼此交互形成的系统。前面介绍过，自伽利略与牛顿以来科学上的伟大成就，大多经由将复杂系统分成简单部分，并对这些简单部分的行为进行研究而达成。在由此途径了解世界的成功典型中，有许多化学知识是经由原子这种简单模型而得来的，在这些研究中，这些原子的原子核构造无关紧要。往上一层，描述盒子里二氧化碳行为的定律，可以借由假设它们是与彼此以及容器壁撞击弹跳的球形分子而得出，分子是由两个氧原子与一个碳原子组成的事实也无足轻重。这两个系统从科学角度看都是复杂的，但却很容易被理解。而如同这些例子所突显的，另一项理解事物的关键在于正确地选择简单部分加以分析；好的选择可以建立应用广泛的模型，如同原子模型适用于所有化学，而不只是局限于碳与氧的化学，气体的“弹跳球”模型适用于所有气体，不只是局限于二氧化碳。

抽象一点说，相同的基本原则也适用于数学家所谓的复数。复数这个名称吓倒不少学生，但复数其实很简单，只包括两部分，名词暗示的“复杂”完全是小题大做。一个复数中的两部分本身只是普通数字，它们的区别只在于其中之一要乘上标为“i”的虚数单位。因此当普通数字可以用一个字母代表（例如 X）时，一个复数则可以用一对字母代表（例如 A+Bi），i 是 -1 的平方根，所以 i×i ＝ -1，但这无关紧要。重要的是有一组相当简单的复数处理规则，无论是将两个复数相乘或相加。这些规则真的很简单，比象棋规则简单很多。但它们帮数学拓展了全新的世界。

地震的发生遵循幂定律

蕴含于复杂中的简洁，也有更生活化的例子。轮子和杠杆是两种最简单的“机器”。带齿的轮盘，像是竞赛自行车上的齿轮，实际上就是杠杆与轮子的结合。[①] 单独一个轮子，即使是一个齿轮，也算不上是复杂的东西。竞赛自行车基本上是轮子和杠杆的组合，但从科学角度来说，它就是个复杂物品，虽然轮子与拉杆组合的方式很容易被理解。这也点出了今日科学语言中“复杂”的另一重要特质——事物相互作用的重要性。一堆轮子与杠杆本身算不上复杂系统，即使这堆东西可以造出一辆竞赛自行车。简单零件必须以正确方式结合，彼此才能产生额外的力量。这就是建立于深层简洁之上的复杂。

当科学家面对“复杂”时，他们的第一反应就是试图经过观察主要的简单部分以及它们互相作用的方式来了解“真相”，然后希望找到一个（或一组）简单定律能应用在这个系统上。如果一切顺利，这一定律将能应用在更广泛的复杂系统上（如化学中的原子模型，或可以运用于自行车与钟表上的齿轮定律），这样，他们便发现了万物运作的深层真理。这种模式成为三百年来研究接近平衡系统行为的守则，现在它被应用于

① 类似钟表里的齿轮，在接下来的讨论中亦同。

研究混沌边缘的耗散系统——地球上还有什么系统能耗散出比地震更多的能量呢?

一个关于地震最常见的问题就是不同强度的地震发生的频率。除了本质上的趣味，这问题有实质上的重要性——如果你住在地震区，或是你必须代表保险公司决定地震险的保费。地震释放的方式有许多种。大多数地震可能都很剧烈，释放出很多能量，然后再经过很长一段时间累积下次释放的能量。或者它们都很小，连续地释放能量，以至于几乎不可能累积足够的能量造成一次大地震。地震可能有一个典型的强度，比这个强度大或小的地震发生概率都相对较低（就好像人们身高的分布，集中在某个平均值）。或者它们可能完全随机发生。我们没有理由瞎猜，找到答案的唯一方法就是查阅所有的地震记录，算出每一个强度发生的次数。第一个做这件事的人是查尔斯・里克特（Charles Richter, 1900—1985），目前广泛用于测量地震强度的里氏规模（Richter scale）就是由他创造的。①

里氏规模用的是对数②尺度，每增加一个单位，相对的能量就增加30倍。2级地震比1级地震强30倍，3级地震又比2级地震强30倍（也就是比1级地震强900倍），以此类推。实际上这项成果是他在20世纪30年代初期和他的同事宾诺・古登堡（Beno Gutenberg, 1889—1960）共同完成的。在20世纪50年代中期，这一个团队将注意力转向探索不同强度地震的发生频率。他们找出全世界发生的地震的资料，然后把每半级内的地震资料分进一个“箱子”，例如把介于5到5.5级地震的记录放进同一箱子，介于5.5到6级的放入下一个箱子，等等。因为里氏规

① 今天被广泛运用的“里氏规模”是现代版，和里氏的原版有差别，但这个差别对我们的讨论无关紧要。

② “对数”是另一个让讨厌数学的人感到害怕的名词。它只是把数字表达成10或其他数字的次方。比方说，100是10的2次方，100的对数就是2，完全没有别的。你只要记住对数是把数字用次方形式表达的方法就可以了。

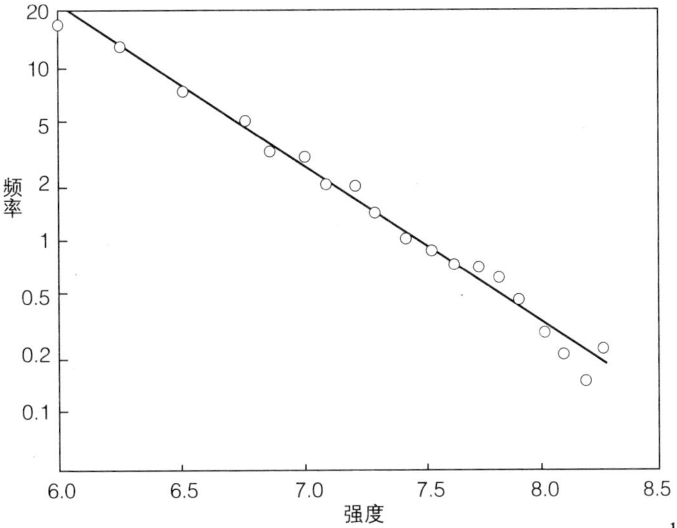

图 5.1　古登堡—里克特定律将地震强度与其出现频率相比较，显示出 $\frac{1}{f}$ 噪声行为的幂定律。

身是对数的，为了在相同的尺度下比较，他们也将这些数字取对数。当他们通过画图来显示每个箱子中地震发生次数的对数和它们的里氏强度［所谓“对数—对数图”（log-log plot）］①的关系时，他们发现这是条直线。

小地震发生次数非常频繁，大地震很少见，介于两者之间的任何强度的地震发生的次数都落在这两个极端所构成的直线上。这意味着地震的强度和发生的数目遵循幂定律（power law）——相对于每 1000 次的 5 级地震，大约会发生 100 次 6 级地震、10 次 7 级地震，等等。这个现象现被称为“古登堡—里克特定律”（Gutenberg-Richter law）。这是个第一眼看上去像是个复杂系统但背后只是个简单定律的典型例子。但它到底意味着什么呢？是不是有其他广泛的应用呢？

① 不用原来的数字而用对数当刻度绘图，只是说本来每个坐标轴上的刻度应该标上 1、2、3 等，我们用 1、10、100 等来取代。

海岸线的分形维度

首先，我要强调这是个多么有力的定律。一个比著名的1906年旧金山大地震小一点的8级地震，比1级地震的能量多出200亿倍，1级地震差不多相当于一辆大卡车经过时你在屋里感受到的震动程度。然而同一个简单的法则在所有能量范围内都适用。很明显，这告诉了我们一些关于世界是如何运作的基本概念，其中一部分和我们在第三章看到的混沌和分形有关联，那时幂定律也出现过。你可以拿一个大自然产生出的分形最基本的例子——海岸线的长度——用同样的方式解释它。挪威的海岸是个非常好的例子[①]，在那里一个大峡湾被分成多个比较小的峡湾，然后它们又被分成更小的峡湾。若要利用分形尺度描述这条海岸线的特性，你可以想象有一张十分详尽的海岸线地图（或者就是海岸线本身！），然后用方格网覆盖它。如果一个方格足够大，它可以包含整个挪威。但如果将格子越缩越小，你将需要更多的格子去覆盖每个扭曲的海湾。很明显，如果你将格子大小减半，你将需要两倍以上数量的格子。把所需的方格数量增加的程度和方格大小变化的程度做一个比较，你就可以得到海岸线的分形维度。在这个例子中，分形维度是1.52。你可以把不同阶段（依据方格大小）测得的海岸线的长度取对数，再加上方格大小的对数画出一张图，会得到一条直线，分形维度就是这条直线的斜率。

除了看到的斜率（图中直线倾斜的程度）数值，这个现象和古登堡－里克特定律所说的完全一样。挪威海岸线（或其他的海岸线）的分形几何似乎和世界各地（或是某一特定地震带）各种程度的地震发生的频率有某种关联。关联的这一部分在于我们所熟知的一种分形特性——它们是无尺度的；这就是为什么海岸线绘图遵循幂定律。我们因此可以

① 参考J. 费德尔（J. Feder）的《分形》（*Fractals*）。

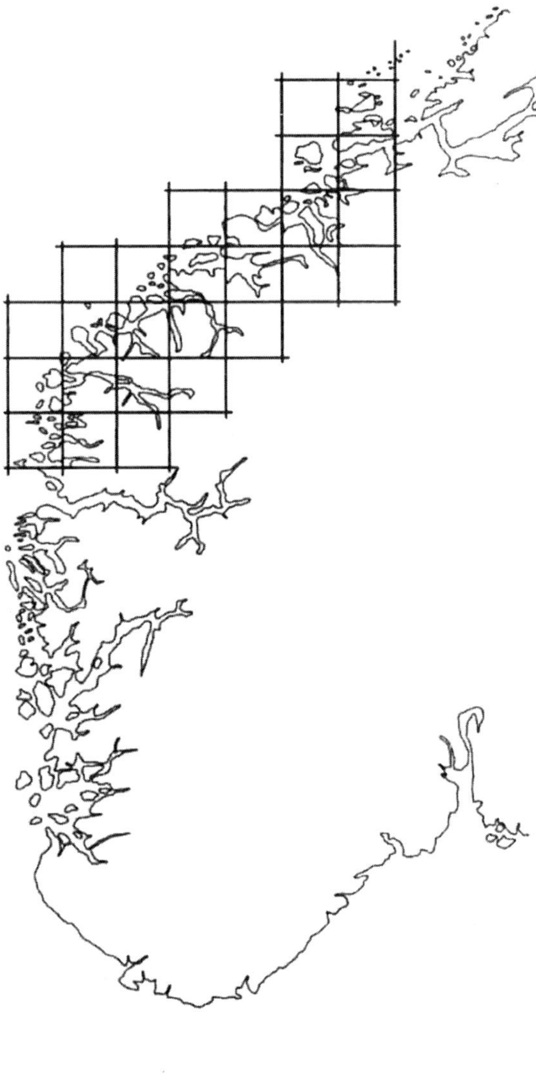

图 5.2a 如文中所述，挪威海岸线的长度可以用覆盖在上面的方格图来估算。方格越小，量出的海岸线越长。当以对数－对数图表示这层关系时，其幂定律会形成一条直线。

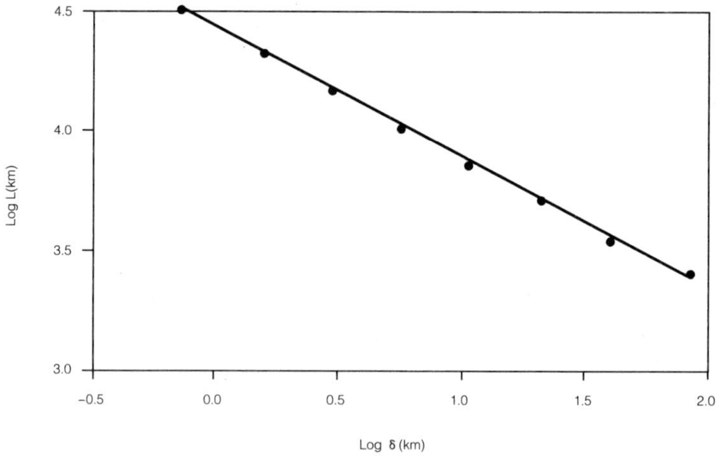

图 5.2b 在这里，直线的斜率是挪威海岸线分形尺度的度量值，算出来的斜率值是 1.52，大约恰好介于一条直线（值为 1）和一块区域（值为 2）之间。

推论，地震的发生也和尺度无关。这是一个满足我们好奇心的有趣说法，用比较实际的方式来说，大地震和小地震之间除了大小之外没有其他差别。你不需要引用什么特别的、罕见的物理作用来解释为什么大地震会发生——它们就是发生了。大地震的确比小地震不经常发生，但大地震们基本上是和小地震经由相同的物理过程产生的。即使你对产生地震的物理原因一无所知，但幂定律仍可以告诉你这个事实。

超越尺度的冰冻马铃薯

这与门外汉甚至一些地理专家认为的较大地震该有较大成因的想法有很大差异。这类想法会让人认为大地震（像 1906 年发生于旧金山的那次）的发生是因为地壳上累积了大量张力，然后在较弱的一处释放出来。然后人们得出结论，经过一次大地震，在同一地点要等很久才会遇到另一次。所有大小地震都随机发生，但频率不同（这点非常重要）。在地震带上，任何规模的地震在任何时刻都可能发生，如同丢硬币出现正面的可能性一直是二分之一，即便先前丢的三次都出现反面。因此在1907年再发生一次像1906年震级的地震，其概率不比在1905年时小。幂定律所描述的对象是超越尺度的，因此任何规模的地震适用同一定律。

还有一个经由简单物理系统运作而超越尺度的例子，它相当接近我们熟悉的事物。马克·布坎南（Mark Buchanan，1961—）在他的《无所不在》（*Ubiquity*）一书中，十分巧妙地阐述了这个例子。他在书中大胆地将这些概念运用到他所称的“历史上真正的科学”中。设想我们用冰冻的马铃薯做个实验，将它用力掷向硬墙使其碎成小块。这个实验真的有人做过，因为冰冻马铃薯碎裂的方式与大石块相撞后碎裂的方式相似，而观察这种过程，可以使我们更深入了解，比如在太空中巨大石块撞击的方式，以及撞击产生的碎块如何形成火星与木星轨道之间的小行星带之类的问题。马铃薯碎块有各种大小，许多很小块的、少数大块的，以及一些中等尺寸的。我们可以将这些碎块依照重量放入不同箱子，类似古登堡–里克特将地震记录依强度来排列。首先，忽略非常微小的碎块并将其放在一旁，然后将其余碎块放入箱子。接着，可以利用每个箱子中碎块的数目与重量总和的关系来画张图表；你将得出幂定律。20世纪90年代初期在南丹麦大学（University of Southerh Denmark）的实验中，研究人员以这种方式分析重量介于10到0.001克之间的马铃薯碎块，得出了相同的幂定律。这表示，如果你像只蚂蚁一般大，在这些碎块中周游，你看到的景象（以统计而言）和你变成瓢虫大小在其间行走看到的并无二致——你不会在一个场景看到类似英国萨塞克斯（Sussex）的山坡，在另一个场景却看到如喜马拉雅的山峰。马铃薯碎块创造出的“景观”在所有尺度上看起来都一样。

$\frac{1}{f}$噪声储存了信息

如果依月球表面坑洞的大小与数量来看，那么月球上的景观也是超越尺度的。因为这些坑洞是由不同大小的陨石撞击产生的，而这些陨石本身也是由更大的小行星，以控制冰冻马铃薯破碎方式的法则撞击产生的；这并不令人意外，它只是将这种特殊的幂定律的应用范围由马铃薯扩展到小行星。

还有另一种方式可以描述这类变化（其实只是一种变化的不同版本）。比较重大的“事件”（地震、海岸线延展、马铃薯碎块）比较罕见，你可以用“事件发生概率等于1除以其尺寸的某个指数”来描述这个现象。换个角度看，你也可以说，事件的大小和1除以它发生概率的某个指数成正比；f代表频率。因为确切的指数并不重要，这通常被称为“$\frac{1}{f}$噪声”（$\frac{1}{f}$ noise）。用这种方式描述地震好像有点奇怪，这样做的原因是，$\frac{1}{f}$噪声在许多不同系统中自然显现，而且早在地震项目进行研究之前，它就在数学领域中被探讨过。就我们的需要而言，“幂定律行为”和“$\frac{1}{f}$噪声”可以被视为同义词。

这种噪声普遍存在，从快速的闪烁到缓慢的脉动。对一名受过天文学训练的人来说，典型的$\frac{1}{f}$噪声发生于类星体（quasar）发出的光，其振荡频率从几分钟一次的快闪到数年或数十年一次的脉动[①]；同样的模式也可从某些星球的光观测到，将这类物体的闪烁行为绘成图，以亮度与时间为两轴［天文学家称之为“光变曲线”（light curve）］，会得到一条

① 或许更久，但类星体直到20世纪60年代早期才被发现，而现存最早的照片记录只能回溯到20世纪80年代。

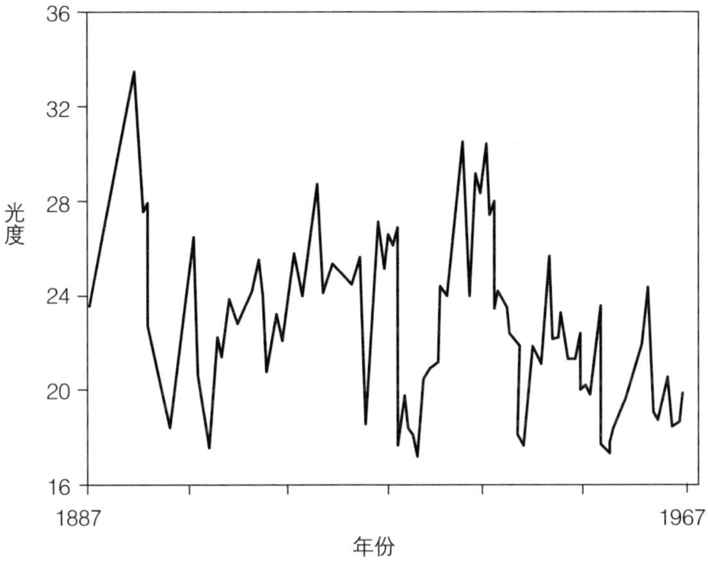

图 5.3　一个类星体亮度的改变，观察期介于 1887 年到 1967 年，可被视为 $\frac{1}{f}$ 噪声的例子。

类似山脊形状的崎岖线，在每个尺度中都有些起伏；这就是 $\frac{1}{f}$ 噪声。在一极端处，与 $\frac{1}{f}$ 相对立的是白噪声（white noise），它完全随机；而另一个极端处则是只包含单一频率的讯号，例如单一音符。如同名称所示，这种现象首先在声学中被讨论，白噪声就是你将收音机转到没有电台的频率时听到的静电干扰杂音，单一频率的噪声是某一音符所发出的纯净但同样无趣的音调，而 $\frac{1}{f}$ 噪声［有时被称为粉红噪声（pink noise）］听起来才有意思。音乐具有 $\frac{1}{f}$ 结构，说话的声音也是（包括派对中嘈杂的杂音）。简而言之，$\frac{1}{f}$ 噪声储存了信息。

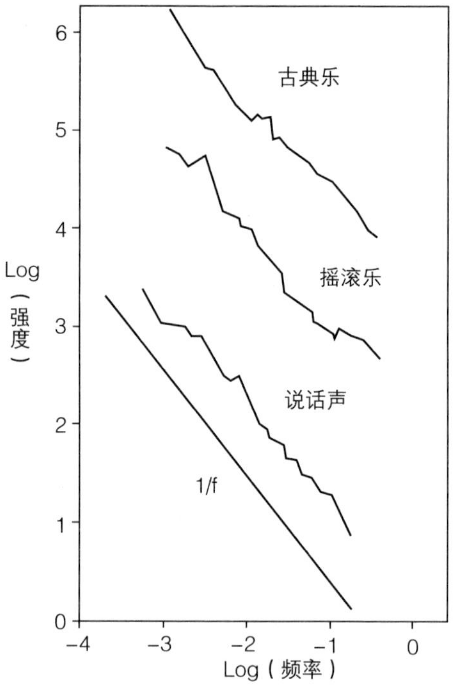

图 5.4　在标准的对数—对数图中，古典乐、摇滚乐以及说话声，都显示出$\frac{1}{f}$噪声的特征，因为它们都包含了信息。

观察长期趋势的重要

但有一点要当心。每当出现一项科学新发现，都会产生一窝蜂的效应，人们会试图以新的热潮解释所有事物。$\frac{1}{f}$噪声已成为科学界的热门话题，热心者会尽其所能地利用它探索一切，这将带来新的洞见或是展露出此类方向所能达到的极限（或两者都有）。但$\frac{1}{f}$噪声显然不是作用于所有随时间改变现象上的唯一因素。比如说，全球平均气温从 19 世纪中期开始上升，它的变化与类星体天文学研究的光变曲线十分类似，在升高的大趋势中带有弯曲的起伏。研究显示，这些振荡就是$\frac{1}{f}$噪声。这项长期上升趋势有可能是位于更长时期中带有振荡噪声的整体模式中的一部分。但在这个案例中，长期趋势恰好发生于人类开始将温室气体排入大气层的时候。而当短期振荡被去掉，全球气温在一个半世纪中的上升幅度，恰好与预料中所排入大气的温室气体所造成的温度上升幅度一致。

结论是，虽然在天气系统中有许多噪声，而且大多是$\frac{1}{f}$噪声（它本身就是有趣而重要的发现），温度上升趋势与人类活动之间也确实存在关联。关于天气系统中的噪声属于$\frac{1}{f}$噪声的事实，当然也如同地震遵循幂定律一样令人感兴趣。这表示，任何尺度事件可在任何时刻发生，但重大事件很少见。习惯上，保险公司与土木工程师以历史为基础，计算出重大事件的发生概率。他们统计某一特定类型与尺度的事件（例如严重干旱）在过去发生的频率，然后猜测它在未来将以相同频率发生。但这只讨论了一半。$\frac{1}{f}$的信息告诉我们，这类事件遵循幂定律。这表示，如果你在某个夏天遇到了“百年一见”的大旱灾，明年发生同样严重的旱灾概率和前一年没发生旱灾的条件下所推算的概率是完全一样的。假设经过一次“百年一见”的旱灾后，要经过一百年才会再遇上一次，这是不可靠的。同样的，$\frac{1}{f}$噪声意味着，破纪录的旱灾发生之后，可能紧接着一次破纪录的寒灾。因为自然气候系统的随机振荡，明年可能是有史以来最冷的一年，但这并不能推翻温室效应的假设。这就是为什么观察长期趋势而非单一事件这件事格外重要。

计算机上模拟的堵车模型

自然中还有许多幂定律与$\frac{1}{f}$噪声的例子。在进入讨论它们与生命出现的关联这一主题前，还要再举两个例子，因为它们比类星体的光变曲线与长期气温趋势的统计，更贴近日常生活。本书大部分读者一生中某个时期都会居住于大城镇或都市中。早在20世纪40年代，哈佛大学的乔治·齐夫（George Zipf，1902—1950）就研究了世界上的城市人口数。他发现，少数城市拥有非常多的人口，而大部分城市的人口较少。令人意外的（虽然你可能已经猜到会发生什么）是，当不同大小的城市被装入箱子再与相对应人口数画成对数-对数图时，得到的是一条直线。不论以整个世界还是特定区域来做，结果都一样，人类聚居于城市的行为遵循幂定律，今天与20世纪40年代都是如此。我们都依个人自由意愿决定居住于何处，但某种意义上，我们与类星体发光以及地震发生遵循相同的法则。显然，我们正处于通往深层真理的途中，而我们可以借由探索简单系统来了解一切。

虽然很多人居住于城市，但并非所有城市都经历过地震，因此这个现象对大部分人而言只是抽象的概念；但每个城市居民都有堵车的经验，我们发现堵车也遵循幂定律。我们讨论的堵车模型发生于高速公路或是没有阻碍的马路上，这似乎没什么道理。因为任何驾驶员（或是任何没有睡着的乘客）都知道，当车子少时，交通顺畅，车子太多才会堵车。问题在于，如果一辆车因任何原因刹车（也许因为和前面一辆车贴得太近），它立刻会使后面每辆车都慢下来，而且减速比加速容易（对道路安全而言是好消息）。20世纪90年代初期，杜伊斯堡大学（University of Duisberg）的研究人员以数学模型在计算机上模拟研究这种行为。[①]这个模型并不是要描述多车道公路中的真实情况，但（与其他好的模型一样）足以让我们对正在发生的问题产生深刻理解。模型中只有一排车子在一个车道上行进，不允许超车；所有车辆大小一样；每辆车的速度是根据计算机执行一个模拟步骤中它能移动多少辆车的长度确定的。如果一辆车快到会撞上前面的车，它就必须慢下来；如果车子前面出现大空间，它将会加速（不超过设定速限）以缩短和前车的距离。最后，将减速与加速的参数量化，减速总被设定为比加速容易。这的确能显现出所有堵车特性：当车辆很少时车流顺畅，如果车子多了，就会有点堵车，一旦车辆密度超过某个标准，交通就几乎瘫痪了。还有，在这个模型以及真实交通中，我们都发现了幂定律——不同程度的堵车数（以涉及的车辆数目计算）遵循的定律，与不同规模的地震数目遵循的定律相同。这明显是$\frac{1}{f}$噪声运作的例子。

我们从中可以学到两个实用教训：第一，不需要特殊重大的事件（如车祸）就能产生大堵车[②]；任何大小的堵车都可能由最小的干扰诱发，例如一辆车与前车贴得太近而紧急刹车，但它们并没有任何碰撞，大多数身历其境的人看不出明显的堵车原因（造成堵车的那辆车可能早已开走，留下后面一堆不知发生了什么事的驾驶员），但可能给数百人造成不便。第二，如果车辆密度增高，降低最高限速能使车流更顺畅，因为这使得加速与减速之间的时间差别效应减小了。这是真的！如果每个人在拥挤车流中都依照速限行驶，那么他们会更早到达目的地。

---

① 详见K.内格尔（K. Nagel）和M.帕克苏斯基（M. Paczuski）发表于《物理评论杂志》（*Physical Review*, 1995, E51, p.2909）中的文章《突发的交通堵塞》（*Emergent Traffic Jams*）。

② 当然，有些交通堵塞是车祸造成的，如同某些地震是地下核爆造成、某些温室效应是人类活动造成的一样。

经济与地震遵循相同定律

另一个人类活动也可能与幂定律以及$\frac{1}{f}$噪声相关，且在最近备受关注；那就是经济，特别是和股票市场有关的经济。我不打算讲得太详细，因为它离我们的大主题——生命的产生与其在宇宙中的地位——太远。[①] 但其中的关联值得一提。20 世纪 60 年代，曼德博将注意力转向分形前不久，他监测了像是钢铁与棉花这些期货在纽约交易所的价格变化，他发现价格波动遵循某种幂定律，看来像$\frac{1}{f}$噪声。

这意味着经济是一个与地震（或堵车）遵循相同定律的系统，因而重大事件（在这里指的是股市崩盘，例如发生于 1987 年 10 月的那次）可能由一系列微小事件造成。这是不受经济学家欢迎的发现，这些人认为，经济可以经由调整利率的政策加以管控。但如果股票市场的震荡的确遵循幂定律，微小的利率调整可能（即使是偶尔）成为市场剧烈震荡的诱因。

我想强调的是，相同的定律可以运用在地震、堵车以及其他事件上。基本的模式建立于$\frac{1}{f}$噪声，但有时人类干预的程度足够大，也会形成影响。比如，没人会质疑美国经济复苏是得益于第二次世界大战，问题是，政府干预是否重要？问题的答案可以从布莱恩·阿瑟（Brian Arthur）的研究中找到，他在 20 世纪 70 年代晚期任职于应用系统分析国际研究所（International Institute for Applied Systems Analysis; IIASA），这是位于奥地利的智库；接下来在 20 世纪 80 年代他任教于斯坦福大学。古典经济学建立于一些与古典热力学类似的原则上，它处理接近平衡状态的系统

① 如果想多知道一些关于幂定律在这方面的应用，可参见米歇尔·沃德罗普（Mitchell Waldrop）的《复杂》（*Complexity*），或布坎南的《无所不在》。

（经济）。其中涉及一项称为“报酬递减”（diminishing returns）的概念，这是一种负向回馈。粗略来说，它是指虽然你可以通过研发新产品从而获利，但当所有人都拥有这一产品时，它的销售前景将会非常困难，利润也自然降低。阿瑟以他具有工程背景的思维，提出了深刻的见解。你可能通过正向回馈增加营收，一旦你掌握了市场，大家都必须买你的产品，你将发大财，最明显的就是今天比尔·盖茨与微软的例子。阿瑟还知道，你甚至不必拥有最好的产品。大家普遍认为，苹果计算机在技术上优于建立于微软架构上的个人计算机（在20世纪80年代时这是事实）。但它们一开始时的市场营销效果不够好，如果某项事物成为行业标准，那么“我也不例外”的效应将能保证它大卖大赚。

这种现象对物理学家或工程师而言完全合理，但受传统训练影响的经济学家仍然竭力试图与这种“异端邪说”重启辩论。我们对这种争辩不感兴趣，但希望了解古典热力学与非平衡热力学之间的差别，以及如何模拟古典经济学与可以称之为非平衡经济学的两者之间的模拟差别。像是阿瑟这样的当代经济学家面对的是动态的、改变中的系统，其中涉及以能量流动（在此指金钱）形态产生的正向回馈。用这种方式陈述故事并不新鲜。经济事实上是处在混沌边缘的自组织系统，其余尽在不言中。只是经济情况更加复杂，更难看清是树还是林，因为我们身处其中，而人类本身就是经济系统中不可分割的一部分。尽管如此，即使从最粗浅的层次看，也毫无理由怀疑股市震荡的行为属于$\frac{1}{f}$噪声，而任何人如果还相信某种力量能够完全掌控经济，那他必然还活在脱离现实的世界中。

大灭绝的合理原因

让我们回到更简单的话题，比如恐龙灭绝与生命的意义。恐龙大约在 6500 万年前绝迹[①]，这是地球生物大灭绝的其中一部分，而这异常明显地呈现在地质记录上，因而它被用来标记一个地质时代——白垩纪（Cretaceous）的结束与另一个地质时代——第三纪（Tertiary）的开端。因为白垩纪的开头字母“C”已经被用于表示与寒武纪（Cambrian）连接的时期，所以我们将这个标记称为“K — T 界线”；K 是德文中白垩纪“Kreide”的前缀。虽然恐龙是这场灾难中最常被提及的物种，但它们不是唯一的受害者；大约有七成白垩纪晚期的物种消失于第三纪初期，形成货真价实的“大”灭绝，这说明了为什么地质学家与古生物学家用“K — T 界线”作为化石记录的重要标志。由于很难对久远年代的证据做出解释，并且地质层累积的速度相当慢，我们只能判断灭绝的过程大约经历了几万到十万年的时间。但以地质学的年代尺度来衡量，这种改变发生得很突然。

这里产生了和研究大地震时同样显而易见的问题——它为什么发生？会不会再发生？如果会，在什么时候？在 K — T 事件的例子里，我们可以找到诱发这场 6500 万年前大灭绝的合理原因，而且可以确定不是发生在 6000 万或 5500 万年前。有人在墨西哥的犹加敦半岛发现了一个因巨大陨石撞击产生的坑洞，而在全世界形成于 6500 万年前的地层中，都可以找到一种被称为铱的重金属；这是地球上很罕见的金属，但在某些已知的陨石上含量很高。这意味着，是一块直径差不多 10 公里的大陨石撞击了地球，造成了这场大灾难。科学家所发现的这层铱非常薄，它一定形成于 1 万年前（可能更短），这与 K — T 事件大致是由来自太空的突

① 并非所有的恐龙都绝迹；鸟类被视为一种或多种恐龙的后裔。

然冲击所造成的假设吻合。

事情发生的经过并不难解释。那样的冲击所带的动能相当于十亿个百万吨级 TNT 炸弹的爆炸威力，可将巨大的碎片直接炸入位于太空的弹道轨道（如同洲际导弹），碎片再重新从四面八方进入大气层，散布热能，使整个地表的温度升高。在数小时之内，地表每平方米所接收的热能高达 10 千瓦。亚利桑那大学的杰伊·梅洛许（Jay Melosh，1947—）生动地将这一现象形容为“相当于将家中烤炉设定在‘烤’的档位”。[①] 接下来，被抛入大气高层的微尘将包围地球，加上因为“烧烤”引发的大火所产生的烟阻隔了阳光，需要依赖光合作用的植物纷纷死亡，地球被暂时冷冻。我们不需在此做太详尽的介绍，但必须指出，这些场景都经过详细研究，符合地质学的研究，绝不是不成熟的古怪想法。我们只想强调，从太空来的冲击，对地球上的生命可能是坏消息。[②] 这还不是故事的全貌。首先，证据显示，在其他时刻，特别是大约 3500 万年前，地球曾受到类似规模的陨石撞击，但这未引发像 K — T 事件如此大规模的物种灭绝；规模相当的诱因并未产生相同规模的事件。其次，某些证据显示，恐龙与其他一些物种在白垩纪后期数百万年之间，已开始走下坡路。古生物学家对这项证据的解释仍有争议，而且很难厘清这种下坡的趋势是否可能造成灭绝（在漫游地球的 1.5 亿年之间，恐龙数量也经历过几次波动），还有些人主张恐龙那时根本称不上走下坡路。但犹加敦半岛的冲击（可以肯定发生于 6500 万年前的 K — T 界线），绝对有可能是诱发地球上已处于某种压力（也许是大陆板块移动造成的气候改变）下的生态网大量灭绝的最后一根稻草。重点在于，任何单一事件都可能是特例，它本身无法解释类似事件发生的潜在原因，或它们发生的概率，就如同研究单一地震，无法告诉你地震发生的原因及频率一样。我们必

---

① 出自《自然》期刊（1990, vol.343, p.251）。

② 如果想进一步知道细节，请参阅《大地之火》。

须审视地质历史中所有大灭绝的模式，才能厘清恐龙灭绝到底是一件特殊事件还是通例。

K－T事件事实上只是五次类似灾难的其中一个（从地球上所存在生命的角度来讲），地质学家将它们合称为“五大灭绝事件”，而K－T事件还不是最大的。每一次灭绝都被用以标志区分不同的地质纪元，且它们都发生在过去6亿年间。我们将焦点集中于近期地质时代的原因是，这时候生物才发展出较容易形成化石的特质，例如壳。在那之前（被称为前寒武纪的长久纪元），生命已在海洋中以单细胞形态存在了40亿年，也没有留下太多可供研究的资料。但在大约6亿—5.9亿年前，寒武纪开始（它是古生代的第一个纪元），生命逐渐演化成不同种类的多细胞生物，然后演化出具有坚硬部分的生物。很明显，越接近现代，我们对当时生命模式的改变就越清楚。

物种的消失，是否超越尺度？

按年代排列，五大灭绝大约分别发生于4.4亿年前（介于奥陶纪与志留纪）、3.6亿年前（介于泥盆纪与石炭纪）、2.5亿年前（介于二叠纪与三叠纪）、2.15亿年前（介于三叠纪与侏罗纪）以及6500万年前（K－T界线）。化石记录显示了许多其他物种的灭绝，它们也被用来当作地质“日历”的标记。例如大约1.45亿年前的侏罗纪与白垩纪的界线，也是由物种灭绝来标记。但这五次是规模特别大的，其中规模最大的一次发生于大约2.5亿年前二叠纪结束时，它消灭了至少80%甚至可能高达95%的物种，且只用了短短不到一万年时间。虽然只有大约三分之一的物种因大灭绝而消失，但据估计曾经生存于地球上的物种中的99%已绝迹，这表示因较小事件而消失的物种数是大灭绝中消失的物种数的两倍。

令人好奇的问题是，大灭绝是否真是特殊事件，它与一般发生的灭绝有没有本质不同？或者它们只是同样的事件，不过就是规模较大？地球上物种的消失，是否如同地震以及我们先前看过的其他现象一样，是超越尺度的？老实说，答案是“不知道”。但有足够证据显示确有这种可能。

大多数证据来自芝加哥大学的杰克·塞科斯基（Jack Sepkoski，1948—1999）的耐心研究。他建立了一个庞大的灭绝数据库，将其他研究者发表过的数以千计的包含不同物种的文章结合起来。当然还需要一

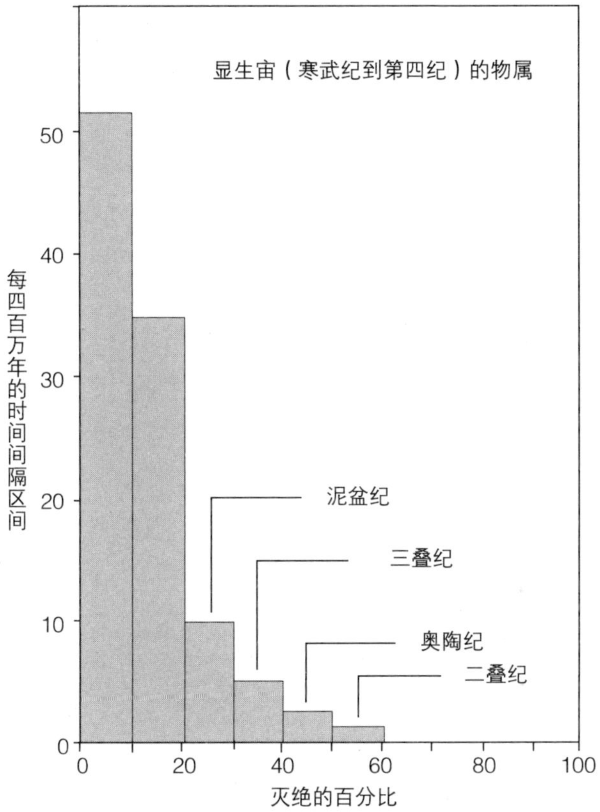

图 5.5　塞科斯基以每 400 万年为时间间隔单位，画出大灭绝事件发生的柱状图。超过 90% 的大灭绝发生在 50% 的时间间隔区间，分布并不平均。

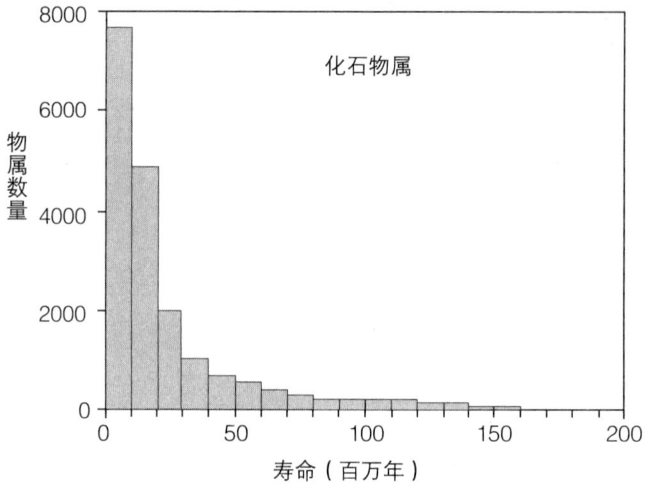

图 5.6a 大卫·劳普以柱状图的形成呈现出特定存活期的生物“属”的数量。

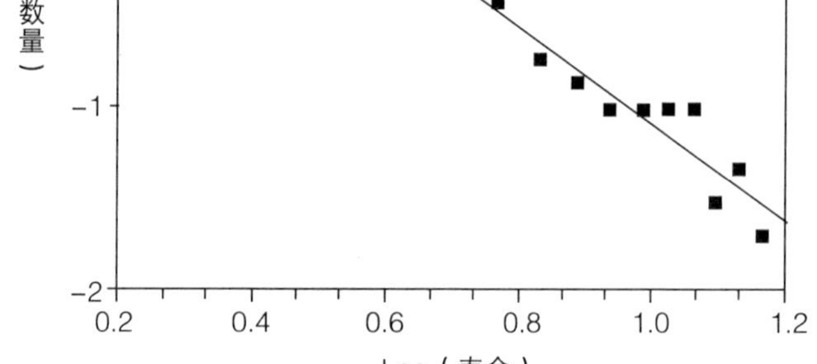

图 5.6b 大卫·劳普以对数－对数关系图的形式，呈现出特定存活期的生物“属”的数量。“属”的存活期长短遵循幂定律，指数接近 2。

些更高深的技巧。你必须对研究的物种相当了解（塞科斯基专注于海洋无脊椎动物），而且必须具有足够智慧来分辨出到底是灭绝还是因为化石采集不易形成的断层。通过这些努力，塞科斯基以每 400 万年为单位，画出过去 6 亿年中物种灭绝数量的起伏图。图中整体起伏振荡看来相当随机，大部分区段变化不大，只有少数物种不断消失，中间还夹杂着大量灭绝的戏剧性事件，也就是前面提到的大灭绝。

从塞科斯基发表于 1993 年的论文中所引用的图中可以看出，其中的百分比和我们先前提到的不完全吻合。因为它们代表的是整个家族，不是物种，而且只针对某些家族（海洋无脊椎生物），并非地球上所有生物。但这依旧在某种程度上证明了“恐龙之死”同时也是“海洋无脊椎生物之死”。问题是，如果它真是随机的，那它是哪一种随机？答案是一种幂定律，也就是我们的老朋友——$\frac{1}{f}$噪声。揭露这项事实的学者是任教于芝加哥大学的大卫·劳普（David Raup，1933—2015），他将塞科斯基的数据按平常方式“装箱”，将少于 10% 的物属家族灭绝的 400 万年区间数加总、10%—20% 的物属家族灭绝的 400 万年区间数加总，依此类推。这种方式得出的柱状图，就像以地震为对象做出的柱状图一样。劳普同时用柱状图分析了由化石记录得出的某一物属家族的存在时间。同样，这个模式也遵循幂定律。[①]后来东伦敦大学（University of East London）的迈克尔·博尔特（Michael Boulter，1942—）与同事分析了更大的化石数据库，也得出了相同模式。

① 我们不必太在意生物术语，“种”（species）是生物分类的最小单位，它上一级是属（genus），再上一级则是科（family）。

著名的“沙堆模型”

这样看来，地球上所有生命的灭绝，似乎不都是由太空来的撞击造成的。化石记录告诉我们，灭绝会发生于所有尺度、任何时间，任何尺度的灭绝可能随时发生（像地震一样）；某些灭绝可能因陨石撞击造成，某些可能由冰河时期引发。我们从幂定律与$\frac{1}{f}$噪声中学到的教训是，并不需要一次重大诱因，便能引发重大事件，任何尺度的灭绝可能由任何尺度的诱因导致。重要的是，我们面对一个复杂系统——地球上的生命——它是自组织，它依赖能量流动，并且处于混沌边缘。我们可以将焦点集中于生命本身，但还有最后一项论点，它对我们了解演化与生命的显现有重大帮助。我们发扬科学的优良传统，找到一项普遍的定律——幂定律——它广泛地适用于各种复杂情况，我们希望进一步去

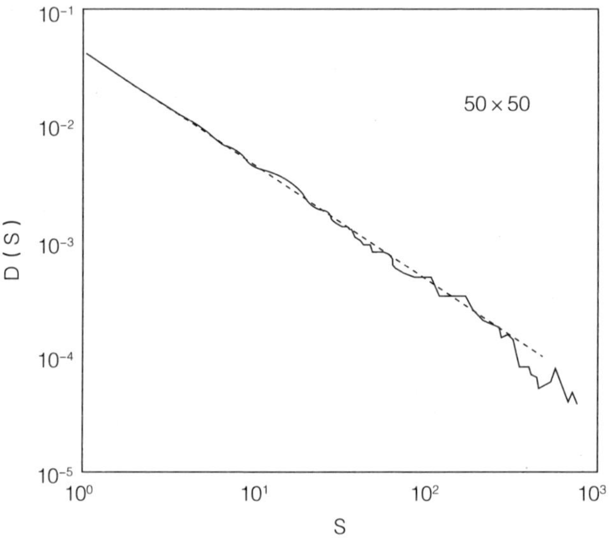

图 5.7　沙堆模型中，规模大小不同的沙崩数目也遵循幂定律，在对数 - 对数图上形成一条直线。

芜存菁，更深入地找出核心的简单模型，使我们能够解开建立于深奥的简洁之上的复杂系统的谜题。这就像了解了最简单的重力系统，也就是一个物体沿轨道环绕另一物体运行，才能深入理解星体间的复杂重力作用，也才能进一步看清太阳系的运作，以及星系在宇宙中的运行方式。结果是，对于生命网的复杂性的研究，可以从更加简单的系统之研究开始——桌上的一堆沙。

在 20 世纪 80 年代后期，任职于纽约州长岛市布鲁克海文国家实验室（Brookhaven National Laboratory）的丹麦裔物理学家皮尔·巴克（Per Bak，1948—2002），对位于混沌边缘的复杂系统的行为产生了浓厚兴趣。[①] 依靠他所研究的基础物理问题（在此不讨论其细节），他开始着手这方面的研究。很快，他发现他所面对的现象具有广泛普遍的重要性——幂定律与 $\frac{1}{f}$ 噪声总是发生于由许多部分组成的巨大系统[②]，也就是我们所称的复杂系统。他当然明白具有外界能量供应的开放式系统的重要性，以及系统到达混沌边缘时会进入关键性的自组织状态。随后，巴克开始探索基础物理之外的系统，并接触了研究地震的古登堡－里克特定律，以及齐夫对城市规模大小的研究。当物理学家试图了解普遍定律如何运作时，他们的第一直觉便是找出描述相关现象的简单模型。在两位年轻同事汤超（Chao Tang）与科特·维森菲尔德（Kurt Wiesenfeld）的共同努力下，巴克建立了著名的“沙堆模型”（sandpile model）。

① 巴克在本书完成时过世。

② 在此处，“巨大”指的是“由很多部分构成的”，和系统实体的尺寸无关。

保持在临界状态

起初“沙堆模型”只是个概念性的模型，它可以用语言描述并以计算机模拟，而不涉及真正的沙堆。沙堆模型的关键以及它对人们洞察复杂系统所能提供的帮助，建立在观察两座沙堆的不同：其中一座静静地坐落在桌上，处于平衡状态（和处于平衡状态下的古典热力系统一样无趣）；另一座则是同样坐落在桌上的沙堆，我们从上方一次往下丢一粒沙。[①]按照日常经验以及在海滩玩沙的记忆，我们知道会发生什么事：沙堆会逐渐增高，直到坡的斜度达到某个临界值；此后加入更多的沙会造成沙崩，或一系列沙崩，再加入更多的沙，将使整个过程重复，直到沙堆覆盖整个桌面；而沙崩时沙子将落到桌下。在这个状态下，沙堆中沙子平均数目恒定不变，崩落到桌下的沙子数量与由上方加入的沙子数量相互抵消。系统此时处于临界的自组织状态，它依靠落下的沙粒带入能量。正如同任何规模的地震，都可能被相同大小的事件诱发一样，每加入一粒沙可能引发一次大规模沙崩，或一系列小沙崩，或让新沙粒巧妙地堆在沙堆上；但沙堆一直处于接近临界状态。

巴克和汤超利用这个方法研究了地震及相关的幂定律。他们建立了计算机模型来模拟包括圣安地列斯断层（San Andreas Fault）在内的地震带，也就是两块地壳彼此摩擦、走走停停的地方。如同先前提过的，传统地震模型主张，当断层接触，张力将会逐渐累积，直到一次性完全释放，将累积的能量归零。但在巴克和汤超建立的模型中，累积的张力只会使岩石变形，直到它们到达即将产生滑动的自组织临界状态，如同在沙堆上看到的情况一样，接下来地震带将重复各种尺度的滑动——这些

---

① 一次一粒，因为我们只对处于近乎稳定状态的系统感兴趣，例如人体，它在稳定吸收能量的过程中只受轻微干扰。如果一次将一桶沙往沙堆上倒，情况就不同了，就如同对地球上的生命，来自太阳稳定的能量与一次爆炸全部释放的能量所产生的影响差别很大。

滑动并不会一次释放所有能量，而只释放出足以使断层保持在临界状态的能量。与传统模型不同的是，这种方式解释了为什么地震会遵循幂定律。巴克与他的同伴使用的计算机模拟“沙堆”的程序，可以设定像是加入沙堆中的“沙粒的圆滑程度”等参数。他们分别监测了当沙粒随机由不同地方掉下，或是固定在一处掉下所发生的状况。但你并不需要用一台计算机（或沙堆）进行沙堆实验，才能深入了解影响包括生命系统在内的非平衡系统的最基本定律之一。在巴克的《大自然如何运作》（*How Nature Works*）一书中，他提到一种方法，这种方法可以使任何人都能利用小孩玩的积木来了解沙堆模型的真谛。[①]在一个类似棋盘的方格阵上面随机选取一些方格，然后把积木放在里面，直到达到特定数量，例如不能超过三块积木，再重复这个过程。过段时间，某些方格里没有积木，某些有一块，某些有两块，还有些有三块（如果你找得到足够多的棋子，也可用棋子代替积木，硬币也行）。我们随便定个规则，规定当积木达到四块时就进入临界状态，这时四块积木（相当于沙堆中的沙粒）将被移除，然后在相邻的每个方格中加入一块积木，如果有超出棋盘范围的就当它们掉出了棋盘。如果这让相邻的方格进入了临界状态，再重复这个过程。接下来，以随机方式在棋盘上一次加入一块积木（可以用丢骰子的方式决定，或是用计算机产生随机数的方式）[②]，每一步骤都遵循相同规则。你可以观察到整个系统是如何走向临界状态的。当新东西加入时，它们会造成各种尺度的“沙崩”，一些“沙”被推出棋盘外。在这种自组织的临界状态下，无论是用计算机模拟或是以这种“模拟模型的模型”来实验，它们产生的崩塌，都遵循幂定律。

---

① 他建议用乐高积木，因为他是丹麦人（译注：乐高是丹麦的注册品牌）。其实木块更好用。

② 在这个玩具模型上，计算机产生的随机数是否真正随机并不重要。

系统中临界点构成的网络

当然你也可以用真实沙堆模拟，唯一的障碍在于，一般沙子的行为也不完全符合这个简单模型，因为沙子黏度不够，而且每一粒沙都有惯性，因此沙崩很难停下来。对于计算机模拟的“理想”沙堆实验，用长粒米来堆反而能产生更好的效果，因为长形的米具有更大的摩擦力使它们能结合得更久，而且不像沙粒一样，一崩就整个崩掉。用米粒做实验，是由挪威奥斯陆大学（University of Oslo）的维达·弗雷蒂（Vidar Frette）及其同事首创的。为了使实验条件更简单，他们将米粒丢进两片间隔只有一颗米粒宽、直立的玻璃板之间，将这一实验原则上变成二维的了（物理学家刻意简化事物的另一个例子），他们利用摄影机记录米粒一颗颗被加入后所产生的结果。他们利用惯有的方式分析此系统在临界状态时产生的米崩大小，结果显示出预期的幂定律。更棒的是，分析两次米崩之间的静止影像，他们发现它们的边缘类似挪威海岸线。但该团队最重要的发现在于，他们将丢进“窗户”的米粒加以着色，以此可以观察单一米粒的运动。结果显示，新加入的米粒并不一定会如预期那样在下一次崩塌时滑下斜坡。相反，任何一粒米都可能被埋在米堆中，直到很久之后才浮现并参与崩塌过程。任何米粒都可以在米堆中停留任意长的时间，而米粒也不会永远留在米堆中，即使被埋得最深的米粒，最终也会浮现于表层并随米崩被冲刷掉。我们并不完全明白这种现象的原因与其运作的机制，但它告诉我们，即使在这样一个简单到不能再简单的临界的自组织例子中，系统仍会对每一个构成部分产生重大影响，而每一部分又对整个系统造成重大影响。没有任何一个部分会被冷落。

将某些“颗粒”涂上颜色的点子，在计算机模拟的沙堆游戏中也大有用处；即使事后看来这应该被称为米堆游戏更恰当，但我们还是保留原来的名称。在米粒实验中，我们经由观察米堆的边缘获得知识；在新版本的计算机模拟沙堆游戏中，我们借由从顶端观察获得知识。这是利用计算机模拟的优势，我们可以从任何角度“看”，甚至可以取沙堆截面观察。从这点出发，布鲁克海文团队用计算机给沙堆表面的一层沙涂上颜色：将平坦处或在缓坡上看来不会发生沙崩的沙涂上绿色；将处于陡坡上，接近临界点随时可能引发崩塌的沙涂上红色（在棋盘版本的游戏中，这相当于将所有在一格中的三块积木涂上红色，其他的涂绿色）。这项实验（当然完全在计算机中进行）从一些散布于桌面的绿色沙粒开始。当沙堆增高，渐渐出现一些红点。更进一步接近临界状态时，这些红点会变长并连接成线，像是覆盖于沙堆表面的网。当只存在少许红点时，即使新落下的沙掉在上面，也只会产生局部效应，使小规模、局部的沙重新排列。但当网络密度够大时，掉在红色区域的新沙粒将对周围红点产生扰动，接着产生的连锁反应可能引发小部分重新组合，或涉及沙堆表面大部分的一连串沙崩。这里的关键在于系统中临界点构成网络的密度。[①]还有一点很重要：如同发生在地震带的地震一样，无论网络多么密集，整个系统都不会归零。在这个自组织的临界状态下，掉在网络上的沙粒可能引发大规模的重新组合，但之后仍会有一个处于临界状态的网络出现，只是以不一样的面貌呈现，可谓万变不离其宗。

一瞬间发生的相变

我们已经准备好开始探讨生命起源。经历了将复杂系统尽力简化的过程之后，我们发现在许多面貌不同的事物之下，诸如地震、股票市场、人类迁移，都存在着相同的深层真理，它完全建立在网络之上，

① 身为一名天文学家，我也好奇地发现这个网络模式和分布于宇宙中的星系的网络模式类似；但我没有发现它背后有任何意义。

连接构成复杂系统的各个简单部分。新墨西哥州圣菲研究所（Santa Fe Institute）的斯图亚特·考夫曼（Stuart Kauffman，1939—）的研究指出这种网络的重要性，以及应用在探讨生命起源时的特殊价值。考夫曼通过一项惊人的模拟，将所知的复杂度与复杂系统中网络的重要地位联系起来。他假设有很多纽扣，或许一万个吧，散布在地板上。纽扣可以两两被线串起来，但在实验开始时没有任何纽扣连接在一起。但你将它们连接起来的方式，会把这变成一个复杂系统。开始时，地板上有一堆纽扣，你手中有很多线，而纽扣之间没有任何连接。你随机挑一对纽扣，将它们用线连接并放回原先的位置，并重复这个动作。如果你挑到一个已经被连接过的纽扣，不必在意，依旧将它们连接起来。一段时间之后，纽扣中将出现少量复杂结构。一直做下去，你将会发现选到连接过的纽扣次数越来越多；有时甚至会选到已经有两个连接点的纽扣，之后将出现第三个连接点，整个连接网络继续增长。

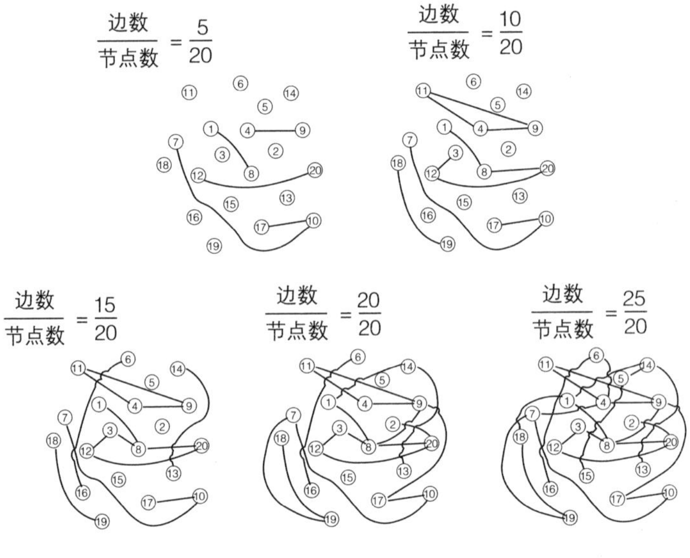

图 5.8a 考夫曼的“纽扣”模型。

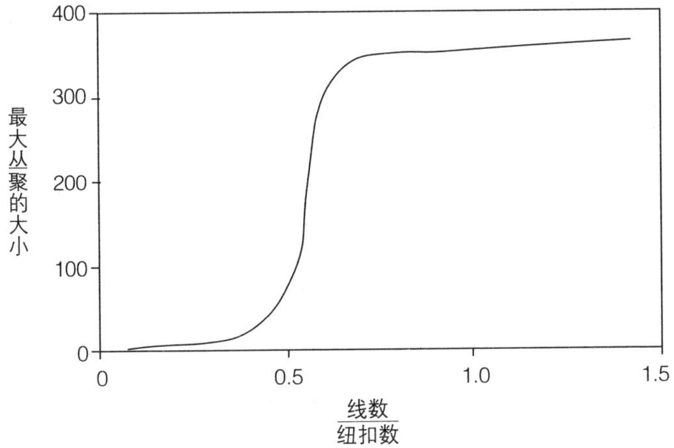

图 5.8b 当连接数量增加时，原本很多“松脱”的纽扣迅速地转变为网络的一部分。

这个网络之所以变得有趣，关键在于你可以任意挑出一个纽扣，按图索骥地找出所有和它连接的“同伴”，一路找下去，可以找到一团彼此连接的纽扣。这“从聚”（cluster）状的纽扣，也就是网络中所谓的“组群”（component）的概念；纽扣代表被连接的节点（node）。其中最大一个从聚的纽扣数目（最大组群的大小），可以被当成衡量系统复杂度的指标。最大一个从聚开始时随着连接的增加，以类似线性的方式缓慢增长，因为大多数纽扣只有少数连接，每次新加入的连接给已经是最大的一个从聚带入新纽扣的机会不太大。但是当连接线的数目接近并超过纽扣数量的一半时，最大的一个从聚的大小会因为连接线的加入而急速增长（成指数形态增长），因为这时大多数纽扣已属于某一组群，新加入的连接很可能将现存的 个小从聚（不仅仅是一个纽扣）和现存的最大一个从聚连在一起。很快，单一的超大型从聚将形成，网络中大多数的纽扣属于同一组群。随后增长速率又开始回落，因为新加入的连接通常只会将属于同一组群的纽扣连在一起，偶尔才会将超大从聚之外的少数组群加进来。虽然新加入的连接不再带来巨大改变，但毫无疑问，这是一个复杂系统。

你可以用纽扣做实验，来亲身感受这种效应，但利用简单的计算机模型很容易就可以模拟出这种行为模式。重点在于，当连接数超过节点数的一半时，系统会从一个无趣的状态（许多纽扣中存在少数连接）进入另一个具有更多结构的稳定状态，这时再进一步改变的空间变得极为有限。这是一个所谓“相变”现象的简单例子，考夫曼将它比喻为水经过相变结成冰的过程。在这个网络的例子中，只要加入更多连接，复杂系统便自然地从非常简单的系统中浮现出来，随着改变而产生的有趣现象也在相变的一瞬间同时发生，系统只需增加少许连接，便可从原来状态转换成另一种状态。

生命无可避免地会出现

当然，这些连接并不需要用真实的线做出来。在沙堆模型中，连接由其中的物理定律决定，例如万有引力定律使沙粒向下滑，摩擦定律促使沙粒留在原处，等等。重要的是，当沙堆坡度变得较陡时，更多的连接将产生于各个沙粒之间，因为每个颗粒的移动将更容易影响邻近颗粒的稳定性。在平坦的沙堆中，拿掉（或增加）一个颗粒不会对邻近颗粒造成太大影响。当沙堆到达临界角度，拿掉一个颗粒就如同拿走石拱桥上一块防止其他石块散落的关键石块，邻近颗粒因此移动，它又会影响更多颗粒，以此类推。使沙堆坡度变得更陡，与在纽扣中加入连接以增加网络的复杂度，有异曲同工之妙。同样，如前面介绍过的，游走于火星与木星轨道之间的小行星并不只受太阳影响，它们是由重力造成的复杂连接网络中的一部分，（原则上）涉及宇宙中所有具重力作用的物体，即使用最简化的思维来看，也得将太阳系各大行星（包括太阳）纳入考虑范围。这就是小行星的行为难以捉摸的原因。

考夫曼对于网络感兴趣的原因在于，他想探索最重要的一种现象——生命是如何从无生命物质中产生的？在地球或其他地方的“太古浓汤”中，到底发生了什么事，从而使得某些化学物质中的一部分连接成具有自我复制能力的系统？考夫曼当初就读于位于新罕布什尔州的达特茅斯学院（Dartmouth College），接着他获得了马歇尔奖学金（Marshall Scholarship），于 1961—1963 年间就读于牛津大学。一开始他想成为哲学家，而牛津的哲学课程是与生物课程一同讲授的，这样做的目的是让学生能够处理我们在脑中储存的影像，与通过眼睛与神经系统解释外在世界信息的物理方式这两者之间的关系问题。因对哲学钻牛角尖的方式逐渐感到失望，并逐渐对生物学产生兴趣，考夫曼转而投身医学，去加州大学旧金山分校读了医学专业。在那里，他开始对基因在细胞中如何运作以及生命如何自行出现产生了兴趣。当他于 1969 年完成医学教育并转往芝加哥大学时，他已成为一位理论生物学家。但他对生命起源这类基本问题的兴趣，直到 20 世纪 80 年代才得以继续，因为其他工作使他忙得无暇着手。他的关键成果终于在 1986 年发表，其中心思想可以用我们刚才探讨过的网络概念简单地加以总结；虽然考夫曼还在宾夕法尼亚州立大学教书，但他的研究基地是圣菲研究所，经过与整天讨论混沌、复杂、自组织临界性这些话题的跨领域同事的共同合作，他得以发展出新想法。

只需要想象在太古化学浓汤中，有某些物质扮演着形成其他物质的催化剂的角色，就如同 BZ 反应中的催化作用一样，化合物 A 催化形成化合物 B。单就已知的化学原料的繁多种类来说[①]，你很难想象这不会发

① 近代对宇宙整体的研究显示，形成太阳系的那种星云包含许多种类的分子，其中包括了氨基酸，它可能在太阳系刚形成不久后经由彗星带到地球表面，成为生命的种子。

生；即使A催化形成B的效应很小，它还是会增加B在混合物中的浓度。再假设B的存在会促使C产生，C又是形成D的催化剂，等等，一路发展下去，在某处出现了催化A的化合物，这时就产生了一个能够自我维持的反应链，只要有阳光或火山口热气能量的帮助，反应链便可不断地将输入的原料转换为反应链中的化合物产物。可能还有其他方式的反应，如同我们早先看过的自我维持化学反应的例子，D可能同时是A与E的催化剂，其间也可能存在像是在BZ反应中出现的抑制剂。我们不难看出，在浓汤之中的化学物质之间，会产生一个由连接形成的网络，一个能维持自身运作的自动催化网络。考夫曼宣称，这就是生命出现的途径——在具有足够数量的连接（各化合物）的化学系统网络中，以相变的方式发生。这个论点有一项具有说服力的关键特质，如同纽扣与线的网络例子中的超大丛聚的出现，它们属于成败分明的一件事。如果网络连接得不够，生命不会存在；但多加入一两个连接，生命不但可能而是无可避免地会出现。你无须勉强造出一长串不太可能发生的化学反应让生命产生，当你不确定系统是否有生命时，系统也不会处于半对半的灰色状态。

这个论调还有许多有待厘清的部分，包括真实化学反应的细节，以及这些原料如何能靠得足够近，使得一连串反应得以发生。有一种可能是，它们集中于一层薄薄的物质中，或许是某一表面上的一层液体，也可能是束缚在沉积泥中的一层空隙。我们必须强调，这些想法都是臆测且是有争议的，不是每个人都接纳这些说法，而且也有其他的观点解释生命是如何开始的。但其他说法也未能说服每一个人。没有人知道，当生命由非生命中出现时，到底发生了什么事情。即使在考夫曼的模型中，仍有许多细节有待探索，但我们认为这一整套说法是有说服力的，不只是因为它将生命起源纳入到我们在众多场合都能见到、建立在简单法则之上的同一类复杂系统。如考夫曼所言，“生命因为催化回路本身在某一临界多样性的分子网中形成而产生”①。我们在下一章将继续讨论相关问题。在此之前，还有一项考夫曼的预测值得注意。虽然它与考夫曼对生命起源的主张一样具争议性，但它是能够证明复杂的生物（宇宙中最复杂的东西）能够建立在深奥简洁的法则之上的绝佳例子。

细胞运作的基因网络

考夫曼一向对细胞运作感兴趣，当运作侧重于基因提供操作指令的层次时，有时它被称为“细胞的机械运作”（machinery of the cell）。这些指令储存于一长串构成基因的DNA分子中，但细胞的机械运作和身体的结构都由蛋白质组成。像是头发和指甲，甚至肌肉，都是由蛋白质构成的具体形态，以及血液中运送氧气的血红蛋白与酵素，它们是促进身体内重要化学反应的催化剂。蛋白质是由称为氨基酸的小单位所组成的巨大分子结构，这就是为什么在与形成太阳系类似的星云中找到氨基酸，是件令人振奋的事情。DNA中的基因编码储存制造蛋白质的指令，而这些蛋白质执行生命运作。但过程中还有另外的步骤。当某一基因被启动[这是“如何”（how）及“为什么”（why）发生的问题，超出我们讨论的范围]，相关信息首先被复制到一个类似的RNA分子结构上。接下来，细胞机器由RNA中读出指令并按指示形成蛋白质。这种两阶段的过程或许告诉了我们生命是如何形成的，有可能RNA在DNA之前就被“发明”了。依照考夫曼设想的情节，生命的“成形”发生于蛋白质的层面，当第一个自动催化的生命网络在含有丰富氨基酸的化学浓汤中出现时，这个模型可以同时纳入RNA参与早期反应，接下来的演化压力迫使不同的自

① 见考夫曼的《在宇宙家中》（*At Home in the Universe*）。

动催化网络相互竞争，这可能造就了我们今天认识的系统。

支撑考夫曼对细胞运作方式研究的论点在于，基因是细胞机械运作的控制器，因此（最重要的）基因可以将彼此启动或关闭从而互相影响。考夫曼探讨细胞机器以网络方式运作的兴趣，源于他还是医学生时对网络鲜为人知的热爱。当考夫曼进行这项研究时，人们一般认为人类DNA中大约有十万个基因，它们构成了人类的基因组。而人类基因定序计划显示这被高估了，大约只要三分之一数量的基因就足以界定人类的特质。基因存在于人体中的每个细胞，但并非同时都在运作。不同细胞具有不同功能，例如肝细胞的功能和肌肉细胞的大不相同。细胞在胚胎发育时期分化为不同功能的细胞种类，了解这个过程以及细胞如何执行不同任务，是生物学中最大的挑战。不论过程如何，成人体内有256种不同功能的细胞。在生命周期里，不同细胞中只有特定的基因会被“启动”，因此肝细胞只做肝细胞的事。但其余基因信息依然存在，如同生物复制实验所显现的惊人结果那样，当特殊细胞中的DNA被取出并转化为卵细胞时，我们可以造出一个和原先一样的成熟生物。

细胞运作的网络可以将每个基因当成一个节点，而其间的关联就像串接纽扣的线。涉及的基因数介于3万到10万个之间，即使用最先进的计算机也无法描述这个网络的行为。考夫曼将随机连接的灯泡作为节点，做了一个类比。在这一系统中，所有灯泡可能同时亮，也可能同时不亮。在这两种极端之间有许许多多个灯泡处于亮与不亮的组合状态。具体来说，如果灯泡数是N，因为每个灯泡可能有两种状态（亮或不亮），所以整个系统有2^N个状态；一个灯泡有两种状态、两个有四种、三个有八种，等等。100个随机连接的灯泡，就会有2^{100}种不同状态，差不多是10^{30}。

每一种细胞对应于某一特殊状态的循环

然而，考夫曼和他的同事还是勇往直前地用计算机模型来探讨这么大的网络行为，他们还加了一些看起来会增加复杂度的回馈机制，例如将特定灯泡是否会亮设定为取决于和它连接的灯泡的状态。他们运用了布尔逻辑［Boolean logic，或称为布尔代数（Boolean algebra）］[①]，比方说，如果特定灯泡与另外两个连接，可能只有当那两个同时亮时，特定灯泡才会亮；或者另两个中只有一个亮时它才会亮。在这项研究中，他们观察了不同数目的灯泡，并且花费了许多年时间。

考夫曼团队试图从简单规则条件下寻找稳定模式。尽管数量庞大，但任何系统的可能状态还是有限的。如果从一个随机选取的状态开始，某些灯泡亮、某些不亮，灯泡将依据所给定的一组布尔函数而闪烁改变。如果运气好，它们将会进入某种重复模式，头尾相接地在一连串状态中循环［我们将之很合理地称为“状态循环”（state cycle），但它基本上和先前讨论过的极限循环是同一回事］。状态循环可能短得让你一眼就可看出，也可能经历庞大数量的改变，以至于即使你等了和宇宙生命一样久的时间，也看不到任何重复，或者系统可能停在某一状态，亮与不亮的灯泡永不变化。状态循环是该系统的吸引子，在某些状态下，它们会是很强的吸引子，因此不论你从哪一个状态开始，系统将迅速地移向这些状态循环之中。这可能就是细胞生命的关键。

考夫曼和他的同事发现，如果每个灯泡只有一个连接，那么无论你使用什么布尔逻辑规则，都不会发生有趣的事；系统不是在很短的循环中循环，就是停在某一状态。如果每个节点的对外连接数超过两个，混沌将掌控全局。系统有许多吸引子，它们的状态数目非常大，而且很敏

① 布尔代数以提出这种概念的英国数学家乔治·布尔（George Boole）的名字来命名，布尔代数对许多程序语言非常重要。

感，一项微小改变（也许只是打开或关掉一个灯泡）将使系统偏向另一吸引子，这与典型的蝴蝶效应类似。唯一能产生多样有趣变化同时又稳定得足以被观察的系统，是那些每个节点恰好具有两个连接的系统。有趣的事在混沌边缘发生了，回馈机制是使系统有趣的基本要素。在这些系统中，每个状态循环的长度等于节点数的平方根。以前面列举的具有 2^{100} 种可能状态的系统为例，在这样的条件下，每个状态循环只包含十个步骤（10 是 100 的平方根），每个观测者都不难看出这个模式。即使具有 10 万个节点的系统，典型的状态循环也只有 317 个步骤这么长。更棒的是，这些状态循环是强力吸引子，如果系统从任何随机状态出发，它将很快地移向一个吸引子并逐渐稳定下来，并且不会被微小干扰影响。你可以建立一个具有 2^{100000} 种不同状态（大约等同 10^{30000} 个）的系统，从任何随机选取的状态开始，就在一眨眼的时间里，它将稳定地落在一个状态循环上，重复规律地运行于 317 个状态之中。①

“我们是大自然表达更深刻秩序的产物”

故事还没完。同样的数字规则也适用于估计系统内不同状态的循环数，虽然精确度差一些。我们刚才讨论的系统中存在的不同吸引子数，大约等于节点数的平方根，如果有 10 万个节点，大约存在 317 个不同吸引子，3 万个节点则大约有 173 个不同吸引子。人类基因组中大约有 3 万到 10 万个基因，而体内有 256 种不同的细胞。是否有可能每一种类的细胞对应人类基因组内的某一特殊状态的循环，并且基因在其中被开启与关闭呢？为了测试这种可能性，考夫曼比较了不同生物间的基因数与细

① 还有另一个参数，它与选择影响系统的布尔规则有关，但这只是微调，并不影响我们所要厘清的基本要点。

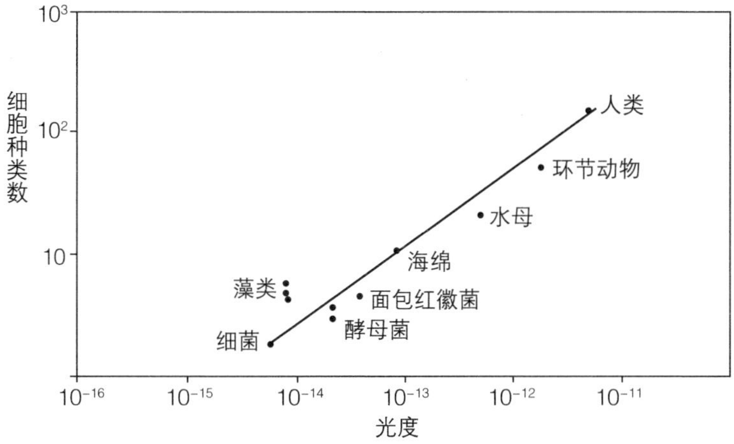

图 5.9 不同生命体细胞中的 DNA 数目与不同细胞种类的对数－对数图。得到斜率近似 0.5 的直线（平方根定律，或指数为 $\frac{1}{2}$），和考夫曼假设构成和协调运作的基因数目与细胞中 DNA 数目成比例的预测吻合。

胞种类。细菌只有 1 或 2 种不同细胞，酵母菌大约有 3 种，果蝇有 60 种，等等。生物体中的细胞种类数目与其 DNA 数目的平方根成正比，虽然每种生物的确切基因图谱还未完成，但我们假设基因数与 DNA 数目成正比，似乎是合理的经验法则。细胞种类的数目的确随基因数的平方根增长而增长。这意味着掌控沙堆与灯泡网络的同一规则，也在我们体内的细胞中运作。粗略估计，人体中有几百种细胞，因为在一个具有几万个以布尔逻辑交互作用的基因网络中存在几百个吸引子。在每一种细胞中，大多数基因被冻结在“关闭”状态，但一小群基因会被启动，将其他基因开开关关，形成一种包含几百个步骤的循环模式，在运作期间基因依照细胞的种类操作其化学反应机制，一直反复。这就是细胞层面上的生命的奥秘。

这都是正在进行中的研究，有太多的工作有待完成，之后我们才能够将这些有煽动性与说服力的论点发展为细胞分化与发展的完整理论。

我们的故事到目前为止，都有不错的一致性，这说明即使像我们这种宇宙中最复杂的生物，也是从简单的规则中产生的。深奥简洁的法则，使得看似复杂、包含了几万个基因互动的系统，被浓缩为几百种可能状态。如考夫曼所言，“我们是大自然表达更深刻秩序的产物”。现在该是进一步探讨，除了运作于基因与化学物质之间，更深刻的秩序是如何运作于不同生物体之间的时候了。

第六章

生命的真相

我们完全无法预测下一次横扫生态网络的灭绝程度的大小，正如同无法预测下一次旧金山地震的规模一样。偶尔一个小小诱因，都可以使整个系统发生巨大改变。生命与无生命系统，都遵循着同样深奥的宿命。

进化是事实，正如同行星以椭圆轨道围绕太阳运行是事实一样。根据化石纪录与对现今地球上生物的研究，我们可以认为进化是将一个物种转换成另一个物种的运作。[①] 19 世纪后期，达尔文与阿尔弗雷德·拉塞尔·华莱士（Alfred Russel Wallace，1823—1913）各自提出了自然选择理论，它是一项解释进化发生的模型，正如 17 世纪后期牛顿的万有引力理论解释了为什么行星轨道呈椭圆形。这两种理论或模型，都不是其领域的终极答案。牛顿理论在 20 世纪初由爱因斯坦加以改进，他发现了描述重力运作更完整的模型——广义相对论。爱因斯坦的理论较牛顿理论更完整，因为它能更精准地应用在我们所处宇宙中那些牛顿理论无法有效描述的情况——尤其是巨大重力场作用下的状况。但爱因斯坦理论的正确，并不表示牛顿理论错了。牛顿式的重力理论对于描述（或计算）落到地面上的苹果，以及如往返于地球与月球间宇宙飞船的轨迹，仍然充分适用。我们只有在某些情况下，才会需要比牛顿理论更丰富的东西以掌握事物的全貌。

在 20 世纪结束前，人们已知道，在某些状况下会需要比达尔文和华莱士的自然选择理论更丰富的东西，以掌握进化运作的全貌，特别是一个生态系统中存在许多相互影响的物种时。但这并不表示达尔文和华

---

① 见卡尔·齐默所著（Carl Zimmer）的《进化论》（*Evolution*），或乔纳森·威诺（Jonathan Weiner）的《雀喙》（*The Beak of the Finch*）。

莱士的模型是错的。这一模型对于描述某些进化状况依旧非常适用，特别是在物种之间以及在与它们的物理环境之间只有少数互动的情况下。我们将遵循华莱士以来的传统，将之称为“达尔文式进化”（Darwinian evolution）。华莱士最早承认达尔文是这项理论的主要发现者，关键在于达尔文在其1859年出版的重要著作《物种起源》（*On the Origin of Species by Means of Natural Selection*）中，将这个理论呈现在大众面前。近来的研究借由许多相互影响的物种所形成的复杂生态网络，让我们对演化过程有了更完整的认识。为了理解这些研究发展的重要性，我们先要弄清楚“达尔文式进化”究竟是什么。

同一物种之间的竞争

达尔文式进化的要义可以归纳为三个步骤，而这一连串的逻辑推论，其简单、直接的程度让它听起来像是重复的空话。与达尔文同时代的大师托马斯·亨利·赫胥黎（Thomas Henry Huxley，1825—1895）第一次听到达尔文的理论时说道：“我真是蠢到了极点，怎么会没想到这点！”[①]首先，子女和父母相似，特征是代代遗传的。其次，这个复制遗传的过程（不管它是什么）并非完美，所以每一代个体间存在少许（有时多一些）差异，即使是同胞兄弟。比方说每个人都有鼻子，但有些人的鼻子大一些。大鼻子可能是家族特征，但家庭中两兄弟的鼻子大小也不会完全相同。最后，也是达尔文和华莱士领悟到的关键点：不是每个个体都有机会存活到成年以繁殖下一代。[②]但为什么有些个体可以存活而其他的却不能？让赫胥黎说出著名感言的伟大洞见在于存活者是最适合生活

---

① 见齐默的《进化》。

② 这一论点当然也适用于植物。为了要强调人类也适用这一理论，所以用动物形式表达。

环境的，是那些擅于觅食、寻找（或吸引）交配对象，以及躲避掠食者攻击的个体。这就是我们所熟知的“适者生存”，它告诉我们，那些得以生存繁衍的并非是生理条件或运动能力最好的个体（虽然在某些个案中的确如此），而一定是最适合环境的（包括因其他物种存在所造成的“环境”），这好比一片拼图适合于周围拼图，或是钥匙与锁的契合。我们不是以某些标准来衡量谁比较适合生存，而是以能否存活繁殖来论断真正的赢家。

回到逻辑推理步骤的开端。最适合环境的个体得以生存繁衍，所以能将特征传到下一代，包括那些使之得以存活的特征。只要环境不变（这点很值得怀疑），这个过程将对某一物种进行精细调整，使之能更完美地适合其所在的生态位。让达尔文领悟出自然选择观念的观测证据（虽然花上很长时间才累积出这些知识），有部分来自他对加拉巴哥群岛（Galapagos archipelago）中不同岛屿的雀类的研究。散布于各岛的雀鸟都属同一种类，而在某个岛上，雀鸟赖以生存的种子外壳坚硬，很难打开，所以这里的雀鸟的喙短而有力。在另一座岛上，雀鸟必须从凹槽与裂缝中取出食物，所以这群雀鸟的喙又细又长。每一种雀鸟都对自己生存的土地适应良好，但如果将一些雀鸟放到别的岛上去，它们必须奋斗才能求生。

必须强调的是，这里的奋斗并非是指这些雀鸟与其他物种之间的竞争，甚至不是与它们赖以生存的植物之间的竞争，而是同一物种间为取得食物而发生的竞争。在这个例子中，如果你是活在只有坚硬种子可吃的小岛上的一只雀鸟，强壮的喙会使你具有赢过其他同类的优势。这表示你能得到更多食物，从而生一大窝能继承你结实的喙的小鸟。相对的，喙较不结实的雀鸟会得到较少的食物，生出较少的下一代。而在下一代，平均而言，它们的喙要比上一代的更结实。同样，以进化的观点看，躲过狐狸的兔子并非在与狐狸竞争，而是与其他兔子竞争。跑得最快又能以无法预测的路径行动的兔子将能存活繁衍，不然就会被吃掉。因此在下一代中，兔子会跑得更快，也更难捉摸。狐狸当然也与其他狐狸竞争，跑得最快或是最狡猾、最会捕捉猎物的狐狸，比起又慢又笨的狐狸更能生存下来，并繁衍更多的下一代（它们也继承同样特征）。回到鼻子大小的问题。你可以假设，当环境发生某种改变后，某种尺寸的鼻子会屈居劣势——比如某种空气污染可能使大鼻子更有优势。小鼻子的婴儿可能比较容易夭折。请记住，复制的过程并不完美，即使兄弟间也会有不同大小的鼻子。大鼻子家族将比小鼻子家族更能适应环境，即使在同一家庭中，大鼻子的子女也会比其他兄弟姊妹表现得更好。[①]几代过后，人口中鼻子的平均大小便会增加。

通过“对策论”思考选择效应

我们不必局限于假设性的例子，因为这种效应曾经在当初带给达尔文灵感的雀鸟身上被观察并测量出过。在 20 世纪 70 年代早期，来自普林斯顿大学的一对夫妻彼得与罗斯玛丽·格兰特（Peter and Rosemary Grant）开始对加拉巴哥群岛中达夫妮尼岛（Daphne Island）上的鸟类展开长期研究。这个岛是一种叫作中嘴地雀（Geospiza Fortis）的雀鸟的栖息地，它们用强壮的喙咬碎种子。1977 年，岛上发生了严重旱灾，被观测记录的 1200 只雀鸟死了超过 1000 只，原因是它们赖以生存的植物大量干枯，因此产生了激烈的食物竞争。存活下来的都是体型较大且喙较大的雀鸟，它们可以吃下喙较小的雀鸟打不开的种子。当雀群数目从干旱中逐渐恢复，所有新生代雀鸟都是当初存活者的后裔。格兰特夫妇

① “表现得更好”指的是“产下更多后代”；这是衡量进化成功的唯一标准。

测量了新族群的喙，他们发现新族群的喙较干旱前平均大了4%。这就是达尔文式进化的精髓，而且它对涉及少数物种相对稳定（充其量可说是慢速进化）的状况提供了很好的解释，正如同在加拉巴哥群岛上可见的经典的生物例证。我们可以通过思考这种自然选择效应如何能创造出两种生命方式之间的对峙或平衡，同时运用一种叫作“进化稳定策略”（evolutionarily stable strategy，简称ESS）的方法，来检验这一套理论的逻辑。

这种想法来自数学中博弈论的规则。尽管它的名称不怎么严肃，但它真的可以应用于象棋、跳棋等赛局上，博弈论吸引了许多人的注意力，特别是在冷战期间，因为它与战争“对策”有关，可以评估模拟情境下各种军事与政治策略的效果。事实显示，这些技巧不但适用于军事竞赛，也适用于进化竞赛。萨塞克斯大学（University of Sussex）的进化生物学家约翰·梅纳德·史密斯（John Maynard Smith，1920—2004）是这方面主要的研究者，下面的例子就是他的研究。

他要我们假定某种动物的每一个体都扮演以下两种角色之一：有些是“鹰派”，这表示它们在与同伴竞争食物时充满侵略性；有些是“鸽派”，这表示它们在竞争时总是退让。史密斯也知道，鸽子其实是很凶的鸟类，但因为它们常被认为是和平的象征，所以就姑且选用“鸽派”这个名称。当一个鹰派找到食物，而且另外有同类在场时，它就会奋战到底。如果对手还击，争斗之后其中之一终将投降，甚至是战死。最终，胜利者取得食物。当一个鸽派找到食物，又有同类在场时，它绝不挑起战端。如果对方攻击，它就会马上开溜；如果没被攻击，它会吓唬对方。但当双方都虚张声势时，其中之一终将放弃，全身而退。博弈论的重点在于，我们将参数置入这样的情节中，从而可以以定量的方式衡量不同策略的差别。在我们的例子中，将食物对动物的价值设定为50分。吃到食物，它就得50分；如果逃跑，它就什么都得不到，但也没损失。如果它为食物战斗，它有可能受伤，受伤要扣100分；或者它会打赢，得到50分；如果它逃跑前或吃到食物前做出虚张声势的动作，它要损失10分。

我们可以先观察一群起初全是鸽派的族群会发生什么状况。在每一回合遭遇争执时，双方都因虚张声势失去10分，但其中之一会因吃到食物得50分（净赚40分）。平均来说，每一次遭遇各方净得15分。没人受伤，大家都有的吃，这简直就是乌托邦世界。

红后效应

假使因为突变而出现一只鹰派，每次争执，鹰派总是会得到食物，不费功夫便净得50分。只要鹰派的数量极少，大多数相遇仍发生于鸽派与鸽派之间，各方平均的报酬还是只有15分。很明显，鹰派将取得优势并繁衍出许多具有鹰派个性的子孙。

但如果大家都是鹰派会发生什么事？答案是大灾难！每一次相遇都会导致战斗，胜者得50分，败者则损失100分，平均值是可怜的–25分。这样的族群会很快地绝种，除非有很多不需要争斗就可取得的食物。但假使经由突变而出现一只鸽派，它永不参与竞争，所以在任何冲突中总是得0分。但如果有免费食物它也能得到一份，那么这个鸽派将活得比鹰派好，所以鸽派性格会在族群中扩散。

这两种极端情形都不稳定，无论从哪一端开始，都会产生趋近中间的进化过程。在这一组参数之下，当鸽派与鹰派的比例为5∶7时系统将会达到平衡点。这时平均每一个体在遭遇冲突时会得6.25分。首先值得注意的重点是，经由进化，族群将达到稳定状态，也就是ESS。但同样重要的是，这不见得是在所有可能发生的情形中最美好的一种。平均得

6.25 分比起全是鸽派时的 15 分，显然少了很多。稳定的情境未必是最好的情境，而只是一群个体依自身最佳利益得出的逻辑结果。还有一点既微妙又让人好奇——当族群中鸽派与鹰派比例是 5∶7，或是每一个个体在遭遇冲突时有 $\frac{5}{12}$ 的机会选择鸽派对策、$\frac{7}{12}$ 的机会选择鹰派对策，并在冲突中随机选择对策，两种情况下所得的结果相同。

ESS 让进化生物学得以深入了解部分被观察物种的真实行为模式。但就如同它的名称一样，ESS 只处理不发生变化的稳定状态，这相当于古典热力学的进化论版。这些状态涉及少许互动组件（以我们的例子而言，鹰派策略是一个组件，鸽派策略是另一组件，它们之间由一个回馈机制连接）。ESS 有稍微复杂一些的运作方式，但它们都像是以布尔逻辑的规则连接、由少许灯泡构成的简单网络，它们停留在单一状态，或是在有限状态内单调地运行。还有一个更有趣的可能。一个看似稳定的生态环境其实在不断地改变，它之所以能够保持平衡只是因为各组件为了赶上其他组件变化的脚步，所以都演化得够快。这很像冷战时期的军备竞赛，我们在此不提。在进化生物学中，这种现象被称为“红后效应”（Red Queen effect），该名称来自于刘易斯·卡罗尔（Lewis Carroll）小说《镜中奇遇记》（*Through the Looking-Glass*）中的一个角色：她（红后）必须拼命地跑，才能够停留在原地。①

要了解红后效应这个假设最好的方法就是看看案例——考夫曼特别喜欢以假想的青蛙和苍蝇为例，我们就用他的例子。在青蛙想吃苍蝇、苍蝇要避免被吃的情况下，它们有许多互动的可能性：青蛙可能为了方便捕捉苍蝇而进化出较长的舌头，苍蝇可能演化得飞得更快以免被捉，或是演化出不好的气味甚至分泌毒液，来避免青蛙的攻击，等等。我们

① “红后”这个术语是由芝加哥大学的进化生物学家利·范·瓦伦（Leigh Van Valen）在20世纪 70 年代初提出的。

只选一种（假设性的）可能。如果一个青蛙的舌头特别黏，那么它较容易捉到苍蝇。但如果苍蝇具有特别滑溜的身体，即使被青蛙的舌头碰到也会较容易逃脱。设想居住在某个池塘边数目固定的青蛙，每年固定吃掉周围一定比例的苍蝇。这是一种平衡，但并不稳定，不是ESS，因为可以想见的是，有只青蛙经由某种突变（甚至只是个体间的自然差异）发展出特别黏的舌头，比起其他青蛙它将活得更好，于是特黏舌头的基因便会在青蛙族群中散布开来。一开始，更多的苍蝇会被吃掉，但没被吃掉的身体比较滑溜，于是比较滑溜的基因便会在苍蝇族群中散布开来。经过一段时间，池塘边的青蛙数量会和原先一样，而每年也会有相同比例的苍蝇被吃掉。看来似乎什么事都没发生，但青蛙的舌头变得更黏，苍蝇的身体变得更滑溜了。

位于混沌边缘自组织的“生态网”

真实世界中，类似事件层出不穷，每一代都会发生，无须仰赖突变。每一代中，总有些青蛙的舌头比较黏，有些苍蝇的身体比较滑溜，因此这一点一滴地代代传递下去，青蛙舌头更黏且苍蝇身体更滑溜的趋势将持续发展。这种青蛙更会捉苍蝇（不论用什么方法），苍蝇也更擅于脱逃的状况，永无止境。双方都必须拼命往前跑，才能停在原地。

当然，在真实世界中会交互影响的物种不止两种。某种程度而言，这表示各物种在其环境中必须跑得更快。但如同以灯泡连接的网络，在以物种为节点连接成的网络中，不同的连接方式会产生重大差异。如果每一物种都与所有物种相互影响，即使是近似稳定的红后效应都不可能发生。那在系统中将会发生完全（决定性的）混沌，因为任何小改变都会产生巨大又不可预测的影响。但真实世界并非如此。在真实世界中，一个物种的改变只会直接影响少数其他物种，虽然被影响的物种又接着影响其他物种。这与松散连接的灯泡网络很类似，或是像在沙堆例子中，移动一粒沙只会直接影响与它紧邻的沙粒，但这些沙粒又接着影响周边紧邻的沙粒，等等。

另一个较为现实的例子或许有助于解释这一点。狐狸吃兔子，因此发生在狐狸族群中的事件（好比因为某种原因狐狸数目增加或减少）将会影响兔子，而发生于兔子族群中的事件也会直接影响狐狸。它们是网络中连接的节点。但狐狸不吃草，因此在这个层次上，狐狸对草没有影响。狐狸和草之间并没有直接的连接。但兔子吃草，彼此之间存在连接，因此发生于狐狸族群中的事件经由影响兔子，也会对草产生影响。狐狸数目增加（其他条件不变），兔子的数目会减少，草有机会长得更茂盛。而这又影响到其他以草为生的物种，依此类推案例。回到考夫曼的青蛙。如果青蛙（或它们的孩子蝌蚪）被池塘中的鱼吃掉，而鱼又被附近森林中的熊吃掉，若是苍蝇数目锐减（或许因为人类开始在附近使用杀虫剂），熊就会挨饿。当然，真正的生态系统更复杂，它具有一些（但不会太多）错综纠缠的关系，例如鱼也可能和青蛙一样吃苍蝇。然而，有趣的是，这样的系统在考夫曼等人应用网络理论之前，就被泛称为“生态网”（web of life）。

让人振奋的是，这似乎显现出一种共同进化的过程。当网络中的一种物种改变时，所有物种也跟着改变，这自然地将复杂的生态系统从极端的状态，导向有趣的自组织临界区域，使其位于混沌边缘的相变状态上。如果一群生命体在一套稳定策略下环环相扣地锁定，其中一种物种的突变将会重新开启网络运作。自然选择造成的进化让我们知道，一项对所涉物种不利的改变，在许多世代后将不复存在；但对物种有利的改变将会扩散，而借由扩散，更多网络会被打开，将系统导向混沌的边缘。在相变另一侧的混沌领域，同样的状况以反方向进行。随着生命博弈的规则在每一世代的改变，任何一群个体如果能成功地将自身与外界混沌做某种程度的隔离，它将能借由自然选择进化至善加利用外在机会的状态。这项不甚严谨的论点的逻辑，可以从数值模拟与由考夫曼及其同事所进行的，以灯泡连接出各种区块组合的实验结果中得到支持。只要每个物种采用最符合自身利益的进化策略，整个生态系统将朝混沌边缘演化。这与沙堆模型所表达的完全相同，在网络中加入（或移除）一个物种，相当于在沙堆中加入（或移除）一粒沙子；这也与灯泡模型一致，加入或移除一个物种相当于打开或关掉一个灯泡。复杂系统很自然地朝向位于混沌边缘的相变演化。

永无止境的景观改变提供了数不清的进化机会

这一切都能够以进化生物学家早已熟悉的方式完美地呈现，并且由这些先驱做梦都想不到的方式拓展出模型，但我们不难通过之前普里戈金等人将古典热力学延伸的方式对其加以理解。这个模型被称为“适应性景观”（fitness landscapes），源自20世纪90年代R.A.费希尔（R.A. Fisher, 1890—1962, 他在1952年被封为爵士）于罗森斯得农业实验站（Rothamsted Experimental Station）所做的研究。费希尔是第一位以数学方式研究进化生物学的人，他计算了自然选择对族群中单一个体的改变，将如何影响整体基因分布。但如同其他古典热力学家一样，费希尔只对平衡状态感兴趣（很合理的第一步），只算出每一种进化问题可能的最佳数学答案。

这个方法在20世纪50年代初期，被耶鲁大学的基因生物学家休厄尔·赖特（Sewall Wright，1889—1988）进一步拓展。他用景观做模拟，其中山丘代表成功的进化策略（“好基因”，更严格地说，是一群共同运作良好的基因），而山谷则代表不成功的进化策略（“坏基因”）。任何个体可以用景观上的一点来代表，景观其实就是一种相空间，山丘是其中的吸引子。但因为同一物种中的个体并不完全相同（前面提过的达尔文式进化的一个关键项），一个物种在景观中将以一组点表示，像是一小群绵羊。位置较高的绵羊在每代中将活得较好，会繁衍更多后代，而在斜坡下方的那些则活得较困难，会繁衍较少的后代。因此，经过代际交替，这一小群羊将沿着山坡往上移，直到山顶，并停留在那里。如果我们考虑的是单一物种在稳定环境下只与少数其他物种互动，那么以这种方式来理解进化非常容易。假设被观察的雀类都是少数雀类的子孙（或许只有一对），它们在很久以前落脚到岛上。这些雀类原来是单一物种，它们勉强在这些岛屿上适应性地觅食——它们算是位于适应性景观山丘与山谷间的一小群。某些成员进化出较长的喙，在特定山丘向上移动，另一些进化出结实的喙，在另一山丘向上移动，直到它们成为不同物种。直到喙变得非常细长，雀类从洞隙中掏食物时会折断，或是喙变得非常笨重，根本无法处理种子，这个过程将会停止。

在费希尔的数学模型下，适应性景观提供了漂亮的简单映象。但还有一个问题。假设某一物种进化到某个小山丘的顶端，邻近就有一座更高的山峰（进化上更具优势的状态）。这个物种无法跨越之间的山谷登上山峰，因为它必须得先朝比现在更差（较不适应）的状态进化。事实上，进化的方向已经走向一条死胡同，根本无法摆脱。费希尔的景观不单是静态的，它也迫使物种只能达到局部的区域平衡，而且它们会永远停在那里。

红后效应显示，不同物种间的交互作用可以改变原来的简单状态。当一个物种改变时，不论是经由突变或更极端的绝种，所有与之交互作用的物种都会受影响。这种效应就如同改变景观上相对山峰的高度。个别物种依旧朝向最接近的山顶进化，但因为共同进化的效应，这些山峰的高度及位置会不停地变化。在静态领域中，不会有任何改变；在混沌领域中，景观改变会快到任何有趣的事都无暇发生。在混沌的边缘，景观一直改变，但通常变得很慢，这使得生态系统中单一物种以及一群群的物种开启了新的进化契机。景观改变永无止境，有点像走了样的橡胶制弹跳床，任由物种在其表面“漫游”①，因而这提供了数不清的进化机会。在青蛙和苍蝇的例子里，人类带着杀虫剂侵入，将原先待在山峰上的苍蝇踹下深深山谷里。如果苍蝇没绝种，它们很可能会进化出对杀虫剂的抗药性，并随着族群增长迈向另一个高峰；不过并不是一座新山峰，而是它们一直都在的那座山峰。当杀虫剂出现时，山峰随之长高，因为这时具有抗药性变得更重要。即使如此，除非原先的山峰崩塌，否则苍蝇无法自行跨越山谷到达新的山峰。与费希尔设想的情境不同，在演化景观上不存在任何物种的“最佳位置”，它们唯一能做的便是抓住机会，向更好的位置移动，即便现在看来是好的，在几代之后也有可能会变得无比糟糕。

有性生殖加速进化

值得注意的是，我们所讨论的并不仅仅是物种的移动。密歇根大学的约翰·霍兰德（John Holland，1929—2015）强调了生态系统中由物种个体群体运作所形成的单位的重要性。的确，这种想象中个体集体运作的现象，从基因层面来讲是十分合理的，一群基因共同运作以控制一项细胞功能；在细胞层面，一群细胞共同运作构成了肝脏这类的器官；再上升到物种层面，许多物种可能连接成介于 ESS 与完全独立之间的互动

① 事实上，和赖特的景观相比，这动人的图像是颠倒的；山峰是你希望能找到物种的地方，不是低洼处。

网络。霍兰德指出："调整与尝试的进化过程，不只是为了造就一种更好的动物，而是寻求能够造就许多种好的动物的基本材料。"[①]他喜欢引用在计算机尚未出现前，警方依照目击证人的描述做出嫌犯照片的"合成工具"的例子。一共有10种面部特征（发型、鼻子等），每种特征又有10种变化可供选择，起初，你会惊讶，要做出特定人物的"照片"竟是如此简单迅速，直到你了解他们所面对的是10^{10}种组合，100亿种不同的脸，这比现在地球上的人数还要多。霍兰德本可以做进一步探索，更大胆地指出，调整和尝试的进化过程会找出以集体运作方式形成的互动网中的"良好的基本材料"，如同它们是单一物种的网络。我们现在谈的是共同进化，而不只是单纯的某一物种进化。

虽然霍兰德没有这样表达，但这正是瓦伦研究海生化石所得到的结论，并促使他在1973年提出了红后效应的概念。瓦伦发现同属的生物（比如说硬骨鱼）濒临绝种并消失于化石记录中的概率相同。无论这个属级的生物存在的时间长短，它在任何一段地质年代中消失的机会都相同。同样的状况也适用于生命网络中的其他层次。从这个角度来看，物种不会因得以存活而变得更好（虽然发生进化），也不会随着时间流逝而变得更差；它们的灭绝是随机的。瓦伦对此的解释是，求生的困难度一直都相同。因为求生涉及个体之间的互动，这表示大家都在变得更有效率，直到某些事件发生而将一物种（或属）消灭。这将使原先在各生态位置中的物种重新洗牌，然后产生新的武力竞赛使大家必须更努力。所有物种必须尽快进化以便跟上其他物种的步伐，因此就产生了"输人不输阵"的红后效应。让某些进化生物学家格外振奋的是，所有这些相互作用的一个结果就是成功的物种的确会随着时间变得越来越好，让物种能更快地适应环境的变异本身就是一项成功要素，并且会被传播扩散。

① 引自沃德罗普的《复杂》。

有性生殖的进化就是一个例子，这是一种能加速进化的繁殖方式（父母的基因混合产生新个体），它使得像我们这种生长缓慢的多细胞动物，也有机会在与细菌或寄生虫这类繁殖迅速的小生命体的武力竞赛中不落下风。①

在此让我们先对所使用的演化名词稍做解释；这可能会让很多严肃的进化生物学家感到不适，但一般大众都应该清楚，它们该在学术殿堂之外被接受。在前面的讨论中，我们大多以整个物种来谈论进化与绝迹。当然，我们都知道进化发生在个体上，在求生奋斗中，最不适应者将被淘汰（因为无法繁殖）。如果在某一物种中，有足够的个体被淘汰，那么这一整个物种就会消失。因此，即使我们知道真正的机制是个体选择（individual selection），然而，以物种为讨论单位，甚至说个别物种的“突变”会使得生态网络中的一个节点对外产生连锁效应，进而影响其他物种，这似乎也相当合理。毕竟当我们谈论足球赛时，会将参与竞赛的队伍视为一个整体，例如说“这个城市被淘汰了”，虽然我们都知道足球队是由11名球员组成，而且成败还得依赖教练和许多没有上场的工作人员的通力合作。

“间断平衡”与“渐变主义”之间根本没有冲突

通过以下进化影响物种个体的简单例子我们就可以看出，为什么不注重发生于个体的选择过程，而以整个物种为单位来描述其在地质记录中的“突变”或消失等改变，是合理的选择。这个改变的程度在人类的一生中是无法察觉的，但它却会在化石记录中显现出来，一个物种被另

① 请参见我与杰洛米·切尔法斯（Jeremy Cherfas）合著的《求偶对策》(*The Mating Game*)。

一物种取代的戏剧性变化在化石记录中只是朝夕之间的事情。假设有一种老鼠会慢慢进化成像大象那么庞大的物种，而幼鼠的体型会比它的父母大两万分之一，每一代的体型也都以相同的比例增加。那么，要经过两万代，这种老鼠才能“进化”成体型像大象那么大的超级老鼠。老鼠繁殖得快，大象繁殖得慢，所以在这个假设性的例子中，我们可以说每代要花五年才能成熟。因此由老鼠到超级老鼠的改变，要花上 10 万年。以化石的时间尺度而言，那只相当于一瞬间。要区分出相隔 10 万年的化石，几乎是不可能的事。假使某一物种发生这类的进化改变，在化石记录中，我们将会在一个泥层中看到老鼠尺寸的残骸，在下一个泥层中发现大象尺寸的残骸，中间什么也找不到。

在真实世界中，这样戏剧性的变化不会单独发生，因为其他物种也会受超级老鼠进化的影响（假设真有这么一回事），而我们将会看到一整套的改变“突然”发生于化石记录中。然而，这一切都是按照达尔文式的进化规则，经过缓慢的改变所造成的。

这一点必须格外强调，因为进化理论家在“间断平衡”（punctuated equilibrium）这个议题上争论不休。间断平衡是从化石记录中观察到的模式，它显示在很长一段时间内，没有或只有少许进化改变（除了物种因红后效应而变得更适应其生态位置），短时间（有时似乎是瞬间）内被一些物种绝迹或另一些新物种产生的戏剧性改变所打断。这有时会被当成和通常被称为“渐变主义”（gradualism）的达尔文式进化不同，甚至互相冲突的概念。但其实根本没有冲突。即使在改变得最快的时段（演化的间断标记），在个体层次进行的仍是达尔文式进化，也就是经由自然选择留下最适者的进化。它改变的只是衡量物种是否合适的规则，这只会缓慢地发生于世代交替间——老鼠不会生出大象，反之亦然。达尔文在加拉巴哥群岛研究的雀类，让他了解了进化的运作本身就是一种间断平衡。到达岛上的雀类原先已经适应了大陆上的生活，它们迅速进化（以地质标准而言，连续世代之间的改变相当微小）以适应岛上特殊的生态环境；一旦适应了岛上的环境，它们便只对周围改变做出细微的调整。达尔文不会对间断平衡的想法感到讶异，而他的理论也完全不因此而动摇。①

斯内彭与巴克的“极端动态”模型

沙堆的例子有助于我们把这点看得更清楚。当沙堆处于自组织的临界状态时，它将遭遇突然的沙崩，其间穿插着的一些沙粒得以相对平静地堆积较长时间。但每一沙粒都遵循相同的物理规则，包括牛顿三大定律、摩擦力、重力等。除了时间尺度外，这两种情况基本上没有什么不同。如果每秒落下一颗沙粒，每半小时进行一次观察，沙堆永远有不同面貌。如果每千分之一秒观察一次，我们每次看到的每一粒沙几乎都和上次看到的位置完全相同，我们会因此认为沙堆只会缓慢改变。如果一个生态网中的物种一亿年都没有太大改变，然后在大约 100 万年间发生改变，这才叫作间断平衡，即便涉及改变的物种感受不到周围发生了任何巨大的改变。如果变化的区间持续一亿年，而静止的时期是 100 万年，我们也可称之为“间断混沌”（Punctuated Chaos），但它依然遵循适用于稀疏连接网络上的进化规则。重点在于，稀疏连接的网络自然会进化成在时间上看来平衡不断地被变化打断的状态，但我们对这种网络的了解，还不足以让我们断言这种由地球上生命网络产生的间断与平衡的特殊模式，是否具有任何意义。不过我们对于将生命网络导向混沌边缘最后所需的条件，倒有清楚的概念；这是考夫曼未能掌握，而被物理学家巴克

① 选取恰当的时间尺度，你也可以将1977年发生于加拉巴哥群岛的旱灾视为间断平衡的例子。

与其他科学家在 20 世纪 90 年代中期所发现的微小但十分重要的现象。

这方面的早期研究，是研究人员随机选择一个物种来“发生突变”，应用计算机模型模拟互动物种间网络的演化，再观察这个变化在网络中层层传递的方式，类似沙堆模型中的沙崩。这使得模拟结果表面上看来与沙堆模型类似，但它却不会真正地演化到混沌边缘。1993 年，当丹麦波耳研究所（Niels Bohr Institute）的金・斯内彭（Kim Sneppen）到美国的布鲁克海文国家实验研究室造访巴克时，这项研究有了新的突破。斯内彭对物体表面的交互作用感兴趣——巴克用咖啡滴在餐巾纸上的扩散现象作为例子证明，纸巾上干与湿部分的变化界线，就是交互作用的接口。斯内彭的计算在物理上的应用更广泛。他发现边界，或作用交界，最可能发生在那些参数最大值或最小值之处，这种情况被称为“极端动态”（extremal dynamics）。前面提到的咖啡滴的例子中，液体在餐巾纸中毛孔最粗、最容易让液体流通的地方扩散得最快。当巴克和斯内彭讨论到，利用随机选取突变物种的方式，在计算机模拟中无法使生态网络演化到相变状态时，他们想到，也许这里应该运用极端动态的手段。毕竟，即使在最典型的沙堆模型中，新的沙崩并非在随机位置发生，而是在坡度最陡的地方。就好比地震总是发生在张力超过某一临界点的地方，即使地震的结果（以及沙堆模型中沙崩的程度）受控于其他因素。

在巴克与考夫曼这些人所研究的生态网络中，极端个案是那些最适应以及最不适应环境的物种。如果巴克的研究团队重新进行模拟，但在每一步骤只选择最不适应的物种加以取代，会发生什么状况？这将是纯粹的达尔文式的进化——优胜劣汰。劣者不一定消失，也可以是改变。在任何真实生态系统中，最不适应的物种不会静静地一直不适应下去；它们不是绝迹，就是进化成更能适应环境的物种（例如达尔文所观察的雀类）。除非周围环境发生变化，否则最适应的物种只会做少许改变。比方说，如果苍蝇绝种，一种超级适应吃苍蝇的青蛙就惨了。那些最不适应的物种，在面对任何改变时如果能逃过一劫而不绝种，它们就几乎必然改进，使自己在进化的道路上更进一步。如果这样的物种开始时位于很低的山丘，相对的，它们就较容易借进化脱离山丘，跨过山谷到达邻近更高的山丘。这听起来有道理，做过计算机模型后看来会更有道理。

斯内彭与巴克想出的模型非常简单，他们用 1000 个介于 0 与 1 之间的随机变量代表 1000 个“物种”，数值大小代表达尔文式进化的适应程度。较大数值代表物种在整个网络中适应性更好，它们会坐落在适应性景观中的高高山顶上。较小数值代表物种正在挣扎求生，不稳定地坐落在适应性景观中的小山丘上。通过这样定义，“适应度”的大小代表景观中山峰的高度。为了让网络中节点的连接变得稀疏，他们将每一个数值随机地与另两个进行连接，也就是每一“物种”与另外两种相互作用（如同青蛙只吃苍蝇，而且又只被鱼吃）。然后设定每次移走其中最不适应的一员及其两个同伴，并加入三个随机指定适应度的“新”物种。其实不一定是新物种，重点在于最不适应物种的适应度随机改变，会使其在生态网络中的同伴或者邻居的适应度也随机改变，而不论它们原来适应得多好。刚才谈的是在橡胶景观中运作的模型。接着在计算机中重复这项简单动作，看看会发生什么。

一开始，随机建立起网络，介于 0 与 1 之间各种适应度的节点都存在，其中最不适应的“物种”的适应度数值将会很低。但当最不适应的物种被移除并被随机指定适应度的新物种取代时，新物种很可能有较高的适应度，因为介于 0 与 1 之间的随机数值，很可能比原先物种很低的适应度来得大。移除最不适应的物种及其两个相邻物种，再以三个随机指定适应度的物种取代之，很快，计算机模拟会提升整个网络总体的适应度，直到所有节点都对应高峰。具体一点来说，对于我们在此所用的规则，系统将在每个物种的适应度最少为 $\frac{2}{3}$ 的状态下变得稳定。在真实世界中，这相当于一个稳定的生态网络，每个物种都位于适应性景观中的高峰。这样的情况应该能维持一段时间。但当一个物种消失或者因突变而丧失适应性，并牵连其在景观中的两个邻居时，会发生什么事？适应度只会往下降。将三个本来具有相当高适应度的物种，用三个随机指定适应度的物种取代，这很可能降低局部几个节点的整体适应性。这意味着这三个新的（或突变的）物种及其邻居最有可能在接下来的操作中受到影响，从初始处开始连锁的灭绝（或者是适应度降低），并向外扩散。请注意，适应度降低并不表示物种改变了，而是指适应性景观改变了，因此在某种条件下，适应度良好的物种必须面对新环境。系统会经历某种山崩或是地震的过程，直到调整回原先所有适应度都大于$\frac{2}{3}$的状态，并维持另一段稳定的状态。这个模型的稳定区间会很自然地被大量灭绝的区间隔开，即使在稳定期间和灭绝期间使用的是相同规则。系统产生的结果会遵循幂定律，这点应该不会让我们感到意外，这表示灭绝是自相似的，虽然产生幂定律行为的确切数值（幂定律图中的斜率），与化石记录中实际发生的灭绝所产生的幂定律的数值并不相符。

将掠食者与猎物加入赛局中

有人批评这个模型简单得不切实际，它无法真实反映真实生态系统的复杂度与运作方式。从考夫曼、巴克与他们的同事所使用的简单方法来看，这样的批评并不令人意外。但批评者未能认识到，简单的模型的确可以描述真实世界。如果这些模型无法产生出遵循幂定律的灭绝模式，没人会将它们当一回事。判断模型是否够好，不是看它多简单，而是看它是否能为真实系统提供深入的理解。以原子物理学为例，将原子简化成小型的太阳系，让电子“按轨道”环绕原子核的想法，第一眼看来几乎是荒谬的。我们知道原子远比这复杂。但这个20世纪20年代由波耳研究所发展出的简单模型，在预测不同物质光谱中所见条纹的确切波长时相当有效。因此这是个好模型，虽然我们知道原子并不真的就是那样。这个不仅能够预测灭绝遵循幂定律，还能找出确切指数值的模型，将会与玻尔的原子模型具有同样的价值，它更可以告诉我们世界的简洁之下所深藏的真理。原子更复杂的行为特质，可以借由在玻尔模型中加入更多细节来描述。考夫曼与巴克所用的简单模型，足以重现真实灭绝的基本特质，以及其超越尺度特性的事实，这同样也意味着他们并未误入歧途，而且他们应该也能借由加入一些细节，使模型与实际世界更接近。事实上，他们只要再加入一个细节，就足以得到正确的幂定律。

这还是一项进行中的研究，我们今天对真实演化网络的了解程度，其实与玻尔在多年前对真实原子的了解程度差不多。对这个模型最有意思的改进，就是1999年由麻省理工学院的刘易斯·阿马拉尔（Luis Amaral）和波士顿大学的马丁·梅耶（Martin Meyer）对模型所进行的一项关键改进（而且明显与现实有关）。他们将真实世界中一个简单深刻的真理加入模型——某些物种会吃掉其他物种。阿马拉尔与梅耶将掠食者与猎物加入巴克和斯内彭的赛局中，而这依然是真实世界运行方式的简化版本，但大大提升了模型描述现实的能力。

在这个改变的版本中，食物链有6个阶层，每一阶层中的一种物种被允许吃掉下一阶层中的若干物种（事实上也必须），而每一阶层有1000个生态位置，这相当于巴克和斯内彭赛局中的节点。起初大多数生态位置是空的，只有少数物种被随机指定到食物链最低阶层的生态位置中。每个重复步骤的规则如下。首先，在每个步骤开始时，每个物种分裂为二的概率很小，产生的新物种将被随机分派到与原先物种相同或上下相差一层、空的生态位置中。这样出现的每个物种，会从下一阶层中随机选取若干物种作为猎物。接着，在每个步骤中，随机从最低阶层选取少许物种使之消失。这与巴克和斯内彭模型的不同之处在于，消失的物种并不影响同一阶层的邻居，而是影响掠食者。失去越多的猎物，掠食者越难生存；当掠食者的所有猎物都消失时，它也会绝种，并影响食物链上一阶层的掠食者。以我们现在已熟悉的模式来看，在随机的初始状态运用这些简单规则，赛局将自组织进入混沌边缘的状态。在临界状态中，食物链底层的一个物种消失（可能只是因为被上一层的掠食者吃光），有时可能会顺着食物链向上引发一连串的物种灭绝。我们再次发现这种灭绝规模超越尺度并遵循幂定律，这一次定律中的指数值，和地球上真实发生灭绝所产生的幂定律指数值完全一致。生态网络中相互作用的物种会发展为自组织的临界状态，使得遵循幂定律的大规模灭绝在无任何外在干预的情况下便会发生。

比较两种物种灭绝的模型

我们知道外在干预确实存在，撞击地球导致恐龙灭亡的小行星就是最好的例子。就算行星撞击不是造成 K — T 界线大灭绝的主要原因，它仍必定会对地球上的生命造成影响。计算出这种外界干预将如何影响灭绝模式当然很重要，但这会增加一层计算的复杂度。和往常一样，建立模型者会先抛开一切累赘，从能够理解“新”现象的最简单模型着手。以此为出发点，康奈尔大学的马克·纽曼（Mark Newman）在 20 世纪 90 年代中期开始研究一种外在影响是造成灭绝唯一因素的模型，他忽略了在适应性景观上物种间的互动。目标是希望通过对没有外力冲击单由物种互动造成的灭绝，以及不考虑物种互动单由外力冲击造成灭绝这两种模型的比较，来找出较接近事实的版本，以及这两种效应可以以何种方式结合。纽曼模型的基本结构和巴克及斯内彭的模型类似。第一个差别在于，该模型每次选定一个介于0与1之间的数值，一次性将所有适应度低于这个数值的物种全部清除，而不是挑出“最不适应的物种”；这就相当于一次外界冲击，像是撞击地球的小行星会一次将除了最适应的物种之外的其他物种全部消灭。空出来的生态位置，由随机指定适应度（介于0与1）的新物种取代。接下来，由于游戏规则改变了（演化景观改变），少数原先生态网络中最适应的物种，也就是存活者，将被随机选取适应度的新物种取代。这就相当于改变了原先在这些生态位置中物种的适应性。我们可以在每次设定特定计算机模型的最后规则时，事先选取研究人员想要的外界冲击模式，例如可能有许多只会消灭最不适应物种的小规模冲击，夹杂着少数会造成大规模灭绝的大冲击；或是恰好相反，我们也可以用任何统计规则将大小规模的冲击混合，但每次执行时要依据统计规则随机选取冲击规模。而令人讶异的戏剧性结果是，除了少数极端的版本，系统总是会停留于某一临界状态，其中发生灭绝的模式遵循幂定律，与我们从真实化石记录所得到的物种灭绝模式相似。①

这里产生了一个思考的方向，如同张力在地震带累积直到能量必须释放（但你无法事先预测“释放”的大小），这里像是达尔文式进化经由红后效应逐渐在生态网络中增加张力，直到某处断裂，然后整个网络（也许只有部分）崩溃。我们完全无法预测下一次横扫生态网络的灭绝程度的大小，正如同无法预测下一次旧金山地震的规模一样。生命与无生命系统，都遵循着同样深奥的宿命。

我们必须再一次承认，这是个非常简单的模型，我们并不能假设它能完美地描述当外界带来灾难时，真实的生态系统所发生的事。但这可以告诉我们，幂定律的灭绝模式对各种影响这个网络的冲击方式都是稳

① 依照我们数学界朋友的严格定义，他们坚持要我们指出，这不是“临界状态”。但它的确密切地对应于我们讨论过的那种临界状态，其中的微小差别并不影响我们要提出的重点。

定的。首先，这让我们知道，只要造成死亡，外来影响的种类是什么本身无关紧要。频繁的小冲击、偶尔的大冲击，或任何两者的组合，都会造成相同的模式。因此，不同自然现象的混合，例如小行星撞地球、强烈的火山爆发、冰河时期等，都有各自不同的影响，这些合起来也会造成相同的幂定律灭绝情形。更棒的是，如我们曾经说过的，在没有外界冲击的影响下，单独发生于生态网络中的进化也会产生相同的幂定律模式。这一切都说明了，为什么我们所看到的化石残骸记录，其显现出的模式是如此简单。所有这些不同的效应都造就了相同的模式。我们可能永远无法确定在 K－T 界线发生的事件，可能是小行星撞击，或进化上的改变，或重大火山活动，我们只能说它们之间的组合效应（或加上其他因素）形成了大规模灭绝的诱因。如同阿加莎·克里斯蒂（Agatha Christie）的小说《东方快车谋杀案》（*Murder on the Orient Express*）所说——每个人都有嫌疑。

无论是生物学家、地质学家或天文学家，大家都希望找到相关假说的证明，然而结果可能令人沮丧。但对于一位希望了解由生命体的交互作用所构成的复杂网络是如何进化的人而言，结果非常有趣，甚至振奋人心。这个结果指出，尽管我们所研究的这些模型都非常简单，但我们确实发现了自然运行的基本定理，它适用于任何脱离平衡的系统，包括我们特别感兴趣的生命系统。在各式各样的可能性中，无论初始状态如何，也无论所选定的对生命系统的冲击是什么（外在的、内在的，或两者都有），系统都将会到达位于混沌边缘、自组织的临界状态，此时偶尔一个小小诱因，都可以使整个系统发生巨大改变。而生命也确实如此。

物理环境与生物环境息息相关

正如纽曼的研究所强调的，当物理环境改变时，适应性景观也随之改变。但生命本身也会改变适应性景观，因此在历史上任何时间点，地球上生命个体的命运，取决于这两种影响力相互作用的方式。发生在二叠纪末期、有史以来规模最大的灭绝，提供了漂亮的例子。我们知道，一个微小的诱因也可能导致最大规模的灭绝；但这只有在当时大多数物种都连接于同一生态网络中，才可能发生。今天，如果北美洲遭受某种灾难袭击（假定在这种状况下，这个灾难可能造成一个物种灭绝，并诱发一波连锁灭绝），它形成的效应可能向外散布，并横跨北美与南美洲。但我们很难想象，这个效应对生活在澳洲、非洲或欧亚大陆的物种会产生多少影响。这就是为什么人们以小行星撞地球这类后续效应会波及全世界的重大事件，来试图解释全球性大灭绝。在二叠纪末期，地球上几乎所有的陆地都连接于一块超级大陆——盘古大陆（Pangea）。这使得几乎所有地面上的生物以及超级大陆的浅海生物，成为了单一网络中的一部分。网络中某一部分的冲击（由外界来的微小冲击或是某一物种在演化压力下灭绝），都可能产生几乎将当时所有生命都卷入的连锁效应。没有证据能证实这就是当时发生的事，永远都不会有。但这不是重点。重点在于 2.5 亿年前的二叠纪末期，一个微小诱因可能导致当时大多数的生物绝种，而今天发生在某个陆块上、规模相当大的诱因，却无法产生类似规模的全球生物大灭绝。物理环境与生物环境息息相关的程度，远比乍看之下更微妙。

但这种关联是否会以相反方向发生？地球上的生物环境也可能会影响物理环境，使之形成共同遵循极度简洁规则的单一网络吗？这种猜测便是英国科学家拉夫洛克所提出“盖亚假说”（Gaia hypothesis）的核心。拉夫洛克从 1965 年就开始研究盖亚假说，这比我们所谈过的许多与复杂及生命起源有关的研究还要早。将拉夫洛克的想法考虑在内，不但可以进一步拓展混沌、复杂与生命起源的研究，也可以研究太阳系以外宇宙生命的演进方式。

第七章

远方的生命

结合了混沌与复杂，宇宙成为极有秩序的地方，正适合像我们这样的生命形态生存。然而，宇宙并非是为人类利益而设计的，因为我们就是宇宙本身面貌的一部分。

到目前为止，我们看待生命的方式与现在开始我们即将采用的方式，最大的不同在于，先前我们由里向外看待生命，现在我们将由外向里看。我们可以通过研究氨基酸与DNA这类分子在细胞内交互作用的方式，以及细胞群体运作组成个体的方式，来观察生命如何运作；也可以通过观察人类（或狗、水母）的日常生活，形成看待生命意义的不同观点。

人们对于地球上整体生命本质的观点转变，由两件事促成：一张壮观的照片以及一个人的研究成果，而这两件事都与太空探索有关。在宇宙飞船“阿波罗”号的航天员所拍摄的照片中，我们居住的地球在太空中看起来像是一个被黑色沙漠包围、蓝白相间的生命绿洲。至于另外的那个人，他就是拉夫洛克，他提出了一个构想，指出地球环境中的生命与非生命体在一个网络中交互作用，这使得地球上的生存条件得以维持稳定，从而有利于生命存在。他的洞察直接建立在热力学理论之上，以及我们所讨论过的，介于平衡与非平衡系统之间的差异。虽然如此，但因为拉夫洛克的特殊背景，他的洞察并非来自我们之前所描述过的，应用于处在混沌边缘系统的非平衡热力学的相关研究。

找出生命形态的广义属性

拉夫洛克生于 1919 年，他在 1941 年取得了英国曼彻斯特大学化学专业学位，并花了 20 年从事医学研究，他设计、制造了很多仪器。早在 20 世纪 60 年代初期，他就开始独立研究，不久后便声名远播，依靠发明科学仪器的收入，他自由地从事自己想做的研究。即便以在科学界中偶尔可见的离经叛道的标准来衡量，他独立思考、绝不妥协的个性依旧独树一帜。① 一开始他在美国国家航空航天局（NASA）的喷气推进实验室（Jet Propulsion Laboratory, 简称 JPL）担任顾问，负责设计降落于月球和火星并分析其表面物质样本的宇宙飞船仪器。拉夫洛克尽其所能地在计划中运用化学知识，并对硬件设计产生了浓厚兴趣。拉夫洛克成了这些硬件工程师与计划在火星寻找生命迹象的生物学家之间的沟通桥梁。大多数读者可能不知道，在一般家用电器都相当原始的 20 世纪 60 年代，电视维修人员过着不错的生活。而将仪器发射到外层空间、登陆火星，并希望它们能够正常运作，借由一些功率约 100 瓦（相当于一般灯泡）的发射器将有用的信息传回地球，这些想法对当时大多数人而言有如天方夜谭。就如拉夫洛克的比喻，这些工程技术在当时的先进程度，有如制造电视对古罗马人而言一样。它确实可行；但有多少信息能被微弱的发射器传回地球？

拉夫洛克回忆，引导他提出“盖亚”（Gaia）概念的关键发生于 1965 年 9 月。当时他住在英国，但仍以顾问的身份担任喷气推进实验室的固定访问学者。② 在 1964 年的一次访问中，他参加了团队会议，会议讨论寻找火星上生命迹象所需要的仪器。令拉夫洛克吃惊的是，大家提

---

① 拉夫洛克的自传《向盖亚致敬》（*Homage to Gaia*），完整地讲述了他的背景。

② 虽然拉夫洛克在英国乡下独立研究，20 世纪 70 年代他依然成为雷丁大学（University of Reading）的荣誉访问教授。

出的所有想法都源于找出“我们所知的生命形态”的假设。正如拉夫洛克所言，这些实验或许可以成功地找出在喷气推进实验室东部、邻近洛杉矶的莫哈韦沙漠（Mojave desert）中的生命，但似乎没人考虑到，火星生命可能与即使处于极端条件下的地球生命也是完全不同的。他认为真正需要的是一个可找出生命形态广义属性的实验，而非针对特定生命物种的实验。当被质疑何种实验可以做到时，他的回答是一个寻找熵衰减的实验。生命系统的特征是给系统带来局部次序，依靠外来的能量使熵“往回跑”。在太空探索早期“实用第一”的一贯传统下，他们给拉夫洛克几天时间让他提出一个实际可行的实验来测量熵的衰减；这事实上等于告知他让他“乖乖忍受或是闭嘴”。但一旦他专注于问题，问题总能迎刃而解。在火星上找寻熵衰减过程，最好的方法是测量火星大气的化学组成。假如火星上没有生物，大气中的气体将处于热力与化学平衡的状态，被二氧化碳这类稳定的化合物掌控。假如火星上有生物，生命过程所产生的剩余物将被注入大气，产生出可降低大气熵值的活性气体，如甲烷与氧气。

用鱼竿在撒哈拉沙漠找鱼

此外还有其他的可能性，其中一些拉夫洛克后来在发表于《自然》期刊的一篇论文中详加描述，包括听取与分析火星大气中的声音的可能性。如之前介绍过的，生物制造的声音包含着信息（负熵值）并被描绘为$\frac{1}{f}$噪声，这与随机波动产生的白噪声很不相同。不论它是火星版本的小鸟歌声、蟋蟀鸣叫，还是莫扎特音乐，只要一个分析声音的简单模式，便可揭开生命是否存在的谜团。这些想法打动了喷气推进实验室的研究者（即使很多生物学家依旧不感兴趣），NASA 的计划人员也同样相当激赏。令拉夫洛克吃惊的是，他竟成了负责发展一项在火星任务中探测生命的实验仪器计划的首席执行科学家。这个消息真是好到令人难以置信。1965 年 9 月，美国国会没有通过这项任务的预算案，取而代之的是规模较小的“海盗计划”（Viking project）；“海盗计划”在 1975 年将仪器送到火星，并以一套标准的生物实验为终结，其中有些以拉夫洛克的设计为基础——生物学家虽然愿意利用他的技术专长，但仍不信任他在生物学方面的洞察力。当被问及看到那么多努力投入一个必然知道结果的计划有何感想时，拉夫洛克说，那就像“设计一个带着钓竿的机器人，在撒哈拉沙漠找寻生命的迹象”。我们知道鱼这种生命系统的存在，所以在撒哈拉沙漠找到鱼，将可证明沙漠中存在生命。但“海盗号”火星探测器生物实验的结果，并无法证实火星上没有生命存在，只能说火星上没有那种可以在莫哈韦沙漠里找得到的生命形态，正如撒哈拉沙漠失败的钓鱼之行仅能证明沙漠里没有鱼，而不是没有生命一样。至今，火星上没有生命的证据并非来自太空探索，而是来自对火星大气组成的光谱研究。光谱研究巧合地在 1965 年 9 月被首次披露，比“海盗号”火星探测器运送设计一流但无用的鱼竿到火星表面还早了 10 年。

法国子午峰天文台（Pic du Midi Observatory）的天文学家通过分析红外线光，得到了关于火星大气光谱的详细信息。得知这一消息时，拉夫洛克正在喷推进实验室。光谱学是利用棱镜或其他设备，将物体发出的光分解到彩虹式光谱，并研究这些由此物体中不同的原子或分子产生的光谱线的学科。这些线的模式类似条形码中的条纹，也具有同样的独特性。法国的观测首次显示，火星大气几乎完全由二氧化碳组成，只有些许其他气体的踪迹，是一个处于高熵状态下，稳定而缺乏反应的大气；正如我们所见，在热力平衡的状态下，一切都显得单调无趣。当时拉夫洛克打算运送一组测量熵的实验仪器到火星，却遭受重大打击，这些在地面上的观察已经显示出实验毫无必要。他要的相关测量结果已得到，并明确显示出，现在的火星是个死寂的行星（当然，测量结果并没有说明火星在百万或十亿年前是什么情况）。

从法国传来的消息让拉夫洛克思考，大部分是二氧化碳的火星大气，与大部分是氮气但含20%氧气（最具活性的一种气体）以及少量非活性二氧化碳的地球大气之间有什么不同。拉夫洛克知道，大气中的氮持续地与大气中的氧发生反应（一种缓慢燃烧），最终产生硝酸，硝酸在水中溶解产生稳定的硝酸盐，接着硝酸盐被细菌分解后（利用太阳光的能量），将氮送回大气中。“忽然间，就像灵光乍现”，拉夫洛克想到，地球大气层保持在这似乎稳定的状态已经几亿年，“大气必定受到某种规范，才使其保持固定的组成部分。而且，若大部分的气体是来自生命组织，那么地表生命必定主控调节”①。他没有多加思考，便立刻将他的想法告诉了NASA的同事戴安·希切科克（Dian Hitchcock），以及喷气推进实验室的访问学者天文学家卡尔·萨根（Carl Sagan）。这就是盖亚——地球是一个自我调节系统——观念的滥觞。

“我最得意的发明”

换个角度，你可能会问，如果大气并未持续地随生命活动而更新，那么其中高活性的氧将会如何？没有地球上的生命，所有的氧将在很短的时间内被锁定在稳定的化合物中，如硝酸盐、二氧化碳、水、氧化铁与硅酸岩。更精确地说，没有生命的干预，大气中的氧将在1000万年内被锁住。这说明地球看似稳定的物理环境对生物的出现（或缺席）是多

① 见拉夫洛克的《向盖亚致敬》。

么敏感。不过在人类的时间尺度下，我们倒不用太过烦恼。有一个流行的说法说，若亚马逊雨林明天就消失，那么我们很快都将窒息而死。但这完全不是事实，1000 万年仅占地球生命的 0.2%。如果你是个天文学家，恰好观测到一个类似地球的行星，并发现其大气富含氧气，这要不意味着你恰好目睹那个行星上一个罕见、短暂的事件，要不就是那个行星的大气被维持在一个远离平衡的状态。

生命可能是决定今日地表物理环境的自我调节系统中的一部分，这种想法起初招致生物学家的批评，至今仍有许多反对者。许多人因为（错误地）感觉到其中神秘的、类似宗教的弦外之音而有所疑虑。还有些人完全地误解了盖亚运动这整件事的要旨。我手中光盘版的《大英百科全书》（*Encyclopaedia Britannica*）实在有待改进，它说“盖亚假说具有高度争议性，因为它暗示个别物种（如早期微生物）可能为其他生物的利益而牺牲自己”。当然不是这样！这句话就像说达尔文理论是有高度争议性的一样，因为它暗示兔子会为了狐狸的利益而牺牲自己。所以或许我们应该讲清楚，拉夫洛克并不是说盖亚是上帝或大地之母，或是说一个物种为了整体利益而牺牲自己。他只是找出一个方法来描述地球上生命所涉及的所有过程，包括很多我们传统上认为的无生命的物理过程，这些过程经由交互作用形成的复杂网络，产生一个自我调节（或自组织）的系统，再发展成一个有趣的临界状态。在那其中，平衡可能持续一段很长的时间，而远离平衡的波动也可能突然发生。套用之前几章所使用的语言来说，拉夫洛克认为地球上生物的行为改变了物理景观与生物景观，而两者都同时以回馈为主要作用手段来影响适应性景观。依照本书整体的论述方式，盖亚的概念是由前面的讨论直接得出的结论。出人意料的是，这也说明了拉夫洛克直觉的伟大之处。他在许多我们讨论过的观念成为受到尊重的科学之前，就开始建构盖亚的概念，因此我们才得以拼凑出整体，我们还会想“我真是蠢到了极点，怎会没想到这点！”

在此不详加描述盖亚成为令人尊敬的科学的整个过程，但凭借后见之明，我们挑出两个盖亚运作的例子：一个是理论模型；另一个来自真实世界，它揭示了在活生生的星球上，生物与物理两部分自我调节所造成的结果。第一个是叫作“雏菊世界”（Daisyworld）的模型，这个名称特别贴切，因为这是萨根在喷气推进实验室深受启示后向拉夫洛克提出过的并获得了解答的谜题，也非常切合本书的主题，即整体的效应会大于各部分效应加总的概念，这引发了突现；也是拉夫洛克所谓“我最得意的发明”。

维持地球温度的温室气体

雏菊世界所解开的谜题是天文学家所谓的“黯淡太阳悖论”（faint young sun paradox），但它实际上只是个谜题，并非悖论。因为拉夫洛克，它不再是个谜题了。谜题源自天文学家很有信心地认为太阳年轻时释放的能量远少于今日。他们将地球上核反应的实验信息与计算机模拟的恒星内部状况结合起来，通过比较这些计算结果，得出了这个结论。这是20世纪最伟大的一项物理成就（但通常被忽略），我们无暇在此讨论细节，只需暂时相信天文学家的确了解恒星的运行方式。[①]重点是，我们有信心确定太阳年轻时地球比今天冷20%~30%；反过来说，在成为稳定星体的过程中，太阳释放的能量增加了33%~43%。太阳系在约45亿年前就大致形成了今天的状态，而通过查看地球表面最老的化石记录，我们知道水和生命都存在于40亿年前。问题是，为什么过去40亿年间太阳能量增加了大约40%，却没有将地球表面烤干并消灭地球上的生命？

① 请参见《星尘》一书。

要解释当太阳较冷时，地球为什么不是个冰球这个问题，并不困难。现在我们知道，金星与火星的大气主要由二氧化碳构成，而二氧化碳与水蒸气是火山活动释放出的主要气体。我们没有理由认为，早期地球的大气与这两个最邻近的行星的大气有什么差别，而富含二氧化碳的大气能有效地将来自太阳的热留在行星表面，并通过所谓的温室效应保持温

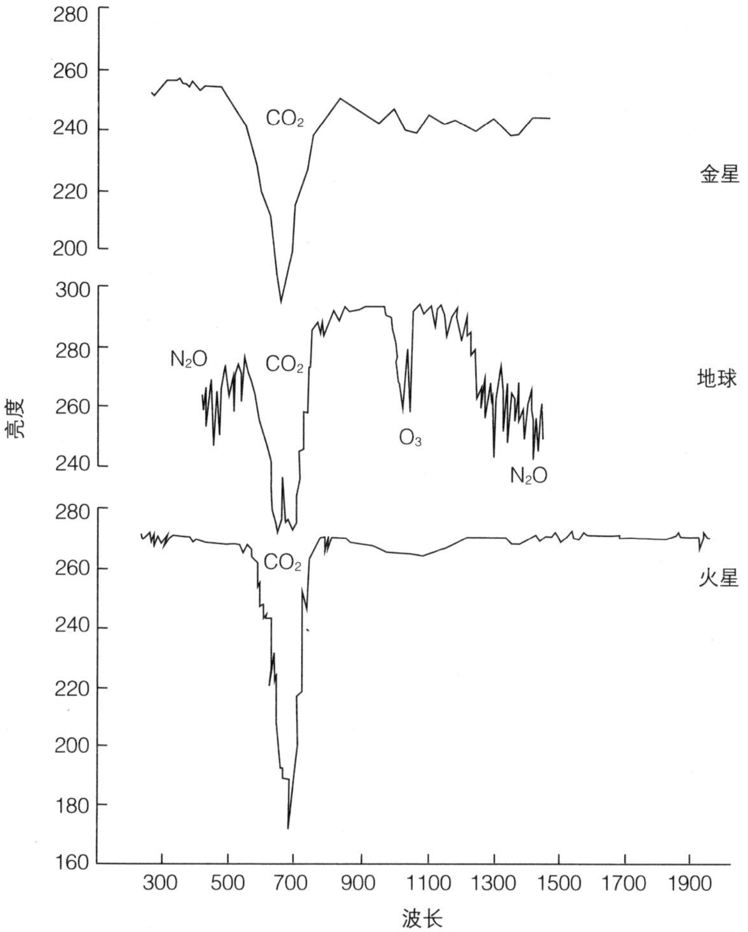

图 7.1　比较金星、地球与火星的光谱，我们可以立刻看出哪一个处在非平衡状态，并可能存在生命。

暖。虽然这并非温室中的空气保持温暖的主要原理，但温室效应很容易被理解。从太阳来的可见光穿透像二氧化碳这样的气体（当然还有氧和氮），这些光未被吸收从而温暖了地表。这层温暖表面将能量重新辐射回太空，但使用的波长更长，在光谱中属于红外线。二氧化碳（还有水蒸气，但不包括氧和氮）吸收了部分的红外辐射，再将吸入的能量向四面八方辐射，某些回到地表温暖了地球，而某些则散入太空。从地球外面观察，整体结果是由地表发出的光，在波长被大气吸收的光谱区段陡然下降。在火星上的天文学家可以借由足够精度的望远镜与光谱仪来测量红外线特征，以判断大气中是否含有二氧化碳，但二氧化碳在地球大气中的比例远低于火星中的比例。

温室效应的威力，可由今日地表的平均温度，与基本上和我们距太阳位置相同但无空气的月球表面平均温度的对比看出。月球表面的平均温度为 -18℃，地球表面则为 15℃；这 33℃的差别完全由只占大气 0.035% 的二氧化碳、水蒸气与其他温室气体所造成。大气中 99% 以上的成分，即氮和氧，对温室效应毫无贡献。今天这么少的温室气体就能产生如此巨大的影响，我们就能很容易理解，为什么即便太阳黯淡时，年轻的地球之上的温度也不会降到冰点以下。地球不只在年轻时未曾冰冻，在年长时也未被烤焦，在太阳变热的数十亿年间，地球维持着非常稳定的温度。

我们可以很容易想到，地球可能因为大气组成的改变而维持了稳定温度，像萨根等人在拉夫洛克提出盖亚概念之前，也曾依照这种思维提出一些不严谨的论点。但那些论点除了显示理论学者对维持地球温度稳定心存期望外，并没有任何实质的依据。什么样的自然过程可以造成这种稳定？没人知道答案。无论原因是什么，我们所要做的只是让大气中的温室气体随着地球年龄增长而不断地下降，以平衡持续升高的太阳温度。我们可以很直接地看出这整个过程的大概轮廓。地球上第一种进行光合作用的生命形态（《大英百科全书》中的“古生厌氧细菌”），可以从空气中吸收二氧化碳，用以建造其身体，但同时也会将甲烷排入空气中。当这种细菌较活跃时，平衡倾向有利于甲烷；当细菌不活跃时，平衡倾向则有利于二氧化碳。

开始了解自然如何以这种方式运作的关键在于，如何将回馈纳入计算过程。借由在简单模型中加入太阳持续增温的条件，拉夫洛克证明了，细菌在25℃时生长最快，在更高和更低温度时生长慢一些，而当温度低于0℃或高于50℃时它们则停止生长，因此在地球初生的前10亿年中，温度可以保持平稳。接着加入其他作用，特别是出现了将氧气释放到空气中的生物，氧气便会与甲烷产生反应，并且随着时间的推移逐渐减低二氧化碳的浓度。这一切都能够以合理的方式运作，但批评者指出，这都是后见之明，而且人类对生命物种与物理环境之间的运作关系所知也极为有限。对许多人而言，地球温度的稳定似乎可能只是因为运气，而不是生命为了自身利益而主动调节物理环境（经过自然回馈，而非自觉地）。这时，雏菊世界出现了。

雏菊世界中的平衡

雏菊世界最早由拉夫洛克与他的同事在20世纪80年代早期提出。有一些人围绕着这个主题发展出许多版本，20世纪90年代甚至出现了名为“模拟地球”（SimEarth）的计算机游戏。拉夫洛克在1981年12月首次想到这个概念，以回应较早时外界对于盖亚假说的批评。他在1982年于荷兰举行的会议中公开提出这一概念，并征召他以前在雷丁大学的博士生安德鲁·华生（Andrew Watson）共同建立了一个更数学化的模型。雏菊世界开始于一个类似地球的行星，那里没有生命，以和地球相

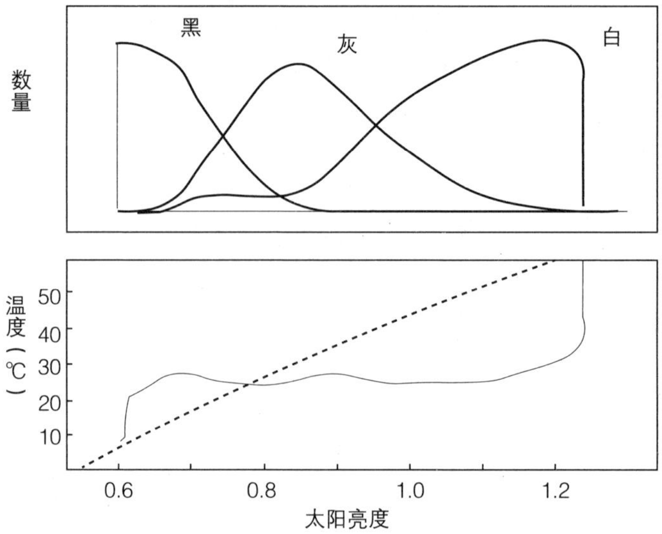

图 7.2　在太阳亮度持续增加的雏菊世界模型中有三种雏菊，不同雏菊的数目随时间改变（上图）。即使太阳亮度戏剧化地增强，地表温度仍然几乎不变（下图）。虚线表示不受雏菊影响时，地表温度应该增加的方式。

同的轨道环绕着一个类似太阳的恒星运转。在最简单的模型中，行星表面主要是陆地，以供雏菊生长，大气的成分维持稳定，因此也有恒定的温室效应。雏菊有白与黑两种颜色，在温度 20℃时最繁盛。当温度低于这个最佳值时，雏菊的生长情况会趋向不良，但它们无法在 5℃以下生长；温度高于最佳值时，生长情况也会趋向不良，但它们无法在 40℃以上生长。模型按照太阳年轻时缓慢增温的实际方式来运作，一旦模型中相当于地球赤道处的温度高于 5℃，两种雏菊的种子便被撒落在地表各处，任其自生自灭。但有个条件是，它们真的会繁殖，白色雏菊永远繁殖白色后代，黑色雏菊永远繁殖黑色后代。

曾经坐进一辆停在大太阳下很久的黑色轿车的人都知道，深色物体比浅色物体更能有效率地吸收太阳热能，因此黑色雏菊会吸收热量，并使生长区域附近更温暖，而白色雏菊会将热反射，并使下方土地更凉爽。当雏菊世界较凉时，表示黑色雏菊有优势，因为黑色雏菊可以温暖四周，使温度接近最佳值而变得十分繁盛。在接下来的时间中，黑色雏菊散布于整个星球表面，不管白色雏菊的死活，因此整个星球在吸收太阳热上更有效率，而气温升高的速度比太阳温度升高的速度还快。一旦模型星球上任何地方的气温高于 20℃，这就有利于白色雏菊了，因为它们可以使地表降温，能把环境拉回最佳温度。即使太阳温度逐渐增加，因为白色雏菊现在不顾黑色雏菊的死活而疯狂扩张，行星的气温也会维持在 20℃附近，直到整个星球都被白色雏菊覆盖。接着当太阳温度持续升高，这些雏菊越来越难生长，直到温度高于 40℃时它们都将死亡。

整体效应显示，经过一段长时间后，即使太阳模型释放的热能持续增加，地球模型的温度不但恒定，还保持在最适合温度。雏菊本身并没有做过任何规划，我们也看不出任何一种雏菊通过“自我牺牲”以造福所有生物。但这样一个简单系统是否真能代表宇宙真正运行的方式？有人批评说，这个模型有可能“作弊”。因为黑白色雏菊必须消耗一些能量来制造出能影响自身环境温度的色素，而你可能已经猜到，没有颜色的雏菊可以侵入雏菊世界，坐享黑白色雏菊所付出的“努力”。因此拉夫洛克在模型中加入了无色雏菊，而黑白色雏菊必须付出 1% 的“颜色税”才能制造色素，从而生长效率降低。和以前一样，太阳能量输出较少时黑色雏菊繁盛，较多时则白色雏菊繁盛，但现在，无色雏菊在太阳能量输出使地球上的温度恰到好处时长得最好，同时也不会影响环境。在这些条件下，两种有色的雏菊因为必须负担染色的成本，在自然选择过程中较为不利。但对温度的整体影响还是一样：当太阳模型的温度剧烈上升时，地球模型的温度依旧维持在最佳值附近。

当系统被视为整体时，控制演化的定律将变得更简单

即使做了这些改善，仍然还有另一项批评：模型不允许雏菊进化。因此拉夫洛克做了些变化。开始时是灰色雏菊，不对温度产生影响，但可以随机在下代中变异成稍浅或稍深的颜色。结果，太阳能量输出较低时，深色雏菊繁盛，反之则浅色雏菊繁盛，而地球温度长时间保持不变。雏菊世界可以影响许多生物，包括更多种类的雏菊、吃雏菊的动物，甚至是草食动物的掠食者。这种安排将物理环境与很久以前洛特卡和沃尔泰拉（见第四章）所描述的掠食者与猎物的关系联系在一起；而洛特卡正是最早认为应该将活着的物种与其物理环境关系的改变纳入考虑范围，以使我们对进化有更直接的了解的人。1925 年，洛特卡在他的经典著作《物理生物学基础》（*Elements of Physical Biology*）中写道：

> 我们通常习惯谈“一个物种的进化”。当我们更进一步，将会发现有许多理由让我们应该将进化对象视为整体系统（生物加环境）。乍看之下，这似乎比只考虑一部分的系统还要复杂。然而，若我们深入研究，我们会发现**当系统被视为整体而非个别部分时，控制进化的物理定律有可能都变得更简单**。[①]

如果这不是盖亚理论的基础，那什么才是，而这出现在半个多世纪之前。将洛特卡和沃尔泰拉的模型与雏菊世界结合，便产生了兔子吃雏菊、狐狸吃兔子的版本。为了测试这个模型的强度，拉夫洛克又在模型中加入了四次大灾难——每次肆虐会消灭 30% 的雏菊的植物传染病。将这么多条件放在一起，如图 7.3 所示，雏菊仍然将地球温度维持在可供

① 我们的重点。

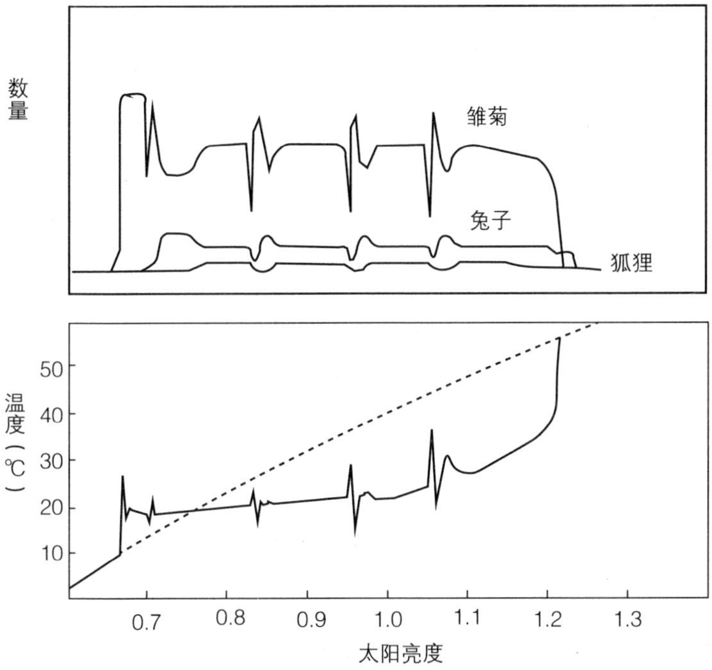

图 7.3　雏菊世界的变化。兔子吃雏菊、狐狸吃兔子；还有四次植物传染病大流行，每次会消灭 30% 的雏菊；同时，太阳光也在一直增强。但系统还是会将地表温度维持在舒适的范围内。

生命延续的区间内。

与所有模型一样，模拟雏菊世界的目的是为了显示什么是可能发生的，而不是世界“真正发生了”什么。很显然，地球温度并非由雏菊控制，但雏菊世界为我们展现了一个小小的反馈是如何允许（或促使）生命调节一个星球的温度的。如果地球变得太冷，不适合生命繁衍，二氧化碳会累积在大气中并强化温室效应；当生命繁盛后，二氧化碳将从空气中被释放出来，以避免失控的温室效应导致涂炭生灵。当所有二氧化碳都不见了而太阳温度持续上升时，会发生什么事情呢？这至今还是未知数。也许生命将遭遇雏菊世界这个简单模型中最后热失控的终极灾难；或许某种其他机制会介入阻止热失控的发生，可能是云层的覆盖增加，反射掉更多太阳能。这个可能性来自另一个以盖亚方式运行的例子，是真实世界的例子，也是盖亚从仅仅是假说变成真正理论的转折点。因此，尽管雏菊世界是拉夫洛克最引以为傲的成就，但他仍认为，云层覆盖和海洋生物活动的关联机制是他最重要的发现。

地球气候的自我规律

假说与理论的差别在于，假说是关于某件事物运行方式的一些想法，可能未经实验与观测的测试。当某个假说对一项新实验或新观测的结果或数据做出预测（如果是一连串的预测更好），而实际结果也符合预测，那么这样的假说便成为理论。举例来说，牛顿的万有引力定律预测了彗星轨道，而天文学家哈雷利用万有引力定律预测了哈雷彗星的回归；哈雷彗星就是因此而得名的。因为有了这样的预测，我们会说“牛顿理论”，而非“牛顿假说”。理论与假说之间的区别有时很模糊。但在20世纪80年代后期，我们确实目睹了盖亚假说的成熟并最终发展成为理论。

20世纪70年代早期，也就是拉夫洛克发展出盖亚理论的早期阶段，拉夫洛克对硫元素由海洋转移到陆地的方式感兴趣。硫是生命不可或缺的元素，但却不断地以硫化物的形式被河水从陆地上冲走。缺乏使硫返回陆地的机制，陆地上的生命将难以维持下去。那时，人们普遍认为硫以硫化氢的形式从海洋扩散到空气中；硫化氢是一种难闻的气体，像是小学生恶作剧时制造的“臭鸡蛋”味道。这不是你印象中海洋的味道，而且拉夫洛克知道，硫化氢很容易和溶解于海水的氧起反应而被分解。他也知道，20年前利兹大学（University of Leeds）的研究人员发现，很多海洋有机生物以二甲基硫化物（dimethyl sulphide，缩写为DMS）的形式释放出硫；身为化学家的他知道，空气中含有少量二甲基硫化物时会有种清新的味道，像是“从海里刚出水的鱼，而不是那种新鲜淡水鱼的味道”。拉夫洛克好奇 DMS 是否真的是将硫从海洋运到陆地的主要媒介，于是他设计并打造了能准确测量空气中 DMS 含量的仪器，并将其带上“沙克尔顿号”研究船（Shackleton），从英国驶往南极再返回。这趟完成于 1972 年的航行，现已成为科学史中光辉的一页。拉夫洛克发现，一如他所预期的，每年确实有足够多的 DMS 在海洋中产生并进入大气层，然后随雨水落在地面以补充硫的流失。不过直到 10 年后的 20 世纪 80 年代初，相关的细节才进一步被证实。

但制造 DMS 的海洋微生物并非是因为“想”帮助生活在陆地上的生物；和所有生物一样，海洋微生物只在意如何增加自身的生存机会。释放出 DMS 的海藻必须长期对抗海水中的氯化钠（食盐）以免其穿透自身的细胞膜，使细胞内的生化作用受到干扰。能够阻止食盐进入细胞的一个办法是，在细胞内建立适当的压力对抗，并使用一种对生命没有不良影响的无毒化学物。许多海藻通过含硫的二甲基硫丙酸（dimethylsulphonio propionate）来达到这个目的。二甲基硫丙酸具有海藻所需的一切化学特质，且因为海水中有丰富的硫（许多硫从陆地被冲入海中），所以作为其主要成分的硫的获得也很方便。当海藻死亡或被吃掉时，二甲基硫丙酸将被分解，产生的 DMS 被排到大气中。那么，这些与盖亚式的地球气候自我规律有什么关系呢？

海洋与陆地之间的双向反馈机制

拉夫洛克在 1986 年造访了位于西雅图的华盛顿大学，当他从大气科学家罗伯特·查尔森（Robert Charlson）那里得知没有人清楚海洋上的云是如何形成的时，他大吃一惊。降雨的过程倒是很简单：湿热空气因对流上升逐渐冷却，在适当高度时，水蒸气将会凝结成水滴然后落下。但要形成云，则必须让空气中的水分子形成飘浮在空气中的小水滴。只有当更小的“种子”（或称为云凝结核）存在时，水分子才会聚集。在陆地上方，总不乏这类种子，有些是被风卷起的尘埃，有些是由有机反应产生的，甚至还有些是由于人类污染空气造成的。查尔森告诉拉夫洛克，从太平洋上取得的空气样本中，富含以硫酸及硫酸铵形态出现的合适种子。但查尔森的研究团队并不知道这些物质从哪儿来，直到他们听了拉夫洛克描述与 DMS 有关的硫循环过程后才明白。DMS 可以经由氧化反应在大气中形成云凝结核。

这项研究的发现对地球生态网络的重要性显而易见。云反射掉许多进入大气的太阳热能，如果没有云，地表平均温度将会高达 35℃，这比现在实际温度足足高了 20℃。因为海洋面积占地球总面积的 70%，而深色海洋又能吸收大量的太阳热能，所以如果没有云遮蔽在海洋上方，地球将会热得让人难以忍受（全球平均温度 35℃，热带地区的温度就更高了）。结论是，海洋微生物在控制地球气候方面扮演着关键的角色。根据自然的反馈机制，如果海藻的活动增加，可供其他生物进行光合作用的阳光就会相对减少，因而生物活动将衰退；但若生物活动衰退，海藻将会释放出较少的 DMS，云的形成也会减少，于是又有更多的阳光可供生物进行光合作用。就像我们在雏菊世界中所看见的自组织的反馈机制，这张大网边上散落的线头，一路延伸到地球生命的各个层面。

你可以大致感受一下这些连接的复杂度，并从拉夫洛克所写的一系列关于盖亚的书中探索相关细节。关键在于，远离陆地的海洋本质上像个沙漠，和大陆架上丰富的水域比起来，生命非常稀有。原因是，远离陆地的地方，供给生命的养分不足。相对来说，接近大陆的区域，有许多经由河流带入海洋的物质可作为生命的食物来源。海藻产生的 DMS 所扮演的云凝结核的角色，可通过两种途径使海洋沙漠繁盛起来（至少有一些效果）。首先，云的覆盖对局部气候有直接影响，能使风变得更强。这将搅动表层海面，这可以把海洋表面之下更深层的由光合作用产生的养分带上来。其次（可能是更重要的），云和雨将吹起陆地上的灰尘，灰尘在大气高层被带到最遥远的海洋。例如撒哈拉沙漠的灰尘曾出现在西印度群岛上，来自亚洲大陆中心的灰尘经常横跨太平洋造访夏威夷。富含矿物质养分的灰尘是生命不可或缺的，但这些尘粒并不具有云凝结核的物理特性。没有云，它们只会停在大气高层。但大气中存在因 DMS 而形成的云，雨滴将这些灰尘由空气带入海洋，于是它们又可以被当初制造 DMS 的海藻利用。因此，海洋与陆地经由海藻产生的 DMS 所形成的连接是个双向道，它造福了两处的生命。许多 DMS 中的硫经由雨水落到地面，变成了陆地生物的肥料；但有些云和雨也将养分从陆地带入海洋，形成海洋生物的肥料。没有任何迹象显示，某地的生命为了造福另一地方的生命而扮演着自我牺牲的角色。每一种生物都为自身的最佳利益而存在。这正是我们在自组织网络中所见到的那种重要的互动关系。

但即使如此，这也只解释了一种既存现象。DMS 研究的伟大之处在于，它可以预测当一般状况发生改变时的情形，而这种预测与我们已知的地球上的几次冰河时期的情况是吻合的。

冰河期改变的周期

在过去几百万年间，冰河期以有规律的节奏不断出现，每次冰河期大约长达 10 万年，中间被相对温暖、大约维持 1 万—1.5 万年时间的间冰期（Interglacials）隔开。我们生活在 1 万年前开始的间冰期中。冰河期变化模式的细节，和地球在轨道中倾斜与移动引起四季变化的热平衡改变如出一辙：每年从太阳吸收的能量都相同，偶尔也会出现季节间的强烈对比（较热的夏天，较冷的冬天），有时对比较不明显（较凉的夏天，温和的冬天）。过去的模式显示，似乎只有在北半球（今天大部分陆地所在的位置），才会出现最热的夏天间冰期。①

我们知道，当空气中二氧化碳减少时，温室效应会变弱，地球也会冷却下来——这是盖亚理论的核心。我们也知道，在最近的冰河期中，空气中二氧化碳的浓度低于今天，并且在千年期间，其浓度的变化与全球平均气温的变化一致。我们之所以如此确定，是因为气温变化与二氧化碳浓度变化的确切记录，可以从格陵兰岛与南极洲冰层钻出的长冰柱中读出。在好几组样本中，最典型的例子来自俄罗斯的沃斯托克南极基地（Russian Antarctic Base Vostok），那里的研究人员钻出了一条涵盖 16 万年记录的连续冰柱，这足以呈现出上次冰河期的所有细节。钻探工作开始于 1980 年，他们钻出了一条 2.2 公里长的冰柱，它是年复一年的雪被后续重量挤压而成的冰。最底层的冰是 16 万年前降下的雪，由于严重挤压，当时一年所下的雪被压成了 1 厘米厚的冰。

我们可以用地质学的方法来断定连续冰层的年代。冰柱中除了冰，还有当雪花被挤压时包含在其中的气泡，这些气泡中的成分，可以显示在上一次冰河期与间冰期的循环中，大气组成是如何变化的。同时，经过分析后，冰融化后形成的水可以显示同一时期的温度的变化。相关的技术方法大同小异。比方说水分子含氢元素，氢有两种（两种同位素）：普通的氢，以及所谓的重氢。重氢真的重一些，但两者的化学性质相同。所以水分子有两种。较重的水分子不易挥发，但较易由水蒸气中变成冰。雪中两种水的确切比例取决于当时的平均温度，因此久远年代前的气温，可通过测量重水的比例推导出来。数据显示，在上次及上上次冰河期中，

① 冰河期的天文理论细节，可参考《冰河期》（*Ice Age*）一书。

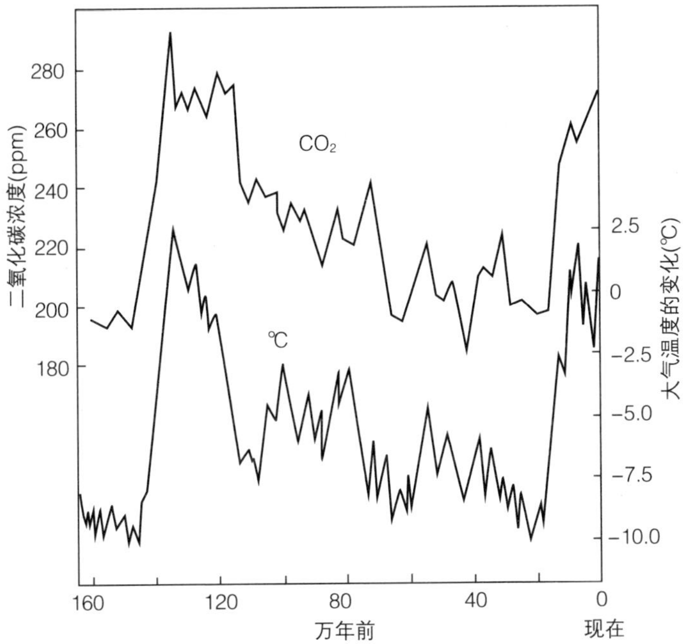

图 7.4　当地球进入或脱离冰河期后，大气温度变化与空气中二氧化碳浓度的变化同步。（资料来自沃斯托克冰柱）

最冷时期的全球气温比现在低 9℃，而其中的间冰期温度最高的年代，平均气温比现在高 2℃。在前两次冰河期末，大气中二氧化碳的浓度都从 190ppm 升高到 280ppm，增加了 47%，而二氧化碳的浓度在上次冰河期开始时则出现显著下降。如图 7.4 所示，在沃斯托克冰柱涵盖的时期中，二氧化碳浓度的变化与气温变化亦步亦趋。问题是，什么原因引发了对冰河期影响巨大的二氧化碳浓度的改变？

减轻温室效应冲击的点子

最明显的可能是海洋中生物活动的增加，因为海洋覆盖三分之二的地表，会将二氧化碳从大气中抽出，并以碳化物的形式封存于光合作用的生物体中。20 世纪 80 年代，加州莫斯兰丁海洋实验室（Moss Landing Marine Laboratories）的约翰·马丁（John Martin）与史蒂夫·菲茨沃特（Steve Fitzwater）进一步探索来自马丁的灵感，他们认为铁可能扮演着滋养海洋的关键角色。他们知道，南极的海水与靠近北极的太平洋海水含有丰富的植物养分，诸如磷酸盐与硝酸盐。这些养分是植物生长不可或缺的，而且通常很快就会被植物吸收；但那些地方的浮游生物并不通过吸收它们来繁衍后代。显然这些浮游生物是缺少了些什么，从而使自己无法充分利用这些养分生长。答案可能是铁，因为铁是叶绿素中的重要成分，而叶绿素是光合作用中负责吸收光线的色素。果然，当马丁与菲茨沃特在西北太平洋取得的海水样本加入铁（已溶解的含铁化合物）后，浮游生物便迅速增长，它们吸收铁与水中其他的养分。研究显示，在富含养分的高纬度寒冷水域中，阻碍浮游生物增长的原因的确是铁不足。从那时开始，这些原本在实验室里进行的实验便被搬到了海洋，实验人员进行了大规模的测试。在含铁化合物直接加入海洋后，浮游生物有时甚至产生戏剧性的增长。因此有人建议，我们可以大规模制造这种浮游生物，以将部分二氧化碳从空气中消除，减轻人为温室效应的冲击。① 但这与我们现在的故事无关。

重点在于，陆地上被风吹起的灰尘，是滋养海洋地区所必需的铁的来源。而且，因为当地球较冷时降雨也少，某些外来影响（例如地球律动）将热平衡向冰河期倾斜时，这类带铁的灰尘也将增加。

故事的发展是，当天文影响（或者其他效应）导致温度开始下降，地球开始冷却时，海洋的蒸发也会减弱，因此降雨也会变少，这会导致高纬度的陆地变得更干燥。干燥状态有利于灰尘被风从陆地吹起，将

① 虽然这是个显而易见的想法，但第一个提出书面建议的却是我。请见1988年的《自然》期刊。

含铁化合物散布到高纬度的海洋上，再随雨水落下（因为有来自海藻的DMS），从而滋养了海洋。生物活动因此增加，二氧化碳被吸收，温室效应减弱后又进一步有助于冷却，这又会让更多灰尘被吹离陆地从而滋养海洋。整个过程将在自由的磷酸盐与硝酸盐被用完时结束。同时，因为有更多DMS产生，海洋上方会有较多的云，它们会反射掉更多太阳能量，这也有助于冷却。从这个现象中我们可以很容易看出，世界是如何因为一个小小诱因，从间冰期进入完全冰河期的。当天文影响导致高纬度的北半球产生最大热能将一些冰融化，并使环绕在极地旁的干燥土地变得潮湿时，冰河期就可能结束。因为风吹起的灰尘减少，浮游生物接触到的铁也会减少，反馈机制将逆向进行，海洋中的生命随着冰帽的缩减而走向衰弱，陆地上的生命会因为陆块变得越来越湿而不断繁盛。

这是事件发生经过的简化版，但足以突显DMS模型所做的预测的准确性。DMS在空气中的一种产物是甲基磺酸（methanesulphonic acid，简称MSA），根据拉夫洛克及其同事所提出的盖亚模型，冰河期中的空气应有更多的MSA，因此那一时期的雨和雪中也会有更多的MSA。冰柱得到的数据显示，上次冰河期的南极洲，每年的降雪中含有比今天多2到5倍的MSA；同时也显示，当时降雪中的灰尘也比今天多。这足以证明，我们所居住的星球上的生物及物理构造，是一种单一网络中的一部分。这个网络一方面保持着普遍适合生命存在的条件，同时也经历类似沙堆模型中所发生的各种尺度的振荡（包括冰河期和间冰期的循环与大灭绝）。追根究底，地球是一个单一的生命网络，而这个网络的存在，对于任何在火星上运用拉夫洛克的测试来寻找熵衰减迹象的生命体而言，必定是显而易见的。

NASA与其他任何人都没有认真考虑过运用拉夫洛克的测试，以在太阳系中寻找生命；但这个想法现在已受到重视，并成为寻找太阳系以外的生命的基本方法。

彗星带来的生命之雨

宇宙生命的故事是另一个根植于深奥的简洁基础上呈现出复杂表象的例子。现在已有具说服力的证据显示，我们所知道的宇宙肇始于大约140亿年前的一个高热密集的状态（大爆炸）。[①] 造成大爆炸的基础物质是氢和氦，它们以3：1的比例存在。所有其他的化学物质（除了些轻元素，例如锂）都是在星球中被制造出来的，且在这些星球生命后期膨胀并排出物质（有时会爆炸）时被散布到太空中。类似太阳的星球在中心，将氢转换成氦以产生热能。其他星球产生能量主要是通过一连串将氦核子融合的过程。因为每个氦核子包含两个质子与两个中子，通常用氦4表示；这告诉我们，宇宙中原子核由4的倍数个粒子组成的元素比较常见，除了不稳定的铍8。特别是碳12和氧16在这个过程的早期就被制造出来了，而氮14的粒子数虽然不是4的整倍数，但它是比太阳稍重一点的星球中一连串涉及碳与氧反应的副产品。这些元素就成了宇宙中除了氢和氦之外最常见的元素。由于氦是一种不参与化学反应的惰性气体，因此宇宙中四种最常参与化学反应的元素是碳（C）、氢（H）、氧（O）和氮（N），合称CHON。[②] 构成地球生命体的绝大多数元素都来自碳、氢、氧和氮，这并非巧合。碳在生命体中扮演着极为重要的角色，因为一个碳原子可以同时与四个其他原子产生化学作用（包括其他碳原子，而它们又可和更多碳原子结成环或链）。在科幻世界的太空故事中，例如《星际迷航》（*Star Trek*），我们这种生命体常被称作"碳基生命形态"，这说明可能还有其他形态的生命体存在。可能性是存在，但天文

---

① 关于这个具有说服力的证据的细节，请参见《时间的诞生》（*The Birth of Time*, Phoenix, 1999）。

② 撇开占绝大多数的氢不谈，太阳系中每100个氧原子，对应57个碳原子和13个氮原子。其次常见的元素是硅，它的数量是氮的一半。但除了氢和氦以外，所有物质的总和只占太阳系质量的0.9%。

学得到的所有证据显示，遥远处的生命还是极可能建立在 CHON 之上。

这方面的证据来自对太空中云状气体与微尘的光谱分析，我们太阳系的行星系统就是由这种云形成的。而它们本身又夹杂着之前时期恒星释放出的物质。这些云包含了许多以碳原子为中心而形成的化合物。我们知道碳对生命的重要性，因此含碳化合物通常被称作“有机”化合物。星云中测出的化合物包括相当简单的化合物，如甲烷和二氧化碳；也有一些比较复杂的有机物质，如甲醛、乙醇；还包括至少一种的氨基酸——甘氨酸。这是令人眼界大开的发现，因为任何在这些星云中存在的物质，也可能存在于大约 50 亿年前，以及后来形成我们太阳系的星云中。受到这些观察启发，有两组科学家在地球上利用已知的星际空间中的基本物质做实验，用各式冰状混合物将这些物质密封于类似太空环境的容器中，使它们在低于 15 ℉（–258℃）的温度下暴露在紫外线辐射

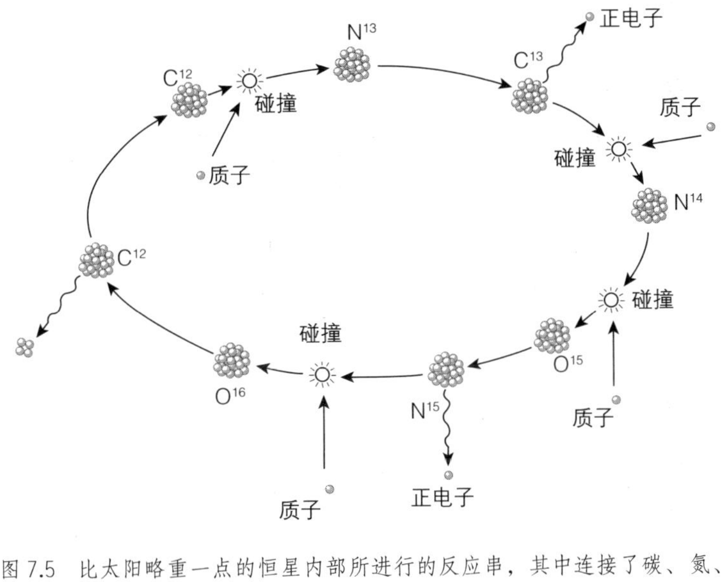

图 7.5　比太阳略重一点的恒星内部所进行的反应串，其中连接了碳、氮、氧及氢这些生命最重要的元素。

的环境中。这些科学家在 2002 年公布了结果。其中一个团队在开始时用的是水、甲醇、氨水和氰化氢，结果他们在容器中找到 3 种自行产生的氨基酸（甘氨酸、丝氨酸、丙氨酸）。另一个实验使用的是稍微不同的混合物质，结果在类似太空的条件下，产生出至少 16 种氨基酸及一些其他的有机化合物。[①] 地球上所有生物的蛋白质只由 20 种氨基酸组成。所有证据都显示，这样的物质可能在我们行星系统形成的初期，由受到增长中的行星引力所吸引的彗星携带，然后像雨一般降落到年轻的地球上。如同前面提过的那样，一锅氨基酸浓汤有办法将自己整合成一个具有生命形态的网络。这意味着，长久以来在太空深处形成的各种氨基酸（由星光取得能量），可以被带到任何一个类似地球的年轻星球的表面。有些星球可能太热，有些太冷，但也有些就像地球一样，恰到好处。然后，就像达尔文所说的，在一些“温暖的小池塘”里，它们有机会将自己打造成生命系统。

恒星与星际媒介之间的双向运作

在我们从银河系中找到其他行星系统之前，实验发现的种种可能性，并不能被当成证明银河中普遍存在行星生命的证据。但现在，我们的星系中已有 100 个以上的星球被发现拥有自己的行星。几乎所有被发现的行星，都是像木星和土星那样（如你所料，大行星会先被找到，因为它们比小行星容易侦测），这很难让人不去做“如果有其他的‘木星’存在，其他的‘地球’也可能存在”这样的推论。

来自加拿大滑铁卢大学的李·斯莫林（Lee Smolin）研究了恒星之

① 请参见《自然》期刊（2002, vol. 416, pp. 401, 403）。

间的关系，这些恒星将简单的元素转化为CHON之类的物质，并将这些物质释放进太空。太空中的气体和尘埃云则形成新的恒星。我们在太空中的家——银河系——是散布在可见宇宙中数千亿个类似的“岛屿”之一，银河系看来似乎相当典型：它的大小和化学组成等条件都相当适中。银河系的形状像个扁平的碟子，它的直径约有10万光年，它由数千亿个环绕碟子中心运动的恒星构成。太阳（数千亿个恒星中毫不起眼的一个）大约在三分之二个银河系半径的轨道上运行。在银河系中心有一群突起的恒星，从外部看来，银河系就像个煎蛋，突起的部分就像蛋黄。但银河系运行的方式显示，所有银河系中的可见物质，必须通过质量大约是自身10倍的暗物质所形成的重力才能结合在一起，这些暗物质散布于银河系的光晕上，并一直延伸到由明亮恒星所组成的碟子之外。天文学家对这些暗物质很感兴趣，但这与我们的故事无关。

许多碟状星系都具有许多由明亮恒星组成、以螺旋状由中心向外延伸的带子，因此它们也被称为螺旋星系。要了解这些由所谓的旋臂形成的图案并不困难。最接近银河、可供参考的螺旋星系是仙女座，它距离我们大约几百万光年。这听起来就很远，虽然仙女座相当大（比银河系稍大），但在那样遥远的距离，从地球上看，它在天空中覆盖的面积大小也只相当于月亮那么大，在没有月光及其他光害的条件下，我们可以用肉眼辨识。从银河系中恒星的坐标判断，天文学家知道银河系也是螺旋状，而且如同我们提到过的，他们也知道恒星之间有许多由气体与微尘所形成的星云。因此要确切了解螺旋星系是什么及其运行方式，就要弄清楚恒星与这些星际媒介是如何双向运作来交换质量与能量的。我们也必须了解对星系而言很重要的时间尺度。我们的银河系已经100亿岁了，太阳每2.5亿年绕银河系中心一圈。以人类标准来看，星云与恒星交换能量与质量的过程稍显缓慢，但以星系的标准而言却相当快。

另一个要点是恒星大小的不同，更重要的是质量不一样。恒星越大

（越重），它利用燃料（将氢变为氮等过程）支撑本身重量的速度也越快。这使得它非常明亮，但寿命不长。虽然太阳目前的稳定状态还可维持很久，然而，质量为太阳两倍的恒星却只能撑太阳寿命四分之一的时间；一个质量是太阳 30 倍的恒星，大约只能存活 1000 万年，它发射出的光比太阳强 3 万倍，直到用尽所有燃料。接着它会向内塌陷，释放出大量的能量，而这将摧毁星体结构并将之炸开，形成超新星。但这种戏剧性的变化并不常见；恒星形成的过程常常会形成大量的和太阳差不多的小星体。平均来说，像银河系这样的星系，每世纪只会出现几次超新星爆炸，但以银河系的时间尺度而言，每百万年还是有两万次之多。

生命与无生命之间的界线

我们所生活的星系所具有的旋臂是非常重要的特征，因为它们由又热又重的明亮恒星组成。这说明它们是非常年轻的恒星，因为不存在重的年老恒星。一般说来，一个恒星环绕星系一周大约需要一亿年，但有旋臂的明亮恒星只能闪耀几百万年，因此这些恒星差不多就是在我们能看见它的地方形成的。明亮的旋臂并不代表那个地方的恒星特别多，而是特别亮。

螺旋形图案存在的原因一点也不神秘，这完全是因为反馈所致。使恒星聚集成形的巨大星云，开始时的质量可能是太阳的几百万倍，聚集的星云并不只形成一个大恒星，而是一组恒星，另外还有许多较小的恒星。当明亮的恒星开始燃烧时，其光线（特别是紫外线）的能量会在星云中吹出个泡泡，并会阻止更多的恒星形成。然而，当这些巨大的恒星走完生命旅程并爆炸时，它们除了会为星际物质增添许多元素外，爆炸波也将挤压附近的星云并使它们开始凝聚。在不同超新星爆炸波的交错重叠、交互作用之下，星际中的物质会堆积出新的星云，然后它们又再产生出恒星与超新星，形成一个自我维持系统。计算机模拟显示，某一特定的星云密度有利于这种自我维持的过程持续进行，自然地，反馈机制也会促使过程趋向这些有利条件。如果星云太密，其内部区域会很快地聚集少数的巨大恒星，它们将很快走完生命周期，并在星云形成更多恒星前将它吹散。这说明下一代的恒星将在较稀薄的星云中诞生，因为只有少数超新星将物质堆成了较密的区块。如果密度小于最恰当的密度，将会产生许多恒星，并会有许多超新星爆炸，它们产生的震波又会将星际物质堆成较密的星云。不论从任何一端开始，反馈机制都会使星云密度与每一代所产生的超新星（以及与太阳大小相似的恒星）数目维持粗略的稳定平衡。螺旋图案因星系旋转以及暗物质的牵引而产生，就好像倒入咖啡中的奶精，会因旋转及黑咖啡的牵引力而形成螺旋状。事实上，旋臂以每秒大约30公里的速度环绕星系，而碟状物的主要成分——恒星与气体微尘形成的星云——则以每秒大约250公里的速度移动，从后超越旋臂并在超越时受挤压。大约每一亿年，当所有碟状物中的物质环绕星系一周时，它们会在星系两侧各遭受一次这种挤压。[①]

撇开这些活动不谈，在银河系之外的地方，还有像太阳一样安静又长寿的恒星，碟中至少有15%的气体与微尘是以恒星的方式存在的。星际物质的面貌千变万化。由寒冷气体与微尘构成的星云，含有丰富的有趣分子，被称为巨分子星云，它们是新的恒星（与行星）形成的地方。有些星云在我们看来只是普通气体，它们是由原子及像是氢气构成的分子组成的，而且温度或许与你的房间一样高。还有些区域被恒星爆炸产生的能量剧烈加热，因此电子被从原子中扯出形成带电的电浆。星际物质中的密度差异也很大。在恒星之间最稀薄处，一升的空间中只有

① 至少在只有两条手臂的简单螺旋星系中是这样。有些星系的构造更加复杂，但这些细节已超出本书的讨论范围。

一个原子；在最密的地方，也就是恒星即将诞生处，每立方厘米的空间可能有百万个原子。但和我们呼吸的空气相比还是相当稀薄的。斯莫林与其他科学家在20世纪90年代后期强调，从组成成分、温度或密度等各方面来看，星际之间的物质绝非均匀。它并不是处于平衡状态，而似乎是经由制造出螺旋图案的相关过程，来维持这非平衡状态。

这表示银河系（与其他螺旋星系一样）是熵衰减的区域。如同我们讨论过的，银河系是一个利用流入能量、经由反馈来维持非平衡状态的自组织系统。在这个层次里，星系通过了拉夫洛克的生命测试，所以斯莫林主张星系应该被视为有生命的系统。保守一点的说法是，拉夫洛克的测试是证实生命存在的“必要但非充分”条件。如果系统处于热力平衡状态，也就是未通过拉夫洛克测试，我们可以说这个系统是死的。如果它有生命，必然会产生熵衰减从而通过测试。但一个系统也可能产生负的熵却仍然无生命。从这个观点看，生命与无生命之间没有明显界线：一个由上方不停地加入沙粒的沙堆仰赖外来能量来维持在临界状态，但它显然没有生命；人类显然是有生命的；盖亚本身是否可被视为一个有生命的系统，这仍争议不断；至于星系，这方面的研究才刚刚起步，我无意打赌最终的共识会落在哪一方。生命与无生命之间的界线，仍有待讨论，然而这个事实本身却是个重要发现。它使我们认识到，生命以宇宙运行的方式出现，这并没有什么特别的。如我们所见，简单系统自行组织成位于混沌边缘的网络是件非常自然的事，一旦这样的架构存在，生命从“温暖小池塘”中出现也是很自然的，这是一种连续的过程——生命的起源是非跳跃式的。从这个观点看，在别的星体上发现生命存在的证据，将是科学界最大的成就。由于拉夫洛克对生命本质的洞见，我们已经几乎具备那样的能力，在未来，人类将有能力把具有侦测盖亚能力的望远镜送入太空。

寻找其他盖亚

要发现其他盖亚有两个步骤。首先必须观测出环绕其他恒星、大小和地球差不多的行星；其次必须分析那些行星，以找出熵衰减过程发生的证据。第一个“外太阳系”（extra-Solar）行星是借由“多普勒技术”（Doppler techniques）所发现的；多普勒技术能发现运行中的恒星及其行星运动时所造成的微小改变。这个以 19 世纪物理学家多普勒（Christian Doppler）命名的效应，通过依照物体相对于观测者之间相对速度的快慢，修正由该物体所发出光线在光谱中的位置。外太阳系的观察者会因多普勒效应，看到太阳光在光谱上产生细微的来回移动。地球对太阳造成的速度改变只有每秒 1 米（散步的速度），并且将太阳相对于太阳系质量中心移动了仅仅 450 公里。我们还无法测量出这么微小的效应。

还有其他技巧也可以用来发现不太大的行星，我们有时可以从新闻中读到。比如说，如果行星恰巧直接经过恒星正前方（掩盖或通过），造成恒星光芒减弱。从统计学上来说，因为外太阳系的行星轨道可能相对地以各种角度倾斜，只有 1% 的行星会处于能够产生掩盖的轨道中，它们每次通过的时间只持续几小时（对于运行轨道类似地球的行星，每年发生一次；对于运行轨道类似木星的行星，每 11 年发生一次）。不过我们还是已经计划在未来几年通过发射人造卫星来监测众多恒星，试图找出这种掩盖的作用。如果监测了 10 万个恒星，其中 1000 个有行星通过，这样的统计数据代表几乎所有类似太阳的恒星都有行星。这类探索都极具价值，而多普勒技术能更广泛地运用于寻找其他星球。无论其他星球如何被发现，下一步骤中寻找其他盖亚的方式都相同。目前要找到许多类似地球（至少和地球大小相当）行星的最大希望，落在了一颗叫作“空间干涉任务执行者”（Space Interferometry Mission，简称 SIM）的 NASA 卫星身上。它可能在未来几年发射，运用的是一种所谓共构的技术，该技术将许多小望远镜的信息结合起来，以具备一个超大望远镜的观测能力。如果一切顺利，SIM 的精准程度将可观测出最接近太阳的 200 个恒星因地球大小的行星造成的摇晃，以及 3000 光年内所有类似木星的行星。在 2010 年左右（当然，如果一切顺利），欧洲航天局（European Space Agency，简称 ESA）将会发射一颗名字有误导性的人造卫星“盖亚”（GAIA），其主要任务并非寻找其他盖亚，而是标示出 10 亿个太空中最明亮物体的位置。因为“盖亚”要观测的恒星太多了，它不会在每个目标上花太多时间，因此它无法观测因地球大小般的行星所引起的晃动；但它能侦测出如木星大小，以几年时间环绕恒星一周的行星。如果行星的存在如同我们从地面望远镜初步观测所显示的那么普遍，那么在 10 年内，我们将可以在银河系的邻近区域找到数以万计的行星系统。但这只是间接观测，我们还需要进一步的技术突破，才能获得这些行星的光谱。

NASA 和 ESA 都致力于下一代的计划，它们希望在 2030 年之前能运用其技术完成观测。然而，因为每一次任务花费巨大，这些工作很有可能在某阶段合并成一个真正的全球计划。地球上各相关领域的专家将共同合作，寻找证明他们（以及我们）在宇宙中并不孤独的证据——通过一个盖亚的力量来寻找其他盖亚。ESA 的计划被称为“达尔文计划”（Project Darwin），但也被乏味地称为“红外空间干涉者”（Infrared Space Interferometer，简称 IRSI）；相对应的 NASA 计划被称为“类地行星搜寻者”（Terrestrial Planet Finder，简称 TPF）。这两者都基于相同的基本原理。

深奥的简洁可以制造出表面的复杂

这听起来或许会令人吃惊，尤其看过了在黑暗背景中，从太空拍摄地球所得到的明亮、蓝白相间的照片，但可见光并不是直接观测其他类地球行星的最佳方式。原因有两个：一、像地球这样的行星所发出的可见光，基本上是反射自它所环绕的恒星的光，因此这些光不但微弱，而且在遥远的距离之外很难避开它身旁恒星的光；二、在电磁光谱中，类地球行星的红外线部分最为明亮，因为它们从太阳吸收的能量是以波长大于可见光的红外线方式向外辐射的。以数微米的波长观测，地球是太阳系中最明亮的星，如果在我们星际邻近区以敏感度足够的红外线望远镜观测，会看到这个格外耀眼的物体。不过，因为红外辐射正好会被地球大气中像是二氧化碳与水蒸气这些气体吸收，所以要寻找其他类地球行星的望远镜，必须放在很远的外层空间，以避免任何可能的污染。它的灵敏度必须非常高，这表示它必须很大。这就是为什么我们会说，昂贵的国际计划要花上好几十年才能开花结果。

我们还计划建造一个远比 SIM 更强的共构式望远镜。与其他共构式望远镜一样，它需要非常精确地将来自不同望远镜的信号合并。激光技术将是寻找行星望远镜所不可或缺的，不论最终计划的名称是什么。现在两个团队的草图上都包含六个一组的人造卫星（六个望远镜），以至少 100 米的间距、各占据六角形的一个顶点的队形运行。而宇宙飞船之间相对位置的误差必须小于一厘米，这些信号再由一个主控卫星整合后传送回地球，信号可能来自 6 亿公里之外。这样的仪器能够观测到类地球行星（或是更准确地说是像地球、金星、火星，以及和它们以差不多轨道运行的行星）环绕距离地球大约 50 光年内的几百个恒星所放射出的红外线。下一步将是取得这些行星的光谱，而这和拉夫洛克探索火星生命迹象的步骤完全相同。

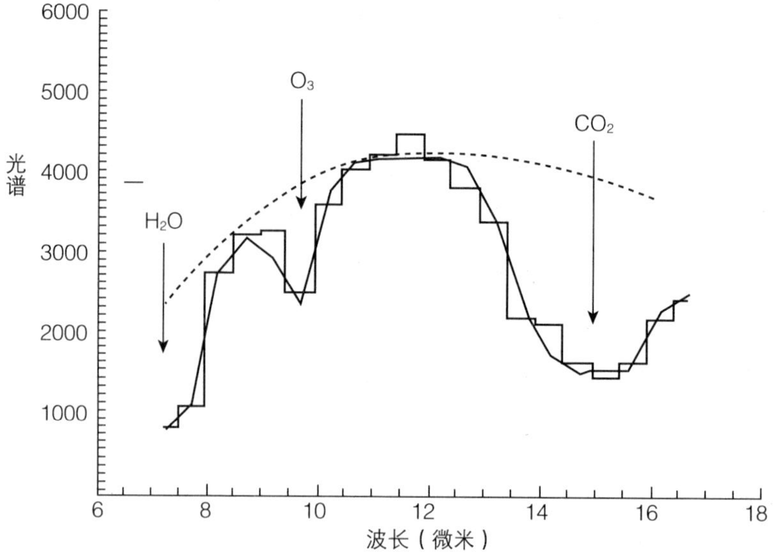

图 7.6　模拟从 30 光年外用达尔文望远镜所见到的地球光谱。如果类似仪器从环绕其他恒星的行星上找到这样的光谱，这表示熵衰减过程正在发生，并显示太阳系之外可能有生命存在。

这一切都要花费很多时间，在每一个搜索阶段中，你监测的行星数量越多，在每个恒星上所能花的时间就越少。因此以一项为期六年的计划来说，头两年可能会尽量多地观察，以寻求任何由行星释放出的红外线证据。接下来的两年中，大约会有 80 个最有希望的行星被挑出来详细研究，每个目标独享 200 个小时的观测时间，以期能找到和二氧化碳相关的最重要的红外线光谱特征，或是和水蒸气相关的次重要特征。这些气体的存在并不代表生命迹象，但它们能显示某种类地球行星的存在，因为它们具有与金星和火星类似的大气。任务的最终阶段将从这 80 个行星中挑出 20 个目标，每个单独研究 800 小时，相关人员必须花这么多时间才能找出这部分光谱中最令人振奋的特征——氧的红外线特征。它们并不是来自我们所呼吸的普通双原子氧（O_2），因为双原子氧并不释放或吸收这部分光谱中的红外线。但任何类似地球、具备富含氧气的大气层的行星都会有臭氧层，臭氧层经由来自恒星的光线，将双原子氧变成三原子氧（O_3），也就是臭氧。臭氧会在红外线光谱上显现出强烈特征，这正好介于二氧化碳与水蒸气产生的特征之间。光是这项特征就足以告诉我们，几十光年外的行星大气并不处于热力平衡状态，而熵衰减过程——换言之，就是生命——在它表面存在。一切过程都无须要求观测的宇宙飞船离开太阳系，更不用说人类。

这是我们所知支撑着宇宙的深奥的简洁中最令人惊讶的例子。宇宙中所知最复杂的事物是如同我们自身的生物。这些复杂体由已知存在于银河系中最普通的物质构成。通过氨基酸的形态，这些基本原料自然地将自己组合成一个自组织系统，在系统中底层的简单原因可以制造出表面的复杂，如同豹与其斑点的例子。最后，为了能观测出这些宇宙系统最复杂的东西，我们并不需要任何复杂测试以辨别生命与非生命，只要一项最简单的技术（虽然要靠先进技术的帮忙），就能找出宇宙中最简单化合物——氧——的存在。结合了混沌与复杂，宇宙成为极有秩序的地方，正适合像我们这样的生命形态存在。就如考夫曼曾说的，我们“在宇宙中十分自在”。然而，宇宙并非是为人类利益而设计的，因为我们就是宇宙本身面貌的一部分。